生活因阅读而精彩

生活因阅读而精彩

即学即会
财务常识
120例

最新适用版

兰涛 ⊙ 编著

中国华侨出版社

图书在版编目(CIP)数据

即学即会财务常识120例/兰涛编著.—北京：中国华侨出版社,2012.6 （2021.2重印）

ISBN 978-7-5113-2349-1

Ⅰ.①即… Ⅱ.①兰… Ⅲ.①财务管理 Ⅳ.①F275

中国版本图书馆CIP数据核字(2012)第079820号

即学即会财务常识120例

编　　著	/	兰　涛
责任编辑	/	梁　谋
责任校对	/	吕　红
经　　销	/	新华书店
开　　本	/	787×1092毫米　1/16开　印张/19　字数/308千字
印　　刷	/	三河市嵩川印刷有限公司
版　　次	/	2012年7月第1版　2021年2月第2次印刷
书　　号	/	ISBN 978-7-5113-2349-1
定　　价	/	58.00元

中国华侨出版社　北京市朝阳区静安里26号通成达大厦3层　邮编：100028

法律顾问：陈鹰律师事务所

编辑部：(010)64443056　　64443979

发行部：(010)64443051　　传真：(010)64439708

网址：www.oveaschin.com

E-mail：oveaschin@sina.com

前言

　　财务管理是一门很重要的知识,很多人都会有兴趣去对它进行学习和了解,可无论你是一个对财务知识感兴趣的人,还是一个想要在现实工作中提高自身能力的管理者,当你打开一本本专业财务书的时候,往往都会被其中的生涩概念和复杂规则所困惑,完全不知该从何入手,经过几番波折之后,最后只能放弃对它的热情,留给自己也许是一个永远无法挽回的遗憾。

　　财务管理到底是一门怎么样的学科?它的基本框架又是什么样子?财务管理又有着哪些基本常识?我们是否能够找到一种简单易学的方式?

　　正是本着对这些问题的求解,我们开始了这本书的编撰工作。本着在读者面前最清晰地呈现该知识的目的,我们开始慎重地选择各个章节结构。对于每个知识点,尽可能搜集最全面的资料,经过对比参照,确保提供给读者的"养分"是最及时也是最新鲜的。最终在文字的表述中,也抛弃传统教科书式的死板与教条,用尽可能生活化的语言,讲解出一堂堂充满活力的财务管理课。

　　希望读者在对一个个财务管理常识进行了解的过程中,能对日常的企业财务管理活动有一个更为全面、深刻的认识。也希望通过对此书的学习，能正确地认识到财务工作有什么样的重要性，这项工作所遵循的原则是什么，或者说它工作的目的是什么。并且能够明白通过有效的财务管理，可以对企业管理起到什么样的有效作用，又可以采取哪些有效的财务管理措施来提高企业的经营效益。

最后还需说明一点，财务管理虽然是一门完整的理论知识，但它却是来源于实践的一门学科，换句话说，对财务管理知识的讲解，仅仅是对财务管理活动的一种表述，这就需要读者在学习的过程中要能回到现实中去思考和揣摩，才能将这些常识内容进行更好地理解和掌握。

本书在编写的过程中，难免存在很多不足，还希望读者朋友在阅读的过程中能多加批评指正，以求能更为完整和全面地为读者提供有用的信息。

目录
CONTENTS

第一部分　财务基础常识篇

盖房首先要打好地基,学习一门学科,了解一门知识,首先要掌握它的基本概念与规则。就如同人们要表达自己的意思,首先要认识基本的字,掌握必要的语法规则,才能保障自己在与他人的交流过程中,明确表达出自己的意思,同时也能捕捉他人所传递的信息。

基础常识是理解财务管理这门课程的关键,现实中,财务活动呈现五花八门的表象,但这些基本的概念与规则却永远不会发生改变。当一个人对这些基本的常识有一个全面的了解之后,也就对整个财务管理有了一个概括性的认识。

第1章　摸清根本,了解基本财务术语
常识1　财务管理的四个假设是什么? ……………………………………… 2
常识2　什么是财务管理的六基本要素? …………………………………… 5
常识3　财务管理遵循哪些基本原则? ……………………………………… 7
常识4　什么是会计恒等式? ………………………………………………… 11
常识5　会计所使用的统一记账方法是什么? ……………………………… 12

第2章　认清结构,明确人员配备与机构设置
常识6　会计人员应承担的职责有哪些? …………………………………… 15

常识 7　会计岗位应如何设置并划分职责？ ……………………… 16
常识 8　一个合格的会计主管需要具备哪些素质？ ……………… 17
常识 9　会计主管的职责是什么？ ………………………………… 18
常识 10　企业的会计主管拥有哪些权限？ ………………………… 19
常识 11　如何具体设置一个企业的财务会计机构？ ……………… 20

第二部分　财务报表常识篇

对于一个外行人来说，看着各种各样的报表，读着五花八门的数字，很容易被这些信息弄迷糊，以致在信息的海洋中，失去自己判断的依据，从而认为财务管理工作是一件非常枯燥而毫无趣味的事情。

其实，只要你掌握正确的方法，能够明白这些数字与现实生产经营活动有着怎样的关联，知道它们背后所蕴藏的"玄机"，就可以将这份普通的工作干出别样的滋味，使财务报表的阅读，变成一件简单而富有乐趣的事情。

第 3 章　数字背后有乾坤，解开财务报表的神秘面纱

常识 12　财务报表究竟为何物？ …………………………………… 24
常识 13　财务报表能为我们提供什么有用的东西？ ……………… 26
常识 14　通常财务报表包括哪几种类型？ ………………………… 27
常识 15　不同的人分析报表会有什么不同目的？ ………………… 29
常识 16　报表分析应遵循哪些原则？ ……………………………… 33
常识 17　报表分析要掌握哪些基本的方法？ ……………………… 35
常识 18　如何正确分辨出财务信息中的真伪？ …………………… 43

第 4 章　读懂资产负债表，清楚企业有多少"家底"

常识 19　什么是资产负债表？ ……………………………………… 46
常识 20　资产负债表告诉我们什么信息？ ………………………… 47

常识 21　资产负债表的结构是什么样的？……………………… 48
　　常识 22　资产负债表中的重要财务指标有哪些？……………… 50

第 5 章　认识企业获利能力的"仪表器"——利润表
　　常识 23　什么是利润表？………………………………………… 59
　　常识 24　看懂利润表需要什么样的基本功能？………………… 60
　　常识 25　利润表遵循什么样的标准结构？……………………… 61
　　常识 26　利润表应该如何编制？………………………………… 62
　　常识 27　利润表中的重要财务指标包含哪些？………………… 64

第 6 章　看懂现金流量表，了解企业最真实的经营状况
　　常识 28　什么是现金流量表？…………………………………… 74
　　常识 29　现金流量表告诉我们什么信息？……………………… 75
　　常识 30　现金流量表数据该如何列报？………………………… 77
　　常识 31　现金流量所反应的重要指标有哪些？………………… 79
　　常识 32　现金流量表的编制方法与过程是什么？……………… 81

第三部分　财务操作常识篇

　　对于一个外行人来说，看到各种各样的账簿，常常会觉得头昏眼花，在记账的过程中，因为自己的不小心，还会犯非常严重的错误，造成不可挽回的后果。最终所形成的印象是，认为记账是一件烦琐而复杂的工作。

　　记账其实并不是件很难的工作，只要你明白它的原理，你就会明白为什么会有这么多的规则作为限制，全面认识和掌握这些规则之后，你就会游刃有余地处理各种账务操作了。

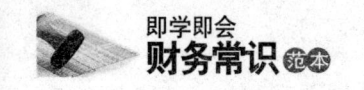

第7章 准确记账，让财务管理有据可循

- 常识 33　什么是原始凭证？ ………………………………………… 86
- 常识 34　原始凭证应该包含哪些要素内容？ …………………… 87
- 常识 35　原始凭证的填制要求与方法是什么？ ………………… 88
- 常识 36　原始凭证如何审核？ …………………………………… 90
- 常识 37　什么是记账凭证？ ……………………………………… 91
- 常识 38　记账凭证该如何编制？ ………………………………… 92
- 常识 39　记账凭证该如何审核？ ………………………………… 94
- 常识 40　什么是会计账簿？ ……………………………………… 95
- 常识 41　账簿登记存在哪些要求？ ……………………………… 97
- 常识 42　日记账登记应该如何操作？ …………………………… 99
- 常识 43　总分类账登记应该如何操作？ ………………………… 101
- 常识 44　明细账应该如何登记操作？ …………………………… 102
- 常识 45　备查账簿应该如何登记操作？ ………………………… 103
- 常识 46　什么是平行登记原则？ ………………………………… 103
- 常识 47　会计凭证该如何传递、装订和保管？ ………………… 104
- 常识 48　账簿如何进行更换和保管？ …………………………… 106

第8章 核算清晰，挖掘数字背后隐藏的"内在"价值

- 常识 49　会计核算包括什么内容？ ……………………………… 108
- 常识 50　企业固定资产应该如何核算？ ………………………… 109
- 常识 51　对企业的无形资产应该如何核算？ …………………… 112
- 常识 52　货币资金和应收项目如何核算？ ……………………… 115
- 常识 53　工业企业产品成本应该如何核算？ …………………… 121
- 常识 54　辅助生产费用如何归集和分配？ ……………………… 124
- 常识 55　制造费用如何归集和分配？ …………………………… 128
- 常识 56　废品及停工损失如何归集和分类？ …………………… 131

第9章 查账严密，确保账目数据不失真

常识 57　什么叫查账？ ……………………………………… 135
常识 58　查账的基本步骤是什么？ …………………………… 136
常识 59　查账的基本方法有哪些？ …………………………… 138
常识 60　查账常用的技术方法是什么？ ……………………… 144
常识 61　会计报表的综合审查应如何操作？ ………………… 148

第10章 及时调账，让账目信息紧跟时代变化

常识 62　企业要调账的原因何在？ …………………………… 153
常识 63　调账有哪些具体方法？ ……………………………… 154
常识 64　在会计政策发生变更时如何调账？ ………………… 155
常识 65　会计估计变更时如何调账？ ………………………… 159
常识 66　会计差错更正如何调账？ …………………………… 163
常识 67　调整错账的更正方法是什么？ ……………………… 167

第四部分　财务控制常识篇

要想使企业有一个好的经营状态，那就必须掌握好财务控制这个有效的管理工具。从筹资阶段开始，就要明白自己需要什么样的钱，又该如何筹到这样的钱。在经营的开始阶段，要学会使用预算来实现资源的有效利用。在经营的过程中，要尽可能利用好手中的现金并最大程度地控制生产成本。

当一个经营者能够将财务有效控制的时候，也就使企业的管理处在了最佳的状态。

第11章 广泛筹资，为企业经营储备充足"粮草"

常识 68　筹资渠道你懂几种？ ………………………………… 174
常识 69　不同发展阶段应采取什么不同的融资方式？ ……… 175
常识 70　筹资所应遵循的原则有哪些？ ……………………… 178

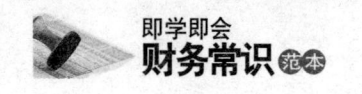

常识 71　如何向银行贷款？ …………………………………… 180
常识 72　企业筹资需要做好哪些风险防范？ …………………… 182

第 12 章　企业资源合理使用的指导书——财务预算

常识 73　我们为何要开展预算工作？ …………………………… 185
常识 74　全面预算的内容是什么？ ……………………………… 187
常识 75　有效预算应按哪八个步骤来进行？ …………………… 188
常识 76　预算有哪几种管理模式？ ……………………………… 190
常识 77　如何选择合适的预算方法？ …………………………… 193

第 13 章　做好现金管理，让企业"血脉"时刻保持流通

常识 78　利润与现金有什么差异？ ……………………………… 196
常识 79　手里的现金是不是越多越好？ ………………………… 197
常识 80　如何确定最佳现金持有量？ …………………………… 198
常识 81　如何做好现金流预算？ ………………………………… 200
常识 82　日常现金管理的技巧有哪些？ ………………………… 201

第 14 章　把关成本管理，节省手中每一分钱

常识 83　成本管理具有哪些意义？ ……………………………… 204
常识 84　企业成本有哪些？ ……………………………………… 205
常识 85　如何才能找出可以节省的成本？ ……………………… 206
常识 86　了解成本的计算步骤？ ………………………………… 208
常识 87　如何才能做到保本经营？ ……………………………… 208
常识 88　如何做好企业的费用控制？ …………………………… 210

第五部分　税务缴纳常识篇

一提到税务,很多人都会感到头疼,各种各样的税种和核算规则,常常会让人感到眼花缭乱。

但是,税务却是每一个人都不可回避的事情。税务是企业应该承担的责任,更是我们经营过程中所必须考虑的重要因素,这就要求我们必须对税收知识有一个全面的概括认识。

对于税务的了解,不仅会对企业经营产生有利的促进作用,还可以给经营者提供有利的税收筹划空间,这对于经营者,是一件更重要的事情。

第 15 章　依法纳税,认清企业的责任与义务

常识 89　税收及其基本特征? ………………………………………… 214
常识 90　纳税人有哪些权利? ………………………………………… 215
常识 91　纳税人有哪些义务? ………………………………………… 217
常识 92　我国的税种有哪些? ………………………………………… 219
常识 93　如何申报纳税? ……………………………………………… 220
常识 94　如何缴纳税款? ……………………………………………… 221
常识 95　如何区分合理避税与偷、骗、抗、欠税的区别? …………… 223
常识 96　税收筹划存在哪些认识误区? ……………………………… 228

第 16 章　增值税的核算与筹划

常识 97　什么是增值税? ……………………………………………… 231
常识 98　增值税的征税范围有哪些? ………………………………… 233
常识 99　增值税纳税人如何认定? …………………………………… 235
常识 100　企业增值税如何计算? ……………………………………… 237
常识 101　增值税的节税措施有哪些? ………………………………… 238

第17章 消费税的核算与筹划

常识 102 消费税的概念是什么？ ………………………………………… 243

常识 103 消费税的征税范围如何划定？ …………………………… 244

常识 104 如何确定消费税的纳税人？ ……………………………… 245

常识 105 应如何计算消费税的应纳税额？ ………………………… 245

常识 106 消费税的节税措施有哪些？ ……………………………… 246

第18章 营业税的核算与筹划

常识 107 如何理解营业税？ ………………………………………… 255

常识 108 营业税的纳税义务人和扣缴义务人如何认定？ ………… 256

常识 109 企业营业税的税目及税率有哪些？ ……………………… 257

常识 110 企业营业税应如何核算？ ………………………………… 259

常识 111 营业税的节税措施有哪些？ ……………………………… 262

第19章 个人所得税的核算与筹划

常识 112 谁是个税的纳税人？ ……………………………………… 266

常识 113 个税的具体征税范围 ……………………………………… 268

常识 114 个人所得税的税目和税率是什么？ ……………………… 270

常识 115 个人所得税的节税措施有哪些？ ………………………… 272

第20章 企业所得税的核算与筹划

常识 116 什么是企业所得税？ ……………………………………… 278

常识 117 企业所得税的具体征收对象是什么？ …………………… 279

常识 118 企业所得税的税率是多少？ ……………………………… 280

常识 119 如何确定企业所得税的应纳税所得额？ ………………… 280

常识 120 企业所得税的节税措施有哪些？ ………………………… 286

第一部分
财务基础常识篇

盖房首先要打好地基,学习一门学科,了解一门知识,首先要掌握它的基本概念与规则。就如同人们要表达自己的意思,首先要认识基本的字,掌握必要的语法规则,才能保障自己在与他人的交流过程中,明确表达出自己的意思,同时也能捕捉他人所传递的信息。

基础常识是理解财务管理这门课程的关键,现实中,财务活动呈现五花八门的表象,但这些基本的概念与规则却永远不会发生改变。当一个人对这些基本的常识有一个全面的了解之后,也就对整个财务管理有了一个概括性的认识。

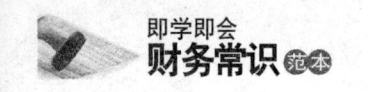

第1章 摸清根本,了解基本财务术语

> 在各门学科中都有表示各个专业特殊概念的词汇,在学习或了解某一学科之前,我们首先必须弄清楚这一学科的术语。要想对财务知识有所了解,学习财务术语则是排在首位的必要环节。

常识1 财务管理的四个假设是什么?

任何理论都是有假设前提的,就如同我们学习经济学,需要对人性进行假设一样,它会成为我们研究理论的逻辑基础。

对于财务管理也是一样,我们要研究财务活动,首先必须明确,我们所要研究的对象是什么?对象主体具有什么样的特征?活动过程又该如何从时间上进行区分?研究要遵循什么样的统一标准?而这恰恰就是四个假设前提所要解决的问题。国内外会计界多数人公认的会计核算基本假设有以下四个:

1.会计主体

会计主体指的是会计核算服务的对象,或者说是会计人员进行核算采取的立场及空间活动范围的界定。组织核算工作首先应明确为谁核算的问题,这是因为会计的各种要素,例如:资产、负债、收入、费用等都是同特定的经济实体,即会计主体相联系的,一切核算工作都是站在特定会计主体立场上进行的。如果主体不明确,资产和负债就难以界定,收入和费用便无法衡量,以划清经济责任为准绳而建立的各种会计核算方法的应用便无从谈起。

因此,在会计核算中必须将该主体所有者的财务活动、其他经济实体的财务活动与该主体自身的财务活动严格区分开,会计核算的对象应是该主体自身的财务活动。

这里应该指出的是,会计主体与经济上的法人不是一个概念。作为一个法人,其经济上必然是独立的,因而法人一般应该是会计主体,但是构成会计主体的并不一定都是法人。比如,从法律上看,独资及合伙企业所有的财产和债务,在法律上应视为所有者个人财产延伸的一部分,独资及合伙企业在业务上的种种行为仍视其为个人行为,企业的利益与行为和个人的利益与行为是一致的,因此独资与合伙企业都不具备法人资格。

但是,独资、合伙企业都是经济实体、会计主体,在会计处理上都要把企业的财务活动与所有者个人的财务活动区分开。例如,企业在经营中得到的收入不应记为其所有者的收入,发生的支出和损失,也不应记为其所有者的支出和损失,只有按照规定的账务处理程序转到所有者名下,才能算其收益或损失。

2.持续经营

持续经营是指在可以预见的将来,企业将会按当前的规模和状态继续经营下去,不会停业,也不会大规模削减业务。

企业是否持续经营对于会计政策的选择影响很大,只有设定企业是持续经营的,才能进行下一步的会计处理。比如,采用历史成本计价,是设定企业在正常的情况下运用它所拥有的各种经济资源和依照原来的偿还条件偿付其所负担的各种债务,否则,就不能继续采用历史成本计价,只能采用可变现净值法进行计价。

由于持续经营是根据企业发展的一般情况所作的设定,企业在生产经营过程中缩减经营规模乃至停业的可能性总是存在的。为此,往往要求定期对企业持续经营这一前提作出分析和判断。一旦判定企业不符合持续经营前提,就应当改变会计核算的方法。

3.会计分期

会计分期是指将一个企业持续经营的生产经营活动划分成连续、相等的期间,又称会计期间。

会计分期的目的是,将持续经营的生产活动划分为连续、相等的期间,据以结算盈亏,按期编报财务报告,从而及时地向各方面提供有关企业财务状况、经营成果和现金流量信息。

3

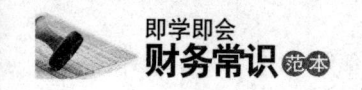

根据持续经营前提，一个企业要按当前的规模和状况继续经营下去。要最终确定企业的经营成果，只能等到一个企业在若干年后歇业的时候核算一次盈亏。但是，经营活动和财务经营决策要求及时得到有关信息，不能等到歇业时一次性地核算盈亏。

为此，就要将持续不断的经营活动划分成一个个相等的期间，分期核算和反映。会计分期对会计原则和会计政策的选择有着重要影响。由于会计分期，产生了当期与其他期间的差别，从而出现权责发生制和收付实现制的区别，进而出现了应收、应付、递延、预提、待摊这样的会计方法。

最常见的会计期间是一年，以一年确定的会计期间称为会计年度，按年度编制的财务会计报表称为年报。在我国，会计年度自公历每年的1月1日起至12月31日止。为满足人们对会计信息的需要，也要求企业按短于一年的期间编制财务报告，如要求股份有限公司每半年提供中期报告。

4.货币计量

货币计量是指采用货币作为计量单位，记录和反映企业的生产经营活动。会计是对企业财务状况和经营成果全面系统的反映，为此，需要货币这样一个统一的量度。在市场经济条件下，货币充当了一般等价物，企业的经济活动都最终体现为货币量，所以也有可能采用货币这个统一尺度进行会计核算。

当然，统一采用货币尺度也有不利之处，许多影响企业财务状况和经营成果的因素，并不是都能用货币来计量的，比如，企业经营战略，在消费者当中的信誉度，企业的地理位置，企业的技术开发能力等等。为了弥补货币量度的局限性，企业需要采用一些非货币指标作为会计报表的补充。

在我国，采用人民币作为记账本位币，是对货币计量这一会计前提的具体化。考虑到一些企业的经营活动更多地涉及外币，因此规定业务收支以人民币以外的货币为主的单位，可以选定其中一种货币作为记账本位币。当然，提供给境内使用者的财务会计报告应当折算为人民币。

看完上面这些内容之后，也许有人会觉得，这些都是最基本的概念，是大家都明白的内容，为什么会成为最重要的假设呢？这是因为，正是依靠这些最基本的概念，我们才划分出了财务管理理论的边界，让大家明白财务理论是研究什么的,又该如何研究。

不过,大家千万不要忽略这些看似普通的假设内容,任何一个概念所发生的细微变化都会成为财务管理活动的重要内容,比如财务主体的变更,货币计量单位的换算等。在生活中看似普通的活动,在财务管理中却可以带来巨大的变化,因此要想对这门学科有一个透彻的了解,就必须对这些基本假设有深入的认识。

常识 2　什么是财务管理的六基本要素?

财务管理,说白了,就是管钱,但是生活中的"钱"与财务管理中的"钱"却有完全不同的内涵。生活中,关于钱,人们一般只需要思考两点,即:如何"挣钱"与怎么"花钱"。除此以外,钱不再具有其他内涵。

但是,对于一个企业的财务管理,钱却被牵扯出更多的内涵,得到一些钱,我们要明白这些钱是从哪儿来的,我们要分析出其中的原因,以便发掘出企业的利润增长点;支出一些钱,我们要明白这些钱被花到什么地方,是否还存在能够节省的空间。

在复杂的经济行为中,在权责清晰的管理原则指导下,我们就给了"钱"以不同名目,而这也就是财务管理的六个基本要素。当一个外行人开始理解这些基本的要素之后,他也就接纳了财务管理所应有的专业思维方式。

1.资产

资产是指企业过去的交易或者事项形成的,由企业拥有或者控制的,预期会给企业带来经济利益的资源。

(1)"企业过去的交易或者事项"包括购买、生产、建造行为或其他交易或者事项。预期在未来发生的交易或者事项不形成资产。

(2)"由企业拥有或者控制"是指企业享有某项资源的所有权,或者虽然不享有某项资源的所有权,但该资源能被企业所控制。

(3)"预期会给企业带来经济利益"是指直接或者间接导致现金和现金等价物流入企业的潜力。

符合资产定义的资源,在同时满足以下条件时,被确认为资产:

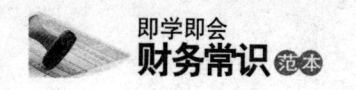

(1)与该资源有关的经济利益很可能流入企业。

(2)该资源的成本或者价值能够可靠地计量。

2.负债

负债是指企业过去的交易或者事项形成的，预期会导致经济利益流出企业的现时义务。

"现时义务"是指企业在现行条件下已承担的义务。未来发生的交易或者事项形成的义务，不属于现时义务，不应当确认为负债。

符合负债定义的义务，在同时满足以下条件时，确认为负债：

(1)与该义务有关的经济利益很可能流出企业。

(2)未来流出的经济利益的金额能够可靠地计量。

3.所有者权益

所有者权益是指企业资产扣除负债后由所有者享有的剩余权益。公司的所有者权益又称为股东权益。

所有者权益的来源包括所有者投放的资本、直接计入所有者权益的利得和损失、留存收益等。

直接计入所有者权益的利得和损失，是指不应计入当期损益、会导致所有者权益发生增减变动的、与所有者投入资本或者向所有者分配利润无关的利得或者损失。

利得是指由企业非日常活动所形成的、会导致所有者权益增加的、与所有者投入资本无关的经济利益的流入。

损失是指由企业非日常活动所发生的、会导致所有者权益减少的、与向所有者分配利润无关的经济利益的流出。

所有者权益金额取决于资产和负债的计量。

4.收入

(1)收入的定义

收入是指企业在日常活动中形成的、会导致所有者权益增加的、与所有者投入资本无关的经济利益的总流入。

(2)收入的确认

收入只有在经济利益很可能流入从而导致企业资产增加或者负债减少,且经济利益的流入额能够可靠计量时才能予以确认。

5.费用

(1)费用的定义

费用是指企业在日常活动中发生的、会导致所有者权益减少的、与向所有者分配利润无关的经济利益的总流出。

(2)费用的确认

费用只有在经济利益很可能流出从而导致企业资产减少或者负债增加、且经济利益的流出额能够可靠计量时才能予以确认。

企业为生产产品、提供劳务等发生的可归属于产品成本、劳务成本等的费用,应当在确认产品销售收入、劳务收入等时,将已销售产品、已提供劳务的成本等计入当期损益。

企业发生的支出不产生经济利益的,或者即使能够产生经济利益但不符合或者不再符合资产确认条件的,应当在发生时确认为费用,计入当期损益。

企业发生的交易或者事项导致其承担了一项负债而又不确认为一项资产的,应当在发生时确认为费用,计入当期损益。

6.利润

利润是指企业在一定会计期间的经营成果。利润包括收入减去费用后的净额、直接计入当期利润的利得和损失等。

"直接计入当期利润的利得和损失"是指应当计入当期损益、会导致所有者权益发生增减变动的、与所有者投入资本或者向所有者分配利润无关的利得或者损失。

利润金额取决于收入和费用以及直接计入当期利润的利得和损失金额的计量。

常识 3 财务管理遵循哪些基本原则?

任何事情,都是有章可循的,只要掌握了它基本的章法,就不会被它"迷乱"

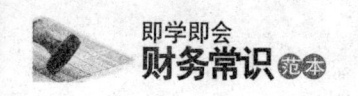

的表象所迷惑。财务管理活动，虽然形式多样，但只要认识它的基本原则，你就会为学习财务管理知识寻找到最正确的方向。这些原则不仅是理解财务管理的关键，更是财务管理最重要的执行依据，是衡量工作是否圆满、是否合法的标准。

1.客观性原则

企业应当以实际发生的交易或者事项为依据进行会计确认、计量和报告，如实反映符合确认和计量要求的各项会计要素及其他相关信息，保证会计信息真实可靠、内容完整。会计必须根据审核无误的原始凭证，采用特定的专门方法进行记账、算账、报账，保证会计核算的客观性。

客观性原则是对会计工作的基本要求。会计工作提供信息的目的是为了满足会计信息使用者的决策需要，因此，就应该做到内容真实、数字准确、资料可靠。在会计核算中坚持客观性原则，就应当在会计核算时客观地反映企业的财务状况、经营成果和现金流量，保证会计信息的真实性；会计工作应当正确运用会计原则和方法，准确反映企业的实际情况；会计信息应当能够经受验证，以核实其是否真实。

如果企业的会计核算工作不是以实际发生的交易或事项为依据，没有如实地反映企业的财务状况、经营成果、现金流量，会计工作就失去了存在的意义，甚至会误导会计信息使用者，导致决策的失误。

2.权责发生制原则

权责发生制是收付实现制的对称。后者是以收到或付出现金为依据，作为该会计期间收入或费用的一种会计处理方法，只有收到现金才记为收入，付出现金才记为费用。而前者对收入和费用的处理，则是以实际受影响的会计期间为根据，就是以应付、应收为根据来确定当期收入和费用的一种会计处理方法。

3.收入实现原则

企业经营过程的持续进行，在会计处理上必须确定一个时点作为收入的确定点。收入实现原则是指以商品销售或劳务提供为确认收入实现的标志。此原则认为，企业应以商品销售或劳务提供作为收入实现的标志。因为商品一经销售或劳务一经提供，说明交易行为已经发生，商品的所有权已经转移，价格双方认可,而且为会计上处理收入提供了可靠的依据。因此,应该在商品销售或劳务提供时确认收入已经实现,而不问其账款是否收讫。

4.可比性原则

企业提供的会计信息应当具有可比性。同一企业不同时期发生的相同或者相似的交易或者事项,应当采用一致的会计政策,不得随意变更。确需变更的,应当在附注中说明。不同企业发生的相同或者相似的交易或者事项,应当采用规定的会计政策,确保会计信息口径一致、相互可比。

可比性原则要求企业的会计核算应当按照国家统一的会计制度的规定进行,使所有企业的会计核算都建立在相互可比的基础上。只要是相同的交易或事项,就应当采用相同的会计处理方法。会计处理方法的统一是保证会计信息相互可比的基础。不同的企业可能处于不同行业、不同地区,经济业务发生于不同时点,为了保证会计信息能够满足决策需要,便于比较不同企业的财务状况、经营成果和现金流量,企业应当遵循可比性原则的要求。

5.一贯性原则

企业在不同期间内使用的会计政策、会计程序和会计方法,必须保持前后一贯。遵循一贯性原则处理有关会计事项,是保证各期会计报表数据可比性的前提,也是分析和评价经营成果和财务状况发展趋势的一个重要条件。

相反,某些会计政策、会计程序和会计方法在应用上不一贯(如折旧、存货计价方法的变动),则可能为企业随意改变损益计算方法来窜改账目,虚报利润、弄虚作假敞开方便之门。实行了这一原则,不限制有正当理由而合乎情理需要的变动。但变动后必须在会计报表中说明变动的原因和对有关项目的影响。

6.重要性原则

企业提供的会计信息应当反映与企业财务状况、经营成果和现金流量等有关的所有重要交易或者事项。对于重要的交易或事项,应当单独、详细反映;对于不具重要性、不会导致投资者等有关各方决策失误或误解的交易或事项,可以合并、粗略反映,以节省提供会计信息的成本。

对资产、负债、损益等有较大影响,并进而影响财务会计报告使用者据以做出合理判断的重要会计事项,必须按照规定的会计方法和程序进行处理,并在

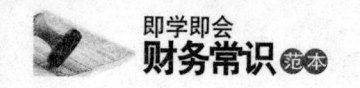

财务会计报告中予以充分、准确地披露；对于次要的会计事项，在不影响会计信息真实性和不至于误导财务会计报告使用者做出正确判断的前提下，可以适当简化处理。

重要性原则与会计信息成本效益直接相关。坚持重要性原则，就能够使提供会计信息的收益大于成本。对于那些不重要的项目，如果也采用严格的会计程序，分别核算、分项反映，就会导致会计信息的成本大于收益。

在评价某些项目的重要性时，很大程度上取决于会计人员的职业判断。一般来说，应当从质和量两个方面综合进行分析。从性质方面来说，当某一项事项有可能对决策产生一定影响时，就属于重要性项目；从数量方面来说，当某一项目的数量达到一定规模时，就可能对决策产生影响。

7. 谨慎性原则

企业对交易或者事项进行会计确认、计量和报告应当保持应有的谨慎，不应高估资产或者收益、低估负债或者费用。也就是说在资产计价及损益确定时，如果有两种或两种以上的方法或金额可供选择时，应选择使本期净资产和利润较低的方法或金额。

需要注意的是，谨慎性原则并不意味着企业可以任意设置各种秘密准备，否则，就属于滥用谨慎性原则，将视为重大会计差错，需要进行相应的会计处理。

企业的经营活动充满着风险和不确定性，在会计核算工作中坚持谨慎性原则，要求企业在面临不确定因素的情况下做出职业判断时，应当保持必要的谨慎，充分估计到各种风险和损失，既不高估资产或收益，也不低估负债或费用。例如，要求企业定期或者至少每年年度终了，对可能发生的各项资产损失计提减值准备等，就充分体现了谨慎性原则对会计信息的修正。

8. 及时性原则

企业对于已经发生的交易或者事项，应当及时进行会计确认、计量和报告，不得提前或者延后。

会计信息的价值在于帮助所有者或其他方面做出经营决策，具有时效性。即使是客观、可比、相关的会计信息，如果不及时提供，对于会计信息使用者也没有任何意义，甚至可能误导会计信息使用者。在会计核算过程中坚持及时性原则,一是要求及时收集会计信息,即在经济业务发生后,及时收集整理各种原始单据;二是及时处理会计信息,即在国家统一的会计制度规定的时限内,及时编制出财务会计报告;三是及时传递会计信息,即在国家统一的会计制度规定的时限内,及时将编制出的财务会计报告传递给财务会计报告使用者。

如果企业的会计核算不能及时进行,会计信息不能及时提供,就无助于经营决策,就不符合及时性原则的要求。

常识 4　什么是会计恒等式?

进行会计处理有一些基本的准则,会计恒等式就属于其中之一,它有效地将资产、负债、所有者权益、收入、费用、利润联系在一起。会计报表编制是以会计恒等式为基础,因此在对财务知识系统了解之前,我们先看看会计恒等式包括哪些内容。

1.会计等式一——静态的会计等式

企业开展经营活动,其资金无非来源于两个方面:

(1)投资人投入。

(2)借债。

自有资金和外来资金构成企业经营的全部资金来源。这些资金或者投入物(机器、设备)形成企业的资产,来源于债权人(如银行)的资金形成负债,来源于投资者的资金形成了所有者权益。而这之间就存在一个基本的恒等式:

企业资金占用=企业资金来源

资产=负债+所有者权益

这个等式反映了资产、负债、所有者权益之间的平衡关系,这种关系也表现为一种静态的关系。表现出企业在经营过程的某一时点,资产、负债、所有者权益的对等关系。这个基本等式也是编制"资产负债表"的基本依据。

2.会计等式二——动态的会计等式

开办企业的目的是为了赚钱,等式一并不能反映企业在经营过程中是赢利还是亏损,因此我们给出下面的等式,可以充分反映企业的赢利状况:

收入−费用=利润(或亏损)

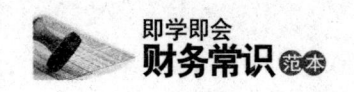

如果:利润>0,则表现为企业赢利

利润<0,则表现为企业亏损

之所以将这一等式称为动态指标,是因为我们可以从不同阶段企业利润的变化中分析企业的赢利状况。会计等式二也是编制"利润表"的主要依据。

3.会计等式三——动静结合的会计等式

第一个等式只能看出企业资金运动的静态情况,即某一个时点的状况;而第二个等式只能反映企业资金运动的动态情况,即赚了多少钱,无法反映企业的规模。再仔细思考一下,我们会发现资产运用会取得收入,同时也产生了费用,而利润的增加一方面增加了所有者权益,另一方面增加了企业资产或减少了企业的负债,企业的经营总是如此持续下去,因此产生了等式三:

资产+利润=负债+所有者权益+(收入−费用)

由于企业的利润最终要归入新的资产中去,减少负债或者增加所有者权益,等式三最终可以化成等式一。

表 1–1 会计恒等式

	形式	公式
会计等式一	静态式	资产=负债+所有者权益
会计等式二	动态式	收入−费用=利润(正或负)
会计等式三	动静结合式	资产+利润=负债+所有者权益+(收入−费用)

常识5 会计所使用的统一记账方法是什么?

借贷记账法说的就是以"借"、"贷"两个字作为记账符号,对每项经济业务,都要在两个或两个以上账户中以借、贷相等的金额记录会计要素变动结果的一种记账方法。

这里的"借"、"贷"没有字面含义,只作为记账符号使用,用以标明记账的方向。它所代表的内涵非常简单,钱从一个地方流出之后,必须要标明它到哪里去,将所有钱的来龙去脉都搞清楚了,也就管好了一个企业的财务。

1.借贷记账法的账户结构

在借贷记账法下,所有账户都分为借方和贷方两个基本部分,用以记录因经济业务引起的会计要素的增减变动情况。在记录经济业务时,哪方记增加,哪方记减少,要根据账户的性质和经济业务的具体内容而定。根据会计等式的安排和传统习惯的影响,会计账户的具体结构规定如下:

(1)资产类账户结构

在资产类账户中,借方记录该项资产的增加额,贷方记录该项资产的减少额,期末余额一般在借方,表示该项资产的期末实有数额。

(2)负债类账户结构

根据会计等式的安排,负债及所有者权益要素列在资产要素的反方,表示资产的形成原因。因此,负债类账户的结构与资产类账户的结构相反。贷方记录该项负债的增加额,借方记录该项负债的减少额,期末余额一般在贷方,表示该项负债的期末实有数。

(3)所有者权益类账户结构

所有者权益类账户结构与负债类账户的结构相同。贷方记录该项所有者权益的增加额,借方记录该项所有者权益的减少额,期末余额一般在贷方,表示该项所有者权益的期末实有数。

(4)成本类账户结构

成本是资产耗费的对象化,成本的实质是资产价值的转移,因此,成本类账户与资产类账户的性质相似,结构相同。即借方记录该项成本的增加额;贷方记录该项成本的减少或转销额,期末可能有余额,也可能无余额。若有期末余额,一般应在借方,表示期末在产品的成本。

(5)损益类账户结构

损益是由收入和费用两个会计要素决定的,因此,损益类账户是由收入类账户和费用类账户构成。

收入类账户。收入的变动最终会引起所有者权益变动,而且两者的变动方向相同,因而收入类账户的结构与所有者权益账户的结构基本相同。贷方记录

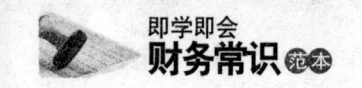

该项收入的本期增加数,借方记录该项收入的本期减少数或转销数,收入类账户本期发生在期末结转后,一般无余额。如有余额,表示尚未结转的收入。

费用类账户。费用的变动最终会引起所有者权益变动,而且两者的变动方向相反,因而费用类账户的结构与权益类账户的结构相反。借方记录该项费用的本期增加数,贷方记录该项费用的本期减少数。费用类账户本期发生额在期末结转后,一般无余额;如有余额,表示尚未结转的费用。

账户的性质通常是由账户余额的方向决定的。对于资产、成本和费用类账户来说,账户余额应存在于账户的借方;对负债、所有者权益和收入类账户来说,账户的余额应存在于账户的贷方。如果某账户期初余额和期末余额的方向发生了改变,则说明账户的性质发生了变化。

2.借贷记账法的记账规则

记账规则是会计人员在处理经济业务时应遵循的基本要求。借贷记账法的记账规则是:"有借必有贷,借贷必相等"。

根据复式记账的基本原理、借贷记账法的账户结构、会计要素的变化规律以及会计等式的平衡关系,我们可以知道:每项经济业务的发生,或者只涉及会计等式的一端,引起这一端会计要素的此增彼减;或者涉及会计等式的两端,引起两端会计要素的同增或同减。而无论如何,在记账时都必须以相等的金额,借贷相反的方向,在两个或两个以上相互关联的账户中进行登记。有借方必有贷方,借方与贷方的金额必须相等。

第2章　认清结构，明确人员配备与机构设置

> 在学习财务知识之前，弄清楚财务管理的结构，财务机构的设置，各个会计人员的职责和权利也是必不可少的环节。明确了这一点，将有助于会计人员展开工作，有利于管理人员进行财务职责的分配与管理。

常识6　会计人员应承担的职责有哪些？

会计人员是从事会计工作、处理会计业务、完成会计任务的人员。企业、事业、行政机关等单位，都应根据实际需要配备一定数量的会计人员。会计人员的职责，概括起来就是及时提供真实可靠的会计信息，认真贯彻执行和维护国家财经制度和财经纪律，积极参与经营管理，提高经济效益。具体而言，会计人员的主要职责包括以下几点：

1.进行会计核算

进行会计核算，及时地提供真实可靠的、能满足各方需要的会计信息，是会计人员最基本的职责，会计人员要以实际发生的经济业务为依据，记账、算账、报账，做到手续完备，内容真实，数字准确，账目清楚，日清月结，按期报账，如实反映财务状况、经营成果和财务收支情况。

2.实行会计监督

会计人员对不真实、不合法的原始凭证，不予受理；对记载不准确、不完整的原始凭证，予以退回，要求更正补充；发现账簿记录与实物、款项不符的时候，应当按照有关规定进行处理；无权自行处理的，应当立即向本单位行政领导人报告，请求查明原因，作出处理；对违反国家统一的财政制度、财务制度规定的收支，不予办理。

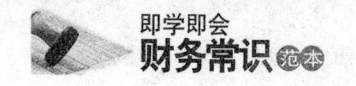

3.拟订本单位办理会计事务的具体办法。

4.参与拟定经济计划、业务计划,考核、分析预算和财务计划的执行情况。

5.办理其他会计事务。

常识7 会计岗位应如何设置并划分职责?

细致划分会计人员的工作岗位并明确各自的具体职责,有助于分工明确,各负其责,保证工作的良性运行。会计人员的工作岗位一般可分为:

1.会计主管;

2.出纳;

3.资金管理;

4.预算管理;

5.固定资产核算;

6.存货核算;

7.成本核算;

8.工资核算;

9.往来结算;

10.收入利润核算;

11.税务会计;

12.总账报表;

13.稽核;

14.会计电算化管理;

15.档案管理等等。

这些岗位可以一人一岗、一人多岗或一岗多人,各单位可以根据本单位的会计业务量和会计人员配备的实际情况具体确定。

需要注意的是,为贯彻内部会计控制中的"账、钱、物分管"的原则,出纳人员不得兼管稽核、会计档案保管及收入、费用、债权债务账目的登记工作。

对于企业的会计人员,应有计划地进行岗位轮换,以便会计人员能够比较全面地了解和熟悉各项会计工作,提高业务水平。会计人员调动工作或因故离职离岗,要将其经管的会计账目、款项和未了事项向接办人员移交清楚,并由其上级主管人员负责监交。

常识 8　一个合格的会计主管需要具备哪些素质?

要成为一个成功的、优秀的会计主管需要具备良好的素质,只有在日常生活中注重自我提升、自我修炼的人,才可能胜任这一职位。会计主管应具备以下几种基本素质:

1.政治素质

会计主管并不仅仅是会计工作人员,良好的政治素质是其在工作和生活中明辨是非,并在需要时作出正确决定或抉择的思想保障。会计主管政治素质的总要求是:坚持真理、实事求是、富有正义感和爱国精神、树立正确的人生观、价值观等。

2.道德品质

道德是一个人得以安身立命的根本,会计主管在从业生涯中需要具备高度的职业道德;廉洁自律、诚实守信、坚持原则、秉公办事,做到"心地无私天地宽"。

3.知识素质

合理的知识结构体系是优秀会计主管必须具备的一项基本素质,保证其正确理解、判断并卓有成效地组织工作。会计主管必须牢牢掌握三方面的知识:一是包括法律在内的较为均衡的文化知识;二是比较丰富、先进的现代管理科学、决策科学和领导科学的方法体系。从根本上说,要有善于学习的基本素质。

4.业务素质

财务会计工作是企业管理的核心,具有很强的专业技术性,而且会计理论、会计知识都在不断迅速更新,为了满足会计工作发展的需要和做好本职工作,会计主管应具备更高的专业知识、技术水平和业务素质。现代企业的会计主管往往是协助公司最高管理当局运筹帷幄的重要智囊和理财专家,扎实的专业知识是制订科学、有效的工作方案,提供正确的财务建议,出色地完成财务工作所必须具备的最基本、最必要的素质。因此,会计主管应熟练掌握财务会计、财务管理等相关知识,主动更新专业知识,跟踪本学科发展,具有丰富的工作经验和

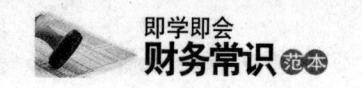

学识,并熟悉各项财经法纪,做到遵纪守法。

5.有悟性、有理性、有韧性

悟性就是要求会计主管有迅速接受信息并作出正确判断的能力,要能从纷繁复杂的现象和数据资料中把握本质,迅速作出正确判断。

理性就是做结论要建立在对事物客观全面的判断的基础之上,实事求是。会计主管在工作中应做到尊重客观规律,保持清醒的头脑,切忌主观臆断。

韧性是在任何工作中做出成绩所必不可少的素质。会计主管面临诸多复杂的问题需要处理,只有具备坚强的意志、稳定的情绪和坚韧的毅力,才能在管理中克服困难,避免失误。

常识 9 会计主管的职责是什么?

会计主管作为财会机构的负责人,其主要职责就是全面组织和领导本部门人员从事各项财会工作,组织日常的会计核算,监督及处理各项财务活动。会计主管的职责权限,一般由单位根据有关的法律、法规和自身的具体情况确定,各单位具体机构的设计不同,为会计主管设定的职责权限也不尽相同,但基于会计和财务活动的特点,会计主管的职责都不会偏离以下几个方面,其日常管理活动也围绕这几方面展开:

1.组织会计核算、会计监督职能

2.制定并贯彻落实企业内部财会规章制度、会计岗位责任制的职能

认真贯彻执行国家统一的财务、会计制度,并从本企业实际出发,会同有关职能部门制定企业内部办理会计事务和财产物资的各项规章制度,同有关方面共同贯彻执行;结合本企业会计运作情况和经营管理的需要,制定各岗位合理分工,既明确职责范围,又能够密切协作的工作规划,并坚持严格考核,不断提高工作质量和运作效率。

3.组织财务预测,参与经营决策、督促生产经营职能

搞好市场预测、成本预测、利润预测、资金预测等各项财务预测,充分运用会计信息和资料,向企业决策者提供生产决策、短期经营决策、长期投资决策的依据,参与经营决策;定期组织有关岗位编制财务收支预算、成本计划和期间费用计划,并按经济责任范围下达给各责任单位,定期检查,针对存在的问题,提出建议和措施。

4.筹集资金职能

按照有关规定,积极从不同渠道、采取不同方式筹集资金,编制集资的长期规划和短期计划,并办理集资申报、注册和验证等手续,力促其实现。

5.组织管理企业日常财务会计活动的职能

按期编制各种长短期负债的偿债计划,开展全面预算管理,严格控制财务收支,建立现金和各种银行存款的内部控制制度,经常检查货币资金收支和管理情况;按照国家有关规定严格审查应交税金、应交利润和其他应交款项,督促有关岗位办理转交手续;定期或不定期地向企业和董事会、监事会汇报企业财务状况和经营成果,提报企业财务评价;及时向有关方面报送会计报表,认真审查对外报出的会计报表和其他会计资料等。

6.组织财产清查的职能

按照有关规定,建立财产清查制度,定期组织有关部门共同进行财产清查工作,并促使有关部门不断完善管理制度,改进管理方法。

7.协调各种财务关系的职能

为企业理顺与政府、所有者、往来单位、企业内部各部门等各种重要的财务关系,营造团结、融洽的良好经营氛围。

8.负责财会部门人力资源管理的职责

如组织企业会计工作人员学习政治理论、业务技术、企业财务制度、会计制度、现代工业会计的理论和方法,学习现代经济管理知识,不断提高会计工作人员的素质,以适应市场经济发展的需要。

常识 *10* 企业的会计主管拥有哪些权限?

权力和责任往往相辅相成,只有拥有相应的权力才能更好地履行职责。具体来说,会计主管的基本权限主要有以下七个方面:

第一,有权检查各级人员执行财务纪律的情况,并制止违纪行为,对违纪行为提出意见。

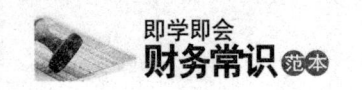

第二，对违反财经纪律的收支，有权拒收、拒签、拒付，并有权向有关部门举报。

第三，有权对指使、强令编造、篡改财务会计报告的行为进行制止和纠正。制止和纠正无效的，有权向有关部门报告，请求处理。

第四，有权对财产物资保管状况、现金管理和各种账册进行检查。

第五，有权对本部门人员选配和奖惩提出建议。

第六，有权参加有关的生产经营会议，并提出相应的建议、方案。

第七，有权参与生产定额、资金定额的制定、修改，并提出建议。

除此之外，随着我国与国际的接轨，对于会计主管权限的设置有了一些新的发展，比如有些单位的会计主管对公司各财务部门有稽核权，有权审核国内公司各项费用和开支的合理、合法性等。

常识11 如何具体设置一个企业的财务会计机构？

财务会计机构是各单位办理会计事务的职能部门，会计人员是直接完成各项会计工作的人员。建立会计机构，配备具有一定职业道德、技术素质的会计人员，是做好会计工作，充分发挥会计职能作用的基础。

但是，不同的企业其会计核算的任务也会不一样，其所能承受的会计业务的行政成本也是不相同的。因此，我国会计法规并没有一刀切地要求所有企事业单位都必须设立相同的会计机构，而是因地制宜地根据各个企业自身业务规模的大小，以及会计核算工作量的多少，分以下三种情况来解决企业的会计核算问题：

第一，设立单独的会计机构，划分相应的职责与岗位进行会计核算。

第二，不设立会计部门，在有关机构中设置会计人员，并指定会计主管人员。

第三，会计核算量较少，可以不设置专职的会计，委托具有合法资质的代理记账机构代理记账。

不过，通常来说，一个企业是否单独设置会计机构，往往取决于下列四个因素：

第一，企业规模的大小。一个企业的规模，往往决定了其内部职能部门的设置,也决定了会计机构的设置与否。一般来说,大中型企业和具有一定规模的事业行政单位,以及财务收支数额较大、会计业务较多的社会团体和其他经济组织,都应单独设置会计机构,如会计部、财务部、计划财务部等,以便及时组织本单位各项经济活动和财务收支的核算,实行有效的会计监督。

第二,经济业务和财务收支的繁简。有些企事业单位尽管经济业务较少,但其业务的会计核算比较复杂,专业性很强,例如金融行业,有必要单独设置会计机构,以保证会计工作的效率和会计信息的质量。

第三,国家法规的具体要求。对于有些行业的企业,国家的相关法规给出过明确的要求,例如,证券经纪行业,国家明确要求必须设立独立的财务会计机构。

第四,管理的要求。有效的经营管理是以信息的及时、准确、全面系统为前提的。一个单位在经营管理上的要求越高,对会计信息的需求也相应增加,对会计信息系统的要求也越高,从而决定了该单位设置会计机构的必要性。

第二部分
财务报表常识篇

对于一个外行人来说,看着各种各样的报表,读着五花八门的数字,很容易被这些信息弄迷糊,以致在信息的海洋中,失去自己判断的依据,从而认为财务管理工作是一件非常枯燥而毫无趣味的事情。

其实,只要你掌握正确的方法,能够明白这些数字与现实生产经营活动有着怎样的关联,知道它们背后所蕴藏的"玄机",就可以将这份普通的工作干出别样的滋味,使财务报表的阅读,变成一件简单而富有乐趣的事情。

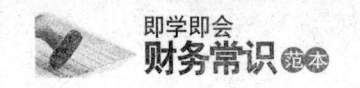

第3章　数字背后有乾坤，解开财务报表的神秘面纱

> 财务报表是会计工作的最终产品，是财务信息的主要载体，是管理者了解企业生产经营情况的重要窗口。如果将管理企业比作开飞机，那财务报表就相当于驾驶舱里的仪表盘。若读不懂财务报表，就如同看不懂仪表盘，也就无法驾驶飞机。

常识 12　财务报表究竟为何物？

财务报表是对企业财务状况、经营成果和现金流量的一种书面形式的反应。换句话说，要想了解一个企业具有什么样的实力，经营处于一种什么样的状况，那只要看看企业的财务报表，就会对所有情况有一个非常清楚的了解。

企业财务报表对管理者、投资者、债权人和财政、税务等部门以及其他与企业有利害关系的单位和个人都具有十分重要的意义。对企业管理者而言，它是对企业经营成果的分析依据，并据此作出正确决策。对相关管理部门来说，它是对企业经营状况进行了解和对相关财务工作审核的最基本依据。所有与企业相关的利益人，都会依据财务报表所反映的信息，来抉择他们与企业生产经营有关的行为。

财务报表至少要包括以下三个部分：资产负债表、损益表、现金流量表以及附注信息等。

资产负债表是反映企业在某一特定日期财务状况的报表。它所描述的对象主要包括企业拥有或者控制的资产、企业的财务结构、资产的变现能力、偿债能力以及企业适应环境变化的能力等。

损益表是反映企业在一定会计期间的经营成果汇总的报表。经营成果主要包括企业的获利能力、成本的消耗与控制情况等。

现金流量表是对企业在一定会计期间现金和现金等价物流入和流出情况反应的报表。现金流量所要反映的信息主要是企业经营活动、投资活动和筹资活动等所产生的现金流量记录。

报表附注是对财务报表中有关项目进行进一步的阐述说明,以帮助报表的使用者能进一步理解和分析企业财务状况、经营成果及其现金流量。

针对行业性质不同和自身经营活动的特点,企业会计核算具体内容和管理要求也不尽相同,其会计报表必然存在差异。对企业而言,可按照以下不同标准将财务报表划分成不同类别,通过对这些类别的了解,可以对财务报表有更为深入的认识。

1.按经济内容分类

根据信息性质不同,可分为静态报表和动态报表。静态报表所反映是在某一特定日期,企业资产、负债和所有者权益状况,如资产负债表;动态报表则是综合反映企业一定会计时期内的经营情况和现金流动情况,如损益表或现金流量表。

2.按编报时间分类

按财务报表编报时间,可将财务报表分为年度、半年度、季度和月度财务会计报告。其中半年度、季度和月度财务会计报告统称为中期财务会计报告。在我国,财务会计报告的会计期间有年、半年、季、月四种。

年度财务会计报告的会计期间是指公历每年的1月1日至12月31日;半年度财务会计报告的会计期间是指公历每年的1月1日至6月30日和7月1日至12月31日,季度财务会计报告的会计期间是指公历的每一个季度,即每年的1月1日至3月31日、4月1日至6月30日、7月1日至9月30日、10月1日至12月31日;月度财务会计报告的会计期间是指公历每月1日至该月的最后一日。

3.按编制主体分类

按财务会计报表编制主体不同,可分为个别会计报表和合并会计报表。这种划分主要是存在于企业对外单位进行投资,或者基于特殊财务关系时而形成的。

个别会计报表是指针对投资企业或接受投资企业而编制的,只反映投资企

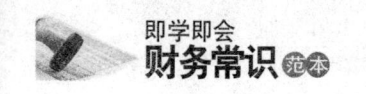

业或接受投资企业自身的财务状况和经营成果。

合并会计报表是指对外投资占被投资企业资本总额半数以上(或者实质上拥有被投资企业控制权)的情况下,根据投资企业或被投资企业个别会计报表编制,反映投资企业与被投资企业整体财务状况和经营成果的财务会计报表。

4.按服务对象分类

根据财务会计报表所呈递服务对象不同,可分为内部和外部财务报表。

内部财务报表是为适应企业内部经营管理需要,所编制的不对外公布的会计报表。一般不需要统一的格式,也没有统一的指标体系,只是为了满足企业最高管理层进行经济预测和决策需要。

外部财务报表所提供的服务对象主要包括:投资者、债权人、政府部门和社会公众等。它有统一的格式和规定指标体系,对外提供的会计报表主要包括资产负债表及其附表、损益表及其附表、现金流量表等。

常识 13 财务报表能为我们提供什么有用的东西?

作为一个外行人,其实完全没有必要为了这么多的报表而感到头疼。要想理出所有这些报表的头绪,其中最关键的一点,就是要知道这些报表是做什么用的。如果你知道了这些报表的编制目的,也就抓住了财务管理工作的关键核心,顺着这条线索,你就会明白,这些数据从什么地方来,又通过什么方式收集,最后也就不难明白它背后所代表的意义了。

在市场经济条件下,企业资金主要来源于债权人的贷款和投资者的投入资本。在这些资金运作的过程中,能够给投资者带来收益,但同时也会伴随与收益相当的风险。在这种情况下,中小企业老板为保证投资决策的科学性、合理性,必须尽可能全面真实地掌握企业各方面的运营信息。而财务会计报表无疑是投资者收集投资决策信息的最好途径。

1.评价企业的经营业绩

任何决策者在作出决策之前,都会先从企业财务报告中读出最为重要的信息,比如:企业的赢利能力如何;影响企业赢利能力的主要因素有哪些;企业的自我可持续增长能力如何;影响企业自我可持续增长能力的主要因素是什么等等,当他们能从财务报告中寻找出这些问题的答案之后,他们往往就能作出最正确的决策。

2.通过财务分析,可以诊断企业财务的健康状况

风险与收益是并存的一对矛盾,收益是大家所追求的目标,而风险则是大家都希望回避的内容。发现和预防风险的方法有很多,而财务报告无疑是风险最好的一个预警器。一个优秀的管理者要想对企业财务健康状况了如指掌,就要时刻关注:企业的负债状况如何、企业经营是否有财务风险、企业是否有偿债能力等问题。通过财务分析,管理者可以判断出企业财务状况的优劣,找出造成优劣的具体原因,并据以提出财务对策。

3.规划未来的经营策略和财务政策

通过对企业财务信息比较和分析,可以揭示出企业不同的优势和弱点,总结出在过去的经营过程中所取得的成绩和存在的不足,从而找出改进的方向与措施,以便适时调整企业发展战略和财务规划,寻找最合理的投资项目,协调最优秀的资本结构,寻找最佳的融资和筹资渠道,调整出让各方都满意的利润分配政策。

4.引导与优化资源配置

财务报告所提供的财务状况、赢利能力、营运能力与现金流动状况,能够有助于资源拥有者对不同企业经营业绩和财务能力进行比较、分析,从而调整其投资方向与额度,以引导社会资源向收益好、效益高的企业合理流动,实现社会资源最优配置。

常识 *14* 通常财务报表包括哪几种类型?

财务会计报表是对企业财务状况、经营成果和现金流量的结构性表述。企业财务会计报表至少应当包括下列组成部分:资产负债表、利润表、现金流量表、所有者权益表(或股东权益表)及附注。

1.资产负债表

资产负债表所反映的是企业在某一特定日期(如年末、季末或月末)的资产、负债和所有者权益数额及其构成情况的会计报表。

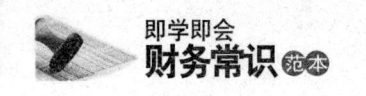

资产和负债应当分为流动资产和非流动资产、流动负债和非流动负债列示。

资产负债表中的资产类至少应当单独列示反映下列信息项目：货币资金、应收及预付款项、交易性投资、存货、持有至到期投资、长期股权投资、投资性房地产、固定资产、生物资产、递延所得税资产、无形资产。

资产负债表中的负债类至少应当单独列示反映下列信息项目：短期借款、应付及预收款项、应交税金、应付职工薪酬、预计负债、长期借款、长期应付款、应付债券、递延所得税负债。

资产负债表中的所有者权益类至少应当单独列示反映下列信息项目：实收资本(或股本)、资本公积、盈余公积、未分配利润。

2.利润表

利润表所反映是企业在一定期间生产经营成果及其分配情况的财务会计报表。

费用应当按照功能分类，分为从事经营业务发生的成本、管理费用、销售费用和财务费用等。

利润表至少应反映下列信息的项目：营业收入、营业成本、营业税金、管理费用、销售费用、财务费用、投资收益、公允价值变动损益、资产减值损失、非流动资产处置损益、所得税费用、净利润。

3.现金流量表

现金流量表，所反映是企业在一定会计期间内现金和现金等价物流入和流出情况的报表。

现金流量表应当分别将经营活动、投资活动和筹资活动列报现金流量。同时又要区分现金流入和流出进行区别列报。

4.所有者权益变动表

所有者权益(或股东权益)变动表应当反映构成所有者权益的各组成部分当期的增减变动情况。

所有者权益变动表至少应当包括下列信息项目：

(1)净利润。

(2)直接计入所有者权益的利得和损失项目及其总额。

(3)会计政策变更和差错更正的累积影响金额。

(4)所有者投入资本和向所有者分配利润等。

(5)按规定提取的盈余公积。

(6)实收资本(或股本)、资本公积、盈余公积、未分配利润的期初和期末余额及其调节情况。

5.附注

附注是对各个财务会计报表中列示项目信息的文字描述或明细说明资料，以及对未能在这些报表中列示项目的说明。

附注应当披露财务报表的编制基础，与各报表中列示的项目相互参照。附注一般应当按照下列顺序进行描述：

(1)财务报表编制基础。

(2)所遵循企业会计准则的声明。

(3)重要会计政策的说明，包括财务报表项目计量基础和会计政策确定依据。

(4)重要会计估计说明，下一会计期间内很可能导致资产、负债账面价值重大调整的会计估计等。

(5)会计政策和会计估计更正说明。

(6)对已在资产负债表、利润表、现金流量表和所有者权益变动表中列示的重要项目的进一步说明，包括终止经营税后利润的金额及其构成情况等。

(7)或有和承诺事项、资产负债表日后非调整事项、关联方关系及其交易等需要说明的事项。

下列各项未在财务报表中披露的，企业应当在附注中披露：

第一，企业注册地、组织形式和总部地址。

第二，企业的业务性质和主要经营活动。

第三，母公司以及集团最终母公司的名称。

常识 15 不同的人分析报表会有什么不同目的？

同一个报表，对于不同的人来说，却有不同的意义。首先要认清自己的身

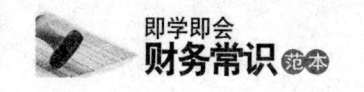

份，明白自己要从报表中寻找出什么样的内容，这样才不会被报表中的各种数据混淆视听。紧紧抓住自己最关心的问题，才能将这些复杂的报表分析得透透彻彻、明明白白。

1.企业投资者及其报表分析目的

通常意义上的投资者也就是我们通常所说的股东，是指在企业设立或持续经营期间向企业提供权益性财务资本的组织或个人。

作为企业的产权所有人，虽然不直接参与企业的经营管理，但他们的利益与企业经营休戚相关，因而他们最关心企业的财务状况和经营情况。他们要了解企业运行情况如何，获利情况如何，投入资本的保值与增值情况如何，经营者的能力和责任心如何，以及企业未来的发展趋势怎样，投资的效益和潜在的风险等等。归根结底，他们关心这些问题的根本目的，就是为了进行合理的投资决策。

决策需要信息，财务会计报表无疑是他们获取信息最重要的渠道。投资者最关注的是企业的获利能力。因为，投资的基本目的是实现资本的保值与增值，这直接取决于企业的获利能力。对于上市公司来说，公司获利水平的提高，能使股票价格上升，使股东们获得更多的资本收益。较高的获利能力，还可争取较多的债权资金和银行贷款。

但是，投资者向企业提供的是没有期限的永久性资本，并不是短期资本。因此，投资者不应只注意企业当前的获利能力，而更应注意观察企业长远的发展与获利能力。也就是说，投资者应当在短期获利能力与长期获利能力之间做出权衡，如此才能恰当处理二者的关系。

综上所述，投资者的财务分析和评价包括：评价获利能力，评价企业长期发展的可能性，确定企业偿债能力，评估企业的利润分配政策。其最终目的是为了进行合理的投资决策。

2.债权人及其报表分析目的

债权人就是向企业提供债务资金的组织或个人。对于债务往往会存在不同的还款期限，有些债务资金是要在1年内偿还的，如流动资金贷款；有些债务资金是在超过1年的时间偿还的，比如长期投资和基本建设贷款等。根据情况的不同，企业债权人又可分为短期债权人和长期债权人两大类。

债权人会成为财务会计报表的阅读分析者,因为他们是企业资金的供应者,他们时刻要保证自己的投资是安全的,他们要了解企业偿还债务资金的能力如何,是否有条件和能力支付利息,债权人提供的资金是否存在重大风险,企业对债权人供应的资金保障程度如何。关于这些问题的答案,都可以从企业提供的财务报表中找到。

出于对投资和收益安全性考虑,债权人最为关心的是债务人企业的偿债能力和信用关系,但短期债权人和长期债权人又有区别。短期债权人主要关心企业短期偿债能力和资产流动性,而资产流动性大小又须借助流动比率、速动比率等指标来衡量。在一个"三角债"盛行和多数企业存货大量积压的经营环境中,现金比率是短期债权人进行财务分析的核心指标。对长期债权人来说,他们更关心的是企业资产负债率等财务指标,他们所希望确定的是企业偿还长期债务和支付债务利息的能力和风险。

相对而言,短期偿债能力分析不太强调企业赢利能力,但长期债权人除了注意分析评价企业偿债能力外,更应注意分析评价企业获利能力,从长远角度来看,企业利润与长期偿债能力之间有着密切的联系。因此,长期债权人通常既关心资产负债表和现金流量表,又关心利润表。

对债权人而言,不管是确定偿债能力,还是评估赢利能力,进行财务报表分析的目的都是为了促成最终的合理信贷决策。

3.经营者及其报表分析目的

当面临经营环境简单,企业资本规模较小的时候,在企业管理上一般是谁投资,谁就经营管理,投资方与经营者身份合一。但在大工业的时代背景下,环境变化的频率正在加快,内部组织结构变得更加复杂,对管理者提出越来越高的要求,最终促使投资方与经营者产生分离,即向企业提供财务资本的人不一定有能力经营管理企业,他需要专门聘请有能力的人来直接经营管理企业,也就是我们通常所说的两权分离。

在两权分离制度下,一方面,作为企业的经营管理者,肩负着经营管理企业的责任,即所谓的"受托责任"。这个受托责任的完成和履行情况,最终也是通过财务会计报表等方式向委托人,即投资方做出交代的。另一方面,对经营者本人

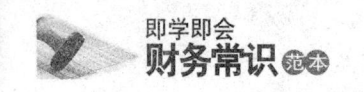

来说,他也需要通过一个全面的会计报表来了解公司内部财务和经营状况,以便加强自身管理,提高资本运作效率,更好地完成自己的受托责任。从这个意义上说,企业的经营者就是会计报表的阅读分析者。

从财务报表中,经营者关心的主要问题有:经营业绩如何、管理效率和质量如何、财务结构及其风险和稳定性如何、偿债能力如何、资产和资本运作效率如何、财务适应能力如何、资源配置是否合理有效、未来发展趋势和前景如何等等。在明确了这些问题之后,经营者就会对企业现在和将来的发展做出一个明确评价,并据此制定出合理的企业发展战略和策略。说到底,就是为了让企业获得可持续经营。企业可持续经营能力是经营者保持职位的基本条件,是他经营成就的体现,同时也是利益相关者对企业经营者的基本期望。

4.政府及其报表分析目的

现代社会中,政府一般都肩负有宏观经济调控的职能,以促使整个国民经济健康、持续、稳定、有效发展。政府宏观经济调控职能的实现,需要有相应的信息系统来支持,这个信息系统的重要信息来源,就是企业财务会计信息系统。但是,作为企业财务会计报表的阅读分析者,政府本身又具有其特殊性。

首先,政府面对的不是单个企业,而是**整体企业**。政府关心的不是单个企业财务和经营运作情况,而是全部企业的财务运作情况和效果。在一些特殊情况下,政府才会将注意力集中在某一个企业上。比如,如果一家企业的经营和财务活动对宏观经济有很大影响,或单个企业需要有政府支持才能防止出现不利于宏观经济的后果等。

其次,政府对企业整体财务状况和经营情况的了解,主要是通过对单个企业财务会计报表汇总来实现的,或者说是靠统计方法来进行的。

最后,政府作为社会公共管理机构,除了了解企业经营和理财经济性过程和后果,同时对企业经营和理财的社会性后果,也就是企业履行其社会责任的情况更为关注,比如企业对环境、就业、人力资源或国民素质、金融风险等方面所产生的影响。

5.员工及其报表分析目的

员工也是企业最直接的利益相关者。员工依靠企业获取生存空间,但员工也在时刻对企业经营状况进行判断,以决定他们是否可以在这里获得最好的生存条件。企业的现在和将来,企业的经营和理财,企业的生存和发展,企业的好与坏,都直接影响到员工的切身利益。从这个意义上说,员工必定会关心、了解企业的发展情况,以便作出合理的就业决策。

现在,员工流动已是完全司空见惯的事,这里的流动就是人们常说的就业决策。作出改变就业的决策,是一件痛苦的事情,但却是一件与自己利益密切相关的事情。作出改变就业决策有很多原因,如工作稳定性和安全感、身份和地位、自我价值的实现程度和方式、未来发展前景、收益水平和风险等,其中收益水平就与企业的财务状况有紧密的关联。

6.客户及其报表分析目的

作为向企业购买商品物资的人,客户首先必须了解企业支付能力和信用情况,以便制定合理决策,这些都是通过财务会计报表来体现的。从这个意义上说,客户就成了企业会计报表的阅读分析者。如果企业财务会计报表上显示是现金短缺,说明企业支付能力较弱;应付账款数额较大,所占企业资产比例较高,则说明企业信用观念较差。这种情况下对于他们的决策都是不利的。

常识 16 报表分析应遵循哪些原则?

对于一个外行人来说,一看到各种各样令人眼花缭乱的数据,一时会感觉"老虎吃天,无处下口"。在这个时候,不要乱了自己的阵脚,只要掌握好分析报表的基本原则,那所有的工作都会变得有章可循,财务报表分析原则具体包括:

1.目的明确原则

财务报表分析过程,可以说是"为有意义问题寻找有意义答案"的过程。要解决的"问题"必须是有意义的,并且是明确的。如果给你一个企业财务报表,请你分析一下,而不说出于什么目的,你肯定会不知道从何处着手。如果你明确了最终的目的,就如同旅行有了方向,你也就知道如何使用这些资料,通过分析步骤、程序和技术方法来实现最终的结果。

目的明确原则是指报表使用者在分析和计算前,必须清楚地理解分析的目的,即要解决的问题。在另一方面,报表分析的深度和质量,在很大程度上也依

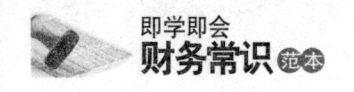

赖于对问题的认识。

2.实事求是原则

实事求是原则是指在分析时应从实际出发,坚持实事求是,反对主观臆断和"结论先行"的行为,不能搞数字游戏。

作为报表分析人,尤其是专业分析人,不能为达到特定目的而利用数据拼凑理由。一切结论应产生于分析之后,而不是在此之前。一切为了粉饰业绩或其他理由而对财务数据进行私自更改的行为都是有违财务道德的。

3.相关性原则

相关性原则是指企业提供的财务指标应该能满足各类报表使用者的需要,作为不同的报表使用者应从自身需要出发选择不同的财务指标。作为股东,最关心的是企业获利能力指标,债权人则更重视企业偿债能力指标。

4.全面分析原则

全面分析原则是指分析人要全面看问题。财务指标是一种体系指标,它涉及企业经营管理的各个方面,企业经营活动是互相联系、错综复杂的,所以报表分析人应当将各种财务指标有机联系起来,同时将财务问题与非财务问题、有利因素与不利因素、主观因素与客观因素、经济问题与技术问题、外部问题与内部问题进行有机结合进行分析,最终才能谨慎而全面地得出结论。

5.动态分析原则

动态分析原则是指要以发展的态度去看问题,反对对同一问题持静止观点。两个企业的收益率一致,但并不表明它们的收益能力永远是一样的。就如同从解剖学角度看,两个人可能没有太大的区别,但运动起来可能差别很大。

作为报表分析人,要注意区分过去、现在和将来的关系。财务报表本身是过去经济业务的综合反映,而人们的决策是关于未来的。未来不会是历史的简单重复,但是,是历史的延续,通过对过去的了解,对未来进行最大可能的预测。

6.定量分析和定性分析相结合原则

定量分析与定性分析相结合原则是指定性判断和定量计算同样重要,都要引起充分注意。

分析人必须认识到,定性分析是基础和前提,没有定性分析就弄不清问题本质、趋势及与其他事物的联系;定量是工具和手段,没有定量分析就弄不清数量界限、阶段性和特殊性。财务分析要透过数字看本质,无法定性的数字必然得不出结论。

7.成本效益原则

对于报表分析也是需要花费一定成本的,成本效益原则是指将最大的精力应用于能取得最大效益的地方。

分析人要注意几点:要分析和解决的问题是否具有足够重要性,值得自己花多少成本;相对于问题的重要性,所分析结果需要的精确程度如何,是否值得下更大工夫;不确定性分析是否必要,又需要多少成本等。

8.谨慎性原则

谨慎性原则要求报表分析人在进行报表分析时,低估企业的变现能力、获利能力和偿债能力,而对于企业的财务风险和经营风险,则相对要高估一些,这样可以在未来经营过程中,给自己留下更多回转的空间,从而有更强的抗压能力。

在贯彻谨慎性原则时,要做到两点:一是要采用谨慎的会计处理方法;二是要采用谨慎的财务指标计算方法。在执行谨慎性原则时,要注意一点:必须以上述各原则为前提,决不可以任意歪曲事实真相和隐瞒利润。

常识 17　报表分析要掌握哪些基本的方法?

报表是通过数据来说话,而数据必须要通过分析才能得出有效结果,掌握各种分析方法,就成为读懂报表的关键。

对于各种分析方法,你也许会觉得种类繁多,并且使用起来非常复杂,但是你只要明白这些方法所遵循的基本原理,并且通过适当的学习锻炼,必然能够掌握这些方法,最终会为自己读懂报表提供出最好的工具。

一、比较分析

1.比较分析法的含义

比较是认识事物的基本方法之一,有比较,才有鉴别,没有比较,人们就无法对事物进行区分认识。比较分析法是通过经济指标在数量上的比较,揭示各经济指标数量上的增减变化情况的一种分析方法。比较分析法又叫对比分析法

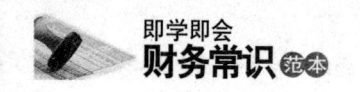

或水平分析法,是财务报告分析中最基本、最常用的方法。

比较分析法的主要作用在于找出现实客观存在的差距,并揭示形成这种差距的原因,以帮助人们发现问题,挖掘潜力,改进工作方法。

应用比较分析法时,比较的结果通常以差异额(变动额、增长额)和差异率(变动率、增长率)的形式为表现。其相关计算公式如下:

差异额=比较指标数量-被比较指标数量

$$差异率=\frac{差异额}{被比较指标数量}\times 100\%$$

在比较分析法中,所比较的对象一般是实际指标、本期指标、本企业指标与计划指标、上期指标、同行业中先进企业指标之间的比较。

2.比较分析法的形式

比较分析法有绝对数比较分析和相对数比较分析。

(1)绝对数比较分析

绝对数比较分析方法是将报表各个项目的绝对数额与比较对象的绝对数额进行比较,以揭示其数量差异。

(2)相对数比较分析

相对数比较分析方法是利用财务报表中有相关关系的数据的相对数进行比较,如将绝对数换算成百分比、结构比重、比率等进行对比,以揭示相对数之间的差异。借助参照,更好地让阅读者明白这种差距所具有的实际意义。

如某企业上年成本利润率为20%,今年成本利润率为18%,则今年与上年相比,成本利润率下降了2%,这就是利用百分比进行比较分析。

一般来说,绝对数比较只通过差异数说明差异金额,但不能表明变动程度,而相对数比较则可以进一步说明变动程度。

3.运用比较分析法应注意的问题

(1)指标内容、范围和计算方法必须具有一致性

例如在运用比较分析法对资产负债表、损益表、现金流量表等财务报表中的项目数据进行分析时,必须保证这些经济指标的内容、范围和计算方法具有一致性,只有一致才具有可比性。

(2)会计计量标准、会计政策和会计处理方法的一致性

在会计核算中,会计计量标准、会计政策和会计处理方法都具有变动的可能,如果有变动,则必然要影响到数据的可比性。对于因为会计计量标准、会计政策和会计处理方法的变动而不再统一的会计数据,就必须进行适当调整,使之具有可比性后,才能进行比较。

(3)企业类型、经营规模和财务规模以及目标大体一致

这主要是指本企业与其他企业对比时应当注意之处。企业经济类型不同、财务方针及方式的调整,都会影响到数据的可比性。只有大体一致,企业之间的数据才具有可比性,比较的结果才具有参照性。

二、比率分析

1.比率分析法的含义

比率分析法是指通过计算对比两个相关财务指标的比率,来确定相对数差异的一种分析方法。

任何两个数字都可以计算出比率,但要使比率具有意义,计算比率的两组数字就必须具有相关联系。这种比率通常叫财务比率。

2.比率分析法的作用

比率分析法是财务报表分析中一个重要方法。如前所述,比率是由密切联系的两个或两个以上的相关数字计算出来的。通过比率分析,往往可以利用一个或几个比率就可以独立揭示企业在某一方面的财务状况和经营业绩,或者说明其在某一方面的能力。

当然,比率分析法也同样存在其适用的条件,它所揭示的信息具有一定的范围局限性。因此,在财务报告分析中比率分析法要和其他分析方法密切配合,合理运用,才能提高财务报告分析结果的有效性。

3.比率分析法的类型

比率分析法按其两种指标对比特性不同,可划分为:结构比率、效率比率和相关比率。

(1)结构比率

结构比率也称为构成比率,其所反映的是某项财务指标占总体的比重,是

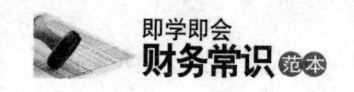

部分与总体的关系。其计算公式为：

$$结构比率 = \frac{某项组成部分数额}{总体数额}$$

通过结构比率分析，计算个体数量占总体数量的比重，可以分析财务指标构成内容的质量、变动幅度及其合理性、科学性。如固定资产占企业全部资产的比率，流动资产占全部资产的比率，各项负债占全部负债的比率等。

(2) 效率比率

效率比率是某项经济活动中花费与所得之间的比率，反映的是投入与产出的关系。如：将利润项目与销售成本、销售收入、资本等项目加以对比，可计算出成本利润率、销售利润率，以及总资产报酬率等利润率指标，以便从不同角度比较分析企业获利能力的高低及其增减变化情况。

(3) 相关比率

相关比率是以某个项目与相互关联项目加以对比所得的比率，反映有关经济活动的相互关系。

利用相关比率指标，可以考察相关业务安排是否合理，以保障企业经济活动能够顺利开展。如将流动资产与流动负债加以对比，计算出流动比率，据此判断企业是否具有良好的短期偿债能力。

4. 运用比率分析法应注意的问题

(1) 对于比率发生变化的原因，不能盲目下结论。当比率发生变化时，有可能是某一个指标发生变化，也有可能是两个指标同时发生变化。在分析时不能简单确定其原因，应根据具体情况作进一步的分析。

(2) 比率是一个相对数，它只能反映企业财务指标的效率和变化程度，而不能反映其规模。两个生产规模相差很大的企业，某些比率指标可能相同，但它们的绝对数却会相差很大。

(3) 比率中的相关要素不能随意设置，而要依据指标之间相互联系、相互依存的关系来确定。在构成比率分析中，部分指标必须是总体指标这一大系统中的一个小部分；在效率分析中，投入与产出必须具有因果关系；相关比率分析中两个对比指标必须有内在联系，这样的比率分析才会具有意义，这样的分析结果,才能对决策起到应有的作用。

(4)在进行比率分析时,两个对比指标在计算时间和范围口径上应当保持一致,以保证分析结果的真实性和准确性。

三、趋势分析

趋势分析法是将两期或两期以上财务报表中的相同指标或者比率进行对比,分析它们增减变动方向、数额和幅度。采用这种方法主要是为了揭示企业财务状况、经营成果和现金流量的变化,分析出引起变化的主要原因,并预测企业未来的发展前景。

趋势分析法,通常包括水平分析法和垂直分析法。

1.水平分析法

水平分析法又称横向比较法,是指在会计报表中,对某一项目的本期或多期金额及其百分比与基期金额及百分率进行对比,以观察企业财务状况与经营成果变化趋势的方法。

在运用水平分析法时,可以通过编制比较会计报表进行。编制比较会计报表时,首先要计算出相同项目的增加变动金额及其百分比,然后再分析其增减变动对企业财务状况的影响。

2.垂直分析法

垂直分析法又称纵向比较法,是指选择某一项目作为分析的总体对象,然后分别计算出它的每一项目占基础金额的结构百分比,然后将本期和前一期或前几期的结构百分比数据汇编在一起并进行比较,从而可以查明各特定项目在不同年度所占比例变化情况,进一步可以判断企业经营成果和财务状况的发展趋势。

一般情况下,损益表的总体是营业收入,资产负债表的总体是资产总额,它们就是垂直分析法的总体对象,在实际运用中,还可根据具体情况来确定分析的总体对象。

综上所述,水平比较分析和垂直比较分析遵循的是相同的原则,但是各自偏重点却有所不同。前者侧重于同一项目不同年度金额增减与百分比变化,而后者则侧重于某一项目在不同年度比重(即重要性程度)的变化。在实际的运用

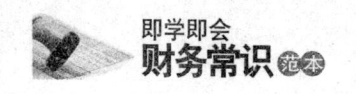

中,二者必须进行有效结合,才会更有利于我们正确评价、预测企业经营成果与财务状况演变。

3.在趋势分析时应当注意的问题

(1)计算口径必须一致。同其他分析方法一样,各个时期的指标必须具有良好的统一性。

(2)偶然因素产生特殊影响时,分析时应予以剔除。趋势分析最主要的目的是对未来的情况进行预测,而这些偶然性并不能对未来产生持续的影响,所以当发现这些影响财务运动的偶然因素时,应予以剔除,这样才能对未来企业财务变化趋向有更为准确的把握。

(3)财务指标有显著变动时应重点研究。分析时如发现某项指标在一定期间内有显著变动,应作为分析重点研究其产生的原因,以便采取对策,趋利避害,而这也是趋势分析法最主要的目的之一。

四、因素分析法

经济指标具有高度的综合性,一项指标的变动经常是多种因素共同作用的结果,其中,有些因素起积极作用,有些因素起消极作用;有些因素起到的作用是主要的,有些因素起到的作用却是次要的。因此,在财务报告分析中,要了解某项指标是受哪些因素的共同影响以及它所产生的影响程度,就需要借助因素分析法。比如,价格的变动、成本的升降、销售量的增减都可以成为影响利润指标的因素,但是只有找出其中最主要的因素,才能制定出最合理的决策。

因素分析法按具体计算方法不同,可分为连环替代法和差额计算法。

1.连环替代法

连环替代法又称连锁替代法,是分析差异成因的定量分析方法,是因素分析法的基本形式。该方法是把影响某项指标的几个因素逐个分解进行测定,把其中一个因素作为可变,其他因素当作不变,然后有序地进行逐个替换,以测定各因素对该项指标的影响程度。连环替代法分析步骤具体如下:

(1)确定分析指标与各因素之间关系。

建立各影响因素与分析指标之间的关系式:

$T=abc$

公式中，T代表分析指标；a、b、c分别代表各项影响因素。

(2)根据报告期数值与基期数值分别列出两个关系式：

$T_0=a_0b_0c_0$ ①

$T_1=a_1b_1c_1$ ②

$\triangle T=T_1-T_0$

式中，T_0代表基期分析指标，T_1代表报告期分析指标，$\triangle T$是报告期与基期的差异值，即为分析对象。

(3)连环顺序替代，计算替代结果。

所谓连环顺序替代就是以基期关系式(公式①)为计算基础，用报告期每一因素的实际数顺序地替代其相应的基期数，每次替代一个因素，就计算出每次替代的结果，并进行保留。有几个因素就替代几次。

首先，替代影响因素中排列在第一位置的a，用a_1替换a_0。

$T_2=a_1b_0c_0$ ③

其次，替代排列在第二位置的b，用b_1替换b_0。

$T_3=a_1b_1c_0$ ④

最后，替代排列在第三位置的c，用c_1替c_0

$T_1=a_1b_1c_1$ ⑤

以上各式中，T_2、T_3、T_1，分别表示a、b、c三个因素变动影响形成的结果。

(4)比较各因素替代结果，计算出各因素对分析指标的影响程度。用公式表示如下：

公式③-公式①：$T_2-T_0=\triangle a$

公式④-公式③：$T_3-T_2=\triangle b$

公式⑤-公式④：$T_1-T_2=\triangle c$

式中，$\triangle a$、$\triangle b$、$\triangle c$分别反映a、b、c三个因素变动对分析指标T的影响程度。

(5)检验分析结果，即将各因素变动影响程度相加，检验是否等于总差异。

即：

$\triangle a+\triangle b+\triangle c=\triangle T$

(6)运用连环替代法，必须注意以下几个问题：

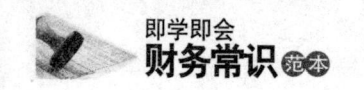

①注意各因素之间的相关性。构成经济指标的各个因素必须存在内在的因果关系，只有相互之间存在着内在联系，运用连环替代法才有实际意义。

②注意替代因素的顺序性。影响因素有很多，在选择替代因素时必须遵循一定的顺序性，一般是：先替代数量因素，后替代质量因素；先替代用实物量、劳动量表示的因素，后替代用价值量表示的因素。一般来讲，替代顺序在前的因素对经济指标影响的程度不受其他因素影响或影响较小，因素排列在后的因素中含有其他因素共同作用的成分可能会多一些。

③注意顺序替代的连环性。连环性是指在确定各因素变动对分析指标影响时，是按规定的因素替换顺序，逐次以一个因素的实际数替代基数，而且每次替换都是在前一次因素替换的基础上进行，将某因素替代后的结果与该因素替代前的结果对比，一环套一环。

④连环替代分析具有明确假设前提。连环替代法是在假定一个因素有变动，其他因素无相关变动的条件下进行测算的。但是，在实际中，经常会存在各因素之间存在相互关联情况，如果共同影响因素越多，则这种假定准确性越差，分析结果的参考价值也就越低。对于特定情况，该分析方法也是不适用的。

2.差额计算法

差额计算法是连环替代法的一种简化形式。它是利用各个因素的比较期数与基期数之间的差额，依次按顺序替换直接计算出各个因素变动对分析指标的影响程度的一种分析方法。

计算分析的基本程序如下：

分析对象 $\triangle T = T_1 - T_0$

基期指标 $T_0 = a_0 b_0 c_0$

报告期指标 $T_1 = a_1 b_1 c_1$

各因素变动对综合经济指标总体差异影响额

(1) a因素变动对 $\triangle T$ 的影响。

$(a_1 - a_0) \times b_0 \times c_0 = \triangle a$

(2) b因素变动对 $\triangle T$ 的影响。

$a_1(b_1 - b_0)c_0 = \triangle b$

(3)c 因素变动对 $\triangle T$ 的影响。

$a_1 \times b_1 \times (c_1-c_0)=\triangle c$

即：$\triangle T=T_1-T_0$

　　$=\triangle a+\triangle b+\triangle c$

运用连环替代法需注意的问题，在运用差额计算法时也同样需要注意。

可以看出，存在着各种各样的分析方法，掌握起来也许有一定难度，但是你只要明白这些方法的使用目的，以及所遵循的最基本原则，那学习起来就会轻松许多，相应的财务管理工作也会变得轻松许多。

常识 18　如何正确分辨出财务信息中的真伪？

作为外行人，千万不要认为所有报表上的数据都是真实可信的，报表就是真实情况的客观反映，其实在各种报表中也会存在许多"猫腻"，而自己在阅读分析报表中一定要能看出其中真伪。当有一天你自己能够练就一双"火眼金睛"时，那你也就真正变成一个内行人了。

最常见的虚假报表有以下几种形式：

1.虚报盈亏

国家法律要求，企业会计报表必须真实、准确、全面反映其经营成果和财务状况，但一些企业总是置国家法律法规于不顾，出于各种目的，随意调整会计报表，把会计报表变成可随意控制的"橡皮泥"。他们对财政的报表是穷账，以骗取财政补贴和各种优惠政策；对银行的报表则是富账，以显示其良好的资产状况，骗取贷款；对税务的报表是亏账，以偷逃各种税收；对企业主管部门的报表则是盈账，以显示其经营业绩，骗取荣誉。这些虚假报表，对国家、对企业，甚至对经营者和财会人员本身都是后患无穷的。

2.移花接木

有些公司眼看公司效益马上支撑不下去了，就把应当入账的费用挂靠在"待摊费用"账户，通过推迟费用入账时间，来达到"降低"本期费用目的。等到以后有了适当时机，再把这笔"陈年旧货"拿出来，通过其他途径消化掉，或者干脆把它"冷冻"起来，永世不得翻身。

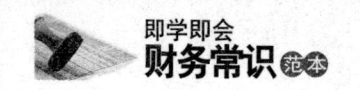

【例3-1】某上市公司2008年中报时，把6080万元广告费列入了长期待摊费用，从而使中期报告每股收益达到了0.72元。在年末时，这笔费用被一分为二：一部分作为商标宣传费用，划归集团公司承担；另一部分为产品宣传费用，留给股份公司自己消化。即使是这样，该企业年末的每股收益也减少到了0.38元。2009年末更是降低到了0.108元。2010年中期，预亏警报终于拉响。

3.账表不符

会计报表是根据会计账簿分析填列的，其数据直接或间接来源于会计账簿所记录的数据，因此，账表必须相符。但账表不相符的情况时有发生。例如某单位为了压低库存商品结存额，少反映库存积压额，直接在资产负债表中冲减库存商品300万元，记入待处理财产损益，造成账表不符等。

4.表表不符

有关会计报表之间以及各会计报表内各项目之间存在着一定的钩稽关系，如资产负债表内各类资产合计应等于资产总计，流动负债、长期负债与所有者权益合计应等于负债与所有者权益总计，资产总计应等于负债与所有者权益总计；资产负债表中未分配利润应与利润分配表中未分配利润一致，利润分配表中净利润应与利润表中净利润数额一致等。

5.编造报表骗取贷款

会计报表的另外一大功效，就是可以掩人耳目，在以假乱真的同时，达到骗取贷款的目的。

【例3-2】2009年6月，某集团总裁，指使会计编造虚假会计报表，同时虚拟工程项目，向其所在省的国际信托投资公司申请贷款2300万元。在没有按照规定办理贷款抵押手续的情况下，国际信托投资公司的总经理就大笔一挥，签批同意贷款。结果这一笔贷款贷出去后，就被那总裁挪作他用，最终无法收回。

6.编制合并会计报表时弄虚作假

这类行为主要是指：

(1)合并报表编制范围不当，将符合编制合并报表条件的未进行合并，不符合编制合并条件的反而进行合并。

(2)合并资产负债表的抵消项目不完整，尤其是内部债权债务不区分的集团公司,使得合并抵消时不能全部抵消。

(3)合并利润表时内部抵消不完整,外销和内销部分没有正确区分,使得内部金额不能全部抵消,未能计算正确内部销售利润。

【例3-3】某企业共有投资项目15个,其中全资子公司4家,控股企业6家,该企业编制合并会计报表时只合并了4家全资子公司,对另外6家控股企业未按会计制度进行合并,造成该企业会计报表中资产数额只反映这12家控股企业的原始投资额,而未反映整个企业的整体资产数额。

某企业编制合并会计报表时,与内部某子公司的往来款5000万元没有进行抵消,而是简单相加合并,造成合并会计报表中资产负债同时虚增5000万元,会计信息失真。

7.会计报表附注说明不完整

有些企业在财务管理中发生了重要事项,如会计政策发生变更,但在报表附注对其变化原因、产生的影响等没有作出说明,使得账面信息与现实发生脱节。

【例3-4】某企业年初使用加权平均法计算结转销售成本应为401万元,但该企业账面记录的结转销售成本为503万元。事后经审查得知,该企业为完成年度销售利润计划,在年中将加权平均法擅自改为定额结转法,造成期末存货增加,本期销售成本降低,制造完成销售利润的虚假表象。针对这一会计政策变更,在报表附注中没有作出相应说明。

从这些案例中可以看出,各种各样"花招"可谓层出不穷,这就更需要财务报表的阅览者看到报表背后的真相,这样才能让这些报表信息具有更多的"含金量"。

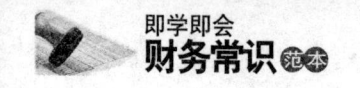

第4章 读懂资产负债表,清楚企业有多少"家底"

> 在法国国家图书馆里,有一张"羊皮藏宝图"。据说,谁要是能破解图案上的密码,谁就能找到真正的宝藏所在。企业的目的就是为了创造财富,假如企业也有自己的藏宝图的话,那这张图就是"资产负债表"。

常识19 什么是资产负债表?

资产负债表是反映企业财务状况的一张财富总清单!它会告诉我们企业在某一时刻拥有多少资产,又承担多少负债,所有者权益到底有多少。借助资本结构分析,将告诉我们企业财务杠杆的利用处于一个什么样的水平;长、短期偿债能力分析将告诉我们企业有无"远虑"或"近忧";资本营运能力分析则告诉我们企业整体运转效率如何。如此重要的一张财富清单,外行人一定要学会看懂它。

资产负债表是反映企业某一特定日期财务状况的会计报表。它根据资产、负债和所有者权益之间的相互关系,按照一定的分类标准和顺序进行适当排列,并对日常工作中形成的大量数据进行高度浓缩整理后编制而成。

看懂资产负债表,可以对企业管理者提供如下帮助:

1.可以评价企业资产状况及资产构成情况、企业负担债务以及投资者在企业所拥有的权益

资产负债表表明企业在资产、负债和所有者权益方面的实力状况,这有助于评价企业财务实力和财务弹性,可以使各利益相关方做到心中有数,时刻清楚自己有多少"家底"。

2.有利于对企业偿债能力进行分析

债权人对企业偿债能力的分析,主要是通过资产负债表中有无可用来偿还债务的资产和有多少需要偿还的债务两方面来进行考察。

3.有助于评价企业的获利能力

资产负债表与损益表相结合,通过计算资产报酬率、权益报酬率等可以反映出企业的赢利能力。

4.可以预测企业未来的财务趋势

在资产负债表中列出了期初和期末金额资料。这样列示的好处就是便于比较,让人们很容易了解金额增减幅度。通过对不同时期相同项目的纵向对比,可以大体看出企业的财务发展趋势,从而分析和预测企业未来的发展潜力。

常识 20　资产负债表告诉我们什么信息?

资产负债表中包括资产、负债和所有者权益三项内容,并按照各项内容流动性进行了更进一步的分类。

1.资产内容及分类

按照流动性将资产划分为流动资产和非流动资产。判断资产流动性的依据主要是资产变现的速度,变现速度快即流动性强,变现速度慢则流动性要弱一些。

当资产满足下列条件之一时,应当归类为流动资产:

(1)预计在一个正常营业周期中变现、出售或者被耗用。

(2)主要以交易为目的而持有的资产。

(3)预计在资产负债表日起一年内变现的。

(4)自资产负债表日起一年内,不受限制的现金或现金等价物。

流动资产主要包括货币资金、交易性投资、应收及预付款项、存货等。流动资产以外的资产应当归类为非流动资产,主要包括长期股权投资、投资性房地产、生物资产、无形资产和递延所得税资产等。

2.负债的内容及分类

按照流动性,同样可以将负债划分为流动负债和非流动负债。负债的流动性是按照负债的期限来划分的,借贷的期限越短流动性越强,反之则流动性越弱。

当负债满足下列条件之一时,应当归类为流动负债:

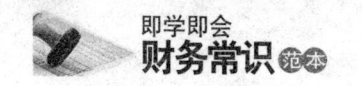

(1)预计在一个正常营业周期中清偿的债务；

(2)主要为交易目的而承担的负债；

(3)自资产负债表日起一年内到期应予以清偿的债务。

流动负债以外的负债应当归类为非流动负债。流动负债主要包括短期借款、应付及预收款项、应交税金、应付职工薪酬、预计负债等。非流动负债主要包括长期借款、应付债券、长期应付款和递延所得税负债等。

3.所有者权益的内容及分类

在资产负债表中，所有者权益按照其形成的来源不同一般分为实收资本、资本公积、留存收益等。

实收资本是企业实际收到的投资者或股东所缴付的注册资本；资本公积通常来源于资本发行溢价、接受捐赠等；留存收益是企业通过经营活动所产生的税后收益留存部分，留存收益又可分为盈余公积和未分配利润，盈余公积是有指定用途的留存收益，当期不得再用于投资者分配；而未分配利润则是尚未设定用途的留存收益，可以随时由投资者进行分配。

常识 21　资产负债表的结构是什么样的？

资产负债表由表头和主体部分构成。表头部分包括报表的名称、编制单位的名称、报表的编制时间以及金额单位等。主体部分即反映资产、负债和所有者权益等主要内容的部分。主体部分的结构，以"资产=负债+所有者权益"这一会计基本等式为基础，因各类项目的排列方式不同而不同，目前，国际上流行的主要有账户式和报告式两种。按照我国《企业会计准则》的规定，我国企业的资产负债表的主体部分采用的是账户式结构。

账户式结构的资产负债表主体部分分为左右两方，左方为资产类项目，右方为负债和所有者权益类项目。其平衡原理是"资产总额=负债总额+所有者权益总额"这一会计基本等式。一般企业的资产负债表如下：

表 4-1 资产负债表

编制单位：　　　　　　　　　　　　　　　　　　　　年　　月　　日（单位：元）

资　产	行次	期末余额	年初余额	负债和所有者权益（股东权益）	行次	期末余额	年初余额
流动资产：				流动负债：			
货币资金				短期借款			
交易性金融资产				交易性金融负债			
应收票据				应付票据			
应收账款				应付账款			
预付款项				预收款项			
应收利息				应付职工薪酬			
应收股利				应缴税费			
其他应收款				应付利息			
存货				应付股利			
其中：消耗性生物资产				其他应付款			
一年内到期的非流动性资产				一年内到期的非流动负债			
其他流动资产				其他流动负债			
流动资产合计				流动负债合计			
非流动性资产：				非流动负债：			
可供出售金融资产				长期借款			
持有至到期投资				应付债券			
长期应收款				长期应付款			
长期股权投资				专项应付款			
投资性房地产				预计负债			
固定资产				递延所得税负债			
在建工程				其他非流动负债			
工程物资				非流动负债合计			
固定资产清理				负债合计			
生产性生物资产				所有者权益（股东权益）			
油气资产				实收资本（股本）			

续表

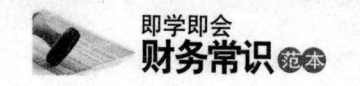

资产	行次	期末余额	年初余额	负债和所有者权益（股东权益）	行次	期末余额	年初余额
无形资产				资本公积			
开发支出				减：库存股			
商誉				盈余公积			
长期待摊费用				未分配利润			
递延所得税资产				所有者权益(股东权益)合计			
其他非流动性资产							
非流动资产合计							
资产总计				负债和所有者权益(股东权益)合计			

在资产负债表中，资产类项目的排列依据是资产的流动性，排列顺序由大到小，先是"流动资产"，后是"非流动资产"；在"流动资产"中，先是流动性最强的"货币资金"，后是"交易性金融资产"、"应收票据"等。以此类推，"非流动资产"亦是如此。负债类项目的排列依据是负债的流动性，排列也依照由大到小的顺序，排列方法与资产类项目类似。所有者权益类项目是按照项目在企业的永久程度排列的，"实收资本"在先，依次是"资本公积"等，排列顺序由高到低。

为了提高资产负债表的效用，资产负债表中采用了前后期对比方式编列，表中各项目不仅列示期末数，而且列示出年初数，相当于两年期的资产负债表，报表使用者利用期末数与年初数的比较，可以了解企业财务状况的变动情况，预测企业经营发展的趋势。

常识 22　资产负债表中的重要财务指标有哪些？

一、反映企业短期偿债能力的指标

短期偿债能力又称变现能力，是企业用短期债务到期可以产生的现金偿付流动负债的能力。它取决于近期转变为现金的流动资产的多少。

反映短期偿债能力的财务比率主要有流动比率、速动比率、现金比率和营运资本。

1.流动比率

流动比率是衡量公司债务的最常用工具之一,流动比率所衡量的是公司计划在未来12个月内使用的资产和公司必须在12个月内偿还债务之间的比例关系。

流动比率的计算公式如下：

$$流动比率 = \frac{流动资产}{流动负债}$$

式中,流动资产包括:现金和公司所持有的其他资产(比如应收账款、存货和交易证券等),它所具有的特征是在未来12个月内可自由兑换成现金。

流动负债包括:应付账款、短期票据、应付税项和其他所有公司必须在12个月内偿还的债务。

一般而言,公司的流动比率处于1.2和2之间,就说明公司有足够偿还债务的能力。但是对于不同行业,会有不同流动比率标准。如果公司流动比率低于1,这对公司经营来说,是一个非常危险的信号。低于1,就意味着公司正在负资产的情况下运营;换句话说,它的流动负债已超过了公司的流动资产。有人会说,公司的流动比率是不是越高越好?结果也是否定的,超过2的流动比率说明公司没能充分利用手中的资产进行投资,造成了一定资源的闲置,这时,公司可以将短期资产向有成长前景的项目进行投资。

2.速动比率

比流动比率更加严格的一种衡量方法是速动比率或者称为酸性试验比率,它在衡量公司偿还债务能力的时候将存货剔除在考虑范围之外,只包括手中的现金和应收账款。

计算速动比率只需要两个步骤:

第一,计算出公司可以快速转换成现金的资产;

即:可兑现的资产=现金+应收账款+短期投资

第二,将这些资产除以流动负债。

$$速动比率 = \frac{即可兑现的资产}{流动负债}$$

存货是流动资产中变现能力最弱的一项,平时出现短缺情况时处理也可能会不及时,此外,存货是以实际成本入账,其账面价值与市场价值之间存在巨大差异;而预付账款、待摊费用和待处理流动资产净损失几乎都不具有变现能力,所以都将其剔除。

与流动比率相比,剔除存货等变现能力较弱的资产后所计算出来的速动比率,更能反映企业的短期偿债能力。在实务操作中,由于预付账款等发生数一般较少,为了计算方便,一般仅剔除存货。

通常企业最理想的速动比率为1。从债权人角度看,速动比率越大越好,因为这意味着负债风险的减少;但从企业经营角度来看,过高的速动比率显得经营策略太过保守,不能及时将资金投资于项目,有可能会失去获利机会。与流动比率一样,不同行业对速动比率的要求也不尽相同,例如,对于大量采用现金销售的零售企业,其应收账款很少,所以低于1的速动比率对于这些企业而言是很正常的,因此,在分析时必须结合行业特点来进行。

3.现金比率

现金比率又称负债现金比率,是衡量企业短期偿债能力的一项重要指标。现金比率是用流动资产中的现金类资产除以流动负债所得到的比值。

现金比率计算公式为:

$$现金比率 = \frac{现金类资产}{流动负债}$$

4.营运资本

营运资本是企业流动资产减去流动负债的差额,计算公式为:

营运资本=流动资产-流动负债

除了上述几个从财务会计报表中可以得到的比率指标外,还存在一些没能从报表中反映出来的因素,也会影响企业短期偿债能力,在此也要予以注意。

(1)可以动用的银行贷款指标:银行已同意,但企业未办理贷款手续的银行贷款限额,它可以随时增加企业的现金持有能力。

（2）准备很快变现的长期资产：由于某种原因，企业可能将一些长期资产出售变现，这会对增强企业偿债能力，提供非常重要的作用。

（3）偿债能力声誉：如果企业偿债能力长期一贯良好，那当它在短期偿债方面遇到困难的时候，就可以通过发行债券和股票等办法解决资金问题。

二、反映企业长期偿债能力的指标

长期偿债能力是指企业偿付到期长期债务的能力。企业从事生产经营活动，除了要有短期负债供生产经营使用之外，同样还需筹借长期负债来增强企业未来生存和发展能力。

评价企业的长期偿债能力的指标主要有：资产负债率、产权比率、所有者权益比率、有形净值债务率、已获利息倍数等指标。

1. 资产负债率

资产负债率，又称债务比率或负债经营比率，是企业全部负债与全部资产的比率，反映了债务融资对企业的重要性，用于衡量企业利用债权人资金进行财务活动的能力，以及在清算时企业资产对债权人权益的保障程度。其计算公式为：

$$资产负债率 = \frac{负债总额}{资产总额} \times 100\%$$

资产负债率越高，说明企业通过负债筹资的资产所占比重越大，财务风险也就越高；资产负债率越低，说明企业通过举债所获得的资产越少，财务风险也会低一些，但也说明了企业运用外部资金的能力相对较弱。因此，企业资产负债率也同样应该保持在一定水平。

一般而言，资产负债率的适宜水平在 40%~60%。但对于不同行业、不同地区，企业债务水平也会呈现差异。经营风险高的企业，如高科技企业，为减少财务风险通常选择比较低的资产负债率；经营风险比较低的企业，如供电企业等，通常会选择比较高的资产负债率。

2. 产权比率

产权比率，也叫债务股权比率，是负债总额与所有者权益总额之比，是用来衡量长期偿债能力的指标之一。其计算公式为：

$$产权比率 = \frac{负债总额}{资产总额} \times 100\%$$

当企业发生清算时,债权人对企业资产享有优先权,有权要求企业用剩余资产抵偿债务。如果所有者权益超过负债,企业清算就有足够资产变现用来偿付债务,否则,债权人就会遭受损失。

产权比率指标低,是低风险、低报酬的财务结构表现,表明企业所有者权益能够确保债务偿还;相反,如果该项比率高,是高风险、高报酬的财务结构体现,表明企业每一元债务背后的所有者权益保证少,债权人相对会缺乏安全感。

三、反映企业营运能力的指标

资产运用效率是指营业收入净额与各项营运资产的比例关系,反映企业资产运用或管理能力高低的指标。

如果一个企业存货、应收账款周转速度慢,则对其短期偿债能力势必造成重要影响;如果一个企业资产周转速度快,则其获利能力也会随之增强。也就是说,只有有效地运用这些资产,才能尽可能多地获取收益,而收益的大小,又在一定程度上影响到企业的偿债能力。

资产运用效率分析指标主要有应收账款周转率、存货周转率、流动资产周转率、固定资产周转率和总资产周转率等。

1.应收账款周转率

应收账款周转率指企业在一定时期内赊销收入净额与应收账款平均余额的比率,表示的是企业应收账款在一定时期内(通常为1年)周转的次数,它是反映企业应收账款周转速度,表明其流动性的指标。其计算公式为:

$$应收账款周转率(次数) = \frac{赊销收入净额}{应收账款平均余额}$$

其式中,赊销收入净额=主营业务收入-现销收入

$$应收账款平均余额 = \frac{期初应收账款 + 期末应收账款}{2}$$

应收账款周转率也可以用周转天数来表示,也称为应收账款账龄,其计算公式为:

$$应收账款周转天数 = \frac{计算期天数}{应收账款周转率(次数)}$$

$$= \frac{应收账款平均余额 \times 计算期天数}{赊销收入净额}$$

其中,计算期天数一般为 1 年,按 360 天计算。

应收账款周转率反映的是企业应收账款质量和管理效率。应收账款周转率高,表明企业的收账速度快,账龄短,质量高,资产流动性强,短期偿债能力和支付日常开支能力就强;反之,应收账款周转率低,周转次数就少,账龄长,企业有可能存在过度扩张信用或收账效率低,短期偿债能力存在问题。此时就应注意加强账款管理和催收工作。

2.存货周转率

存货周转率是一定时期的销货成本与存货平均余额之间的比率,表明的是企业存货在一定时期内(通常为 1 年)的周转次数,它是反映企业的存货周转速度、存货是否适量和资产流动强弱的指标,也是衡量企业生产经营各环节中存货运营效率的综合指标,其计算公式为:

$$存货周转率(次数) = \frac{销货成本}{存货平均余额}$$

存货周转率同样也可以用周转天数来表示,其计算公式为:

$$存货周转天数 = \frac{计算期天数}{存货周转率(次数)} = \frac{(存货平均余额 \times 计算期天数)}{销货成本}$$

【例 4-1】某企业 2003 年度销售成本为 250 万,年末存货余额为 600 万,2002 年末存货余额为 400 万,则:

$$存货周转率(次数) = \frac{250}{(600+400) \div 2} = 0.5(次)$$

存货周转天数:360÷0.5=720(天)

一般情况下,存货周转率是越高越好,存货周转率越高,说明周转次数越多,企业存货变现能力就越强,资产流动性越强,相对而言,企业赢利水平也会得到提高;反之,存货周转率较低,表明存货变现速度慢,存货占用资金较多,企业存货的管理效率较低,赢利水平也会相应降低。

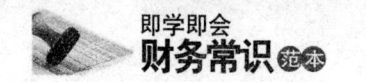

存货周转率分析时应注意的问题：

(1)存货周转率高低的评价并没有一个统一标准,应与本行业平均水平、先进水平作参照比较,与本企业不同时期指标进行比较,才能作出正确评价。

(2)对存货周转率指标的分析应结合存货批量因素、季节性变化等因素。

(3)从存货的构成项目上可以进行更进一步分析,从原材料、半产品等存货项目的周转率,从不同角度、环节上找出提高存货管理的方法。

(4)存货周转率高不能完全说明企业存货状况良好,应具体结合存货储备和生产销售情况作进一步分析。

3.总资产周转率

总资产是企业所拥有或控制的、能以货币计量的全部经济资源。总资产周转率是企业销售收入净额与资产总额之间的比率,表示企业的总资产在一定时期内(通常为1年)周转的次数。它可以用来衡量企业全部资产的运用情况,以及企业通过运用全部资产创造销售额的能力。其计算公式为：

$$总资产周转率 = \frac{销售收入净额}{总资产平均余额}$$

其中：

(1)
$$总资产平均余额 = \frac{期初总资产额 + 期末总资产额}{2}$$

(2)销售收入净额为销售收入扣除销售折扣、销售折让、销货退回等后的金额,为损益表中"主营业务收入"项目余额。

总资产周转率也可以用天数来表示,其计算公式为：

$$总资产周转天数 = \frac{计算期天数}{固定资产周转率}$$

例如,某企业2007年度销售收入净额为100万,当年末总资产额为400万,2006年末总资产额为200万,则：

$$总资产周转率 = \frac{100}{(400+200) \div 2} = 0.333(次)$$

总资产周转天数 = 360 ÷ 0.333 = 1081(天)

一般来说,总资产周转率越高越好。总资产周转率越高,表示其周转次数越多或周转天数越少,说明同样的资产在相同的时间里发挥出了更大的作用,取得的收益越多,企业的营运能力越强,营运质量越高;反之,则表明企业利用全部资产进行经营活动能力差,经营效率低,企业的营运能力弱,最终将影响企业赢利能力。

运用总资产周转率进行分析时,应与本企业历史数据、同行业平均水平或先进水平相比较,以利于做出正确的评价。如果一个企业总资产周转率长期处于较低水平,这就需要进一步对固定资产周转率、流动资产周转率等指标进行进一步分析,以找出存在问题的原因,以便采取适当有效的措施进行改进。

4.固定资产周转率

固定资产周转率是企业销售收入净额与固定资产平均净值之间的比率关系,表示企业固定资产在一定时期内周转次数,用以反映企业固定资产周转状况,衡量固定资产运用效率。其计算公式为:

$$固定资产周转率 = \frac{销售收入净额}{固定资产平均值}$$

其中,$$固定资产平均净值 = \frac{期初固定资产净值 + 期末固定资产净值}{2}$$

固定资产周转率的天数表示形式为:

$$固定资产周转天数 = \frac{计算期天数}{固定资产周转率}$$

一般来说,固定资产周转率越高,表明企业固定资产利用越充分,企业固定资产投资使用得当,能够充分地发挥其使用效率,企业的营运能力好;反之,则表明固定资产使用效率不高,固定资产投资不当,结构分布不合理,因而提供的生产经营成果不多。

利用固定资产周转率指标进行分析时,应注意以下几点:

(1)很难找一个与本企业极为相似的企业作为参照,所以,固定资产周转率没有标准比值,在分析时可与本企业历史数据相比较进行考察。

(2)不同企业固定资产不尽相同,即使是同样的资产,由于各企业采用折旧

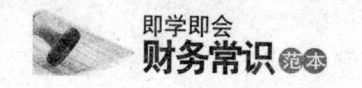

方法和折旧年限不同,也会导致不同固定资产账面价值,影响指标之间的可比性。分析时,要注意统一口径,剔除不可比因素。

5.流动资产周转率

流动资产周转率是企业销售收入净额与流动资产平均余额的比率,表示企业的流动资产在一定时期内(通常为1年)周转的次数,用以衡量企业流动资产周转速度,反映生产经营过程中新创造纯收入的情况。其计算公式为:

$$流动资产周转率 = \frac{销售收入净额}{流动资产平均占用额}$$

其中,

$$流动资产平均占用额 = \frac{期初流动资产 + 期末流动资产}{2}$$

流动资产周转率也可以用周转天数来表示,其计算公式为:

$$流动资产周转天数 = \frac{计算期天数}{流动资产周转率(次数)}$$

流动资产周转率越高,说明企业流动资产周转速度越快,周转次数越多或周转天数越少,表明企业以相同的流动资产完成的周转额越高,流动资产的利用效果越好,企业的经营效率越高,从而增加了企业的偿债能力和赢利能力;反之,则表明流动资产的利用效果差,企业的经营效率低。

如果一个企业的流动资产周转率持续偏低,则说明企业的流动资产利用率较低,如果要进一步分析找出问题,还需进一步分析应收账款周转率、存货周转率等指标。

◎ 第5章　认识企业获利能力的"仪表器" ◎
——利润表

> 人们在经过一段时间的苦心经营后，都盼望企业能获利，他们关注的多是企业的收益状况，而能告诉他们某段时间企业收益状况的工具就是——利润表。

常识 23　什么是利润表？

利润表也被称为损益表，是反映企业一定时间段内生产经营成果的会计报表。从利润表中，可以反映出企业净利润的形成过程，也可以体现出利润的计算过程。

与资产负债表不同，利润表是一张动态报表、资产负债表反映的是一个时间点的企业资产负债状况，利润表反映的是企业在一个时期内的赢利情况。

从利润表中可以看出以下内容：

1.企业赢利水平，评价企业赢利能力

从利润表中，可以看到企业在生产经营过程中所取得的各种收入、所发生的各种费用，以及生产经营所取得的最终成果。使报表使用者可以清晰、全面地了解企业经营好坏，企业利用经济资源获取利润的能力，从而对一个企业在这段时期内，经营管理的成功程度和经营者的绩效进行评价。

2.可以预测企业在未来期间的发展趋势

在年度利润表中往往会列示上年度和本年度全年累积数据资料，通过不同时期数据比较，可以反映出企业的赢利水平变动、经营成果的发展趋势，以促使报表使用者作出合理决策。

对企业利益相关者来说，可以对利润目标和计划完成情况和变动趋势进行

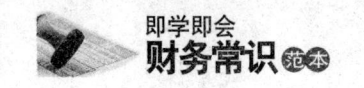

了解，解决问题，提高获取利润的能力，或者确定下一步的利润追求目标。对外部报表使用者来说，通过对利润表进行分析，可以决定是否向企业提供借贷或进行投资以及对借贷或投资的规模调整等。

3.可以分析企业的损益形成的原因

通过报表提供的明细资料并结合其他报表，可以进一步掌握企业赢利或亏损产生的重要原因，为相关决策提供更可靠的依据。

常识 24 看懂利润表需要什么样的基本功能？

利润是指企业在一定会计期间的经营成果。利润是任何一个企业都想获得的结果，但是利润的产生却可以有不同的原因，有些是通过生产经营活动而获得的，有些是通过投资活动而获得的，一些与生产经营活动无直接关系的事项也能引起盈亏。这些在利润表中都有所体现，以帮助报表的阅读者，能够更加深入分析企业盈亏变化，以作出更加合理正确的经营决策。

利润表至少应当单独列示的信息项目：

(1)营业收入。

(2)营业成本。

(3)营业税金。

(4)管理费用。

(5)销售费用。

(6)财务费用。

(7)投资收益。

(8)公允价值变动损益。

(9)资产减值损失。

(10)非流动资产处置损益。

(11)所得税费用。

(12)净利润。

金融企业可以根据其特殊性列示利润表项目。

常识 25　利润表遵循什么样的标准结构？

利润表由表头和主体部分构成。

表头部分说明的信息包括报表的名称、编制单位的名称、报表的编制时间以及金额单位等。利润表的主体部分反映的是收入、费用和利润等部分。其结构的基本依据是"收入-费用=利润"这一会计等式。

利润表正表的格式一般有两种：单步式利润表和多步式利润表。单步式利润表是将当期所有的收入列在一起，然后将所有的费用列在一起，两者相减得出当期净损益；多步式利润表是通过对当期的收入、费用、支出项目按性质加以归类，按利润形成的主要环节列示一些中间性利润指标，分步计算当期净损益。按照我国《企业会计准则》的规定，我国企业的利润表的主体部分采用的是多步式结构。从而可以得出一些中间性的利润数据，便于使用者理解企业经营成果的不同来源。一般企业利润表如表 5-1 所示：

表 5-1　利润表

编制单位：　　　　　　　　　　　　　　　年　　月　　单位：元

项　　目	本期金额	上期金额
一、营业收入		
减：营业成本		
营业税金及附加		
销售费用		
管理费用		
财务费用（收益以"-"号填列）		
资产减值损失		
加：公允价值变动净收益（净损失以"-"号填列）		
投资收益（净损失以"-"号填列）		
二、营业利润（亏损以"-"号填列）		
加：营业外收入		
减：营业外支出		
其中：非流动资产处置损失（净收益以"-"号填列）		

续表

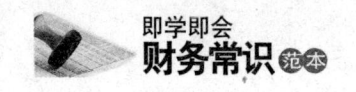

项　目	本期金额	上期金额
三、利润总额（亏损以"-"号填列）		
减：所得税费用		
四、净利润（净亏损以"-"号填列）		
五、每股收益		
（一）基本每股收益		
（二）稀释每股收益		

在利润表中，各收支项目的排列基本上是根据其在企业生产经营活动中的重要程度来排列，从企业的营业收入开始，分三步反映出企业利润的构成，最终计算出净利润。其相关计算过程与公式如下：

营业利润＝营业收入－营业成本－营业税金及附加－销售费用－管理费用－财务费用－资产减值损失＋公允价值变动收益＋投资收益

利润总额＝营业利润＋营业外收入－营业外支出

净利润＝利润总额－所得税费用

常识 26　利润表应该如何编制？

利润表中的金额栏，包括"本期金额"和"上期金额"两栏，每一个具体项目都需要填列这两项金额。下面将介绍利润表中"本期金额"、"上期金额"的一般填列方法和利润表中每一个具体项目的填列方法。

1. 利润表数据的填制方法

其中，"上期金额"栏各项目应根据上期利润表的"本期金额"栏的金额填列，如果利润表中的项目名称、内容有变化，则应根据规定对上期利润表相关项目内容、金额进行调整，按照调整后的金额填入本期利润表的"上期金额"栏。"本期金额"栏的填列方法可分为以下四种：

（1）直接根据损益账户期末转入本年利润账户的余额填列。例如，销售费用、管理费用等项目，可直接根据相应账户期末转入本年利润账户的余额填列。

(2)根据有关损益账户期末结转本年利润账户的余额计算填列。例如,营业收入项目需要根据"主营业务收入"与"其他业务收入"账户期末结转本年利润账户的合计金额填列。

(3)根据表内项目计算填列。例如,营业利润、利润总额等项目,需要根据表内项目数据内容经过计算,得出结果再进行填列。

(4)根据相关资料计算填列。例如,基本每股收益、稀释每股收益等,需要根据当期净利润和发行在外的普通股加权平均数来计算填列。

2.利润表有关项目的内容及填列

(1)"营业收入"项目反映企业当期确认营业收入金额,该项目应根据主营业务收入账户和其他业务收入账户期末转入本年利润账户的余额之和填列。

(2)"营业成本"项目反映企业当期确认营业成本金额,该项目应根据主营业务成本账户和其他业务成本账户期末转入本年利润账户的余额之和填列。

(3)"营业税金及附加"项目反映企业当期确认的营业税金及附加的金额,该项目应根据营业税金及附加账户期末转入本年利润账户的余额填列。

(4)"销售费用"项目反映企业当期确认销售费用金额,该项目应根据销售费用账户期末转入本年利润账户余额填列。

(5)"管理费用"项目反映企业当期确认管理费用的金额,该项目应根据管理费用账户期末转入本年利润账户余额填列。

(6)"财务费用"项目反映企业当期确认财务费用(或收益)净额,该项目应根据财务费用账户期末转入本年利润账户余额填列。

(7)"资产减值损失"项目反映企业当期因计提资产减值准备而确认的损失金额,该项目应根据资产减值损失账户期末转入本年利润账户的余额填列。

(8)"公允价值变动收益"项目反映企业当期确认的公允价值变动净收益(或净损失),该项目应根据公允价值变动损益账户期末转入本年利润账户的余额填列。

(9)"投资收益"项目反映企业当期确认的净投资收益(或净损失),该项目应根据投资收益账户期末转入本年利润账户的余额填列,如为净损失则以"-"号填列。

（10）"营业外收入"反映企业当期确认的营业外收入金额，该项目应根据营业外收入账户期末转入本年利润账户的余额填列。

（11）"营业外支出"项目反映企业当期确认营业外支出金额，该项目应根据营业外支出账户期末转入本年利润账户余额填列。其中，非流动资产处置净损失（或收益）应根据相应的明细账余额单独列示，如果为净收益则以"-"号填列。

（12）"所得税费用"项目反映企业当期确认所得税费用金额，该项目应根据所得税费用账户期末转入本年利润账户的余额填列。

（13）每股收益分为基本每股收益和稀释每股收益。企业应当按照归属普通股股东的当期净利润除以发行在外普通股的加权平均数，计算得出基本每股收益；当企业存在稀释性潜在普通股，应当分别调整归属于普通股股东的当期净利润和发行在外普通股的加权平均数，并据以计算出稀释每股收益。

常识 27　利润表中的重要财务指标包含哪些？

一、从利润表看经营能力与经营成长性

1. 从利润表看经营能力

经营实力或经营能力是企业综合竞争力的重要评价标准。影响一个企业经营能力的因素有很多，比如企业经营机制的灵活性、产品开发和生产能力与效率、经营者的能力和责任心、市场营销和开拓能力等。所有这些因素对企业经营的影响，最终都在企业的经营能力上进行体现。

（1）主营业务收入

主营业务收入额直接体现企业的市场占有情况。

对于一个国家，在特定的时期，产品和劳务的市场容量是固定的，在市场容量一定的情况下，一个企业的主营业务或产品销售规模越大，其产品市场占有份额也就越高，在同行业中的影响力和控制力也就越强，其经营和竞争能力也就越强。

当然，企业还必须把开拓市场和有效理财结合在一起。以商品销售为例，企业在拓展销售的过程中，如果销售存在发生坏账的风险，销售增长的同时，坏账也相应增加，无效销售增多，这样最终给企业带来的也有可能是损失，而不是收益。

(2)净利润

企业经营的主要目的是为了获利。因此,只有将主营业务收入与获利结合起来,才能更准确地反映企业的经营能力或经营实力。

利润也是企业稳定市场和开拓市场的最终目的。如果一个企业市场扩展了,主营业务收入增长,但相关营业利润却下降了,那就不能认为企业经营能力增强了。只有利润随同市场的扩展一同增加,才可以说企业经营实力增强了。

2.从利润表看经营成长性

经营能力只是一个静态的概念,也就是说,它是对企业在过去经营成果的一种集中展现,但是对于经营决策者来说,更注意企业未来的、长期的和持续的增长能力和发展能力。观察企业经营的成长性状况,可重点选择主营业务收入和净利润的增长率指标来判断其变化态势。

(1)主营业务收入增长率

主营业务收入的增长可以反映出企业主营业务收入的增长,以此说明企业生存和发展能力的提高。从个别产品或劳务主营业务收入增长率上,还可以对企业产品或经营结构情况进行了解,进而可以进一步对企业的成长性进行观察。

产品寿命周期理论认为,任何一种产品都存在自己的周期,一般可划分为四个阶段,即:导入期、成长期、成熟期和衰退期。根据这个原理,借助产品销售增长率指标,就可以判断企业生产经营的产品所处寿命阶段,据此可以作出相应的经营策略调整。对一个有良好成长性的企业来说,较为理想的产品结构应该是"成熟一代、生产一代、储备一代、开发一代"。对一个产品全都处于成熟期或衰退期的企业来说,其未来的成长性和可持续发展能力是非常令人担忧的。

(2)利润增长率

在排除了无效利润的前提下,企业的有效利润若能保持一个持续较高的增长率,则说明企业的经营成长性较好。

企业还可以将利润增长率与主营业务收入增长率进行比较分析。如果主营业务收入增长率高于利润增长率,特别是主营业务利润增长率,反映出的信息是企业成本费用的上升超过了主营业务收入的增长,这是值得注意的事项。作为经营管理者,这个时候要注意成本的节约了。

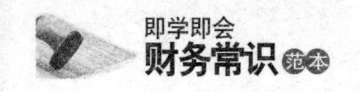

二、从利润表看经营结构和风险

企业持续经营的前提之一,就是企业要建立和保持一个合理的经营结构。企业经营结构合理与否,主要判断依据还是财务报表所提供的数字,其主要分析的内容包括以下几个方面:

1.经营收入结构分析

企业的全部收入在结构上是复杂的,有营业收入、投资收入和营业外收入,还有经常性业务收入和非经常性业务收入之分。分析收入结构,可着重分析以下两个方面:

一是经常性收入比重。对企业来说,使再生的经常性收入始终保持一个较高的比例,无疑是必要的。借助这个指标,可以观察企业经营持续化能力大小。如果经常性收入所占比重较小,那说明偶发性因素带给企业收入较多,那对于决策者来说,在未来管理中,面临更多的是充满不确定性的环境。

二是有效收入比重。这是一个新的但极具现实意义的概念。有效收入与无效收入的判断标志,主要是看收入是否能最终给企业带来经济利益,主要形式是带来现金净流入。在传统会计中,只要收入实现了,就不管货款是否收到,都会作为收入确认,但在现今市场经济条件下,可能会有相当一部分收入与货款回笼发生时间上的分离,甚至有部分货款最终无法收回。对企业来说,较高的无效收入比重将意味着企业有较大利益损失。因此,一个经营业绩良好的企业,必须要采取有效措施,将无效收入的比重降低到最低程度。

2.经营品种结构分析

利润表只能反映企业全部主营业务收入的总体获利水平,至于每种或每类业务的获利情况,利润表是看不出来的,但这方面的信息对于了解企业的产品结构是否合理,特别是评估企业经营的未来发展前景又是十分必要的。鉴于此,企业有必要在利润报表中增加"主营业务收支明细表"以供参考。要说明的是,这些报表信息并不对外提供,仅供企业内部管理使用。从这些数据中,可以分析出各个产品对主营业务收入的贡献,让管理者明白什么才是自己的主打产品,同时又认识到哪些产品获利,正处于增长阶段,需要继续增加投入,哪些产品已进入衰退期,需要及时调整经营策略。

3.成本费用结构分析

企业增加利润、提高效益的基本途径有两条:一是增加收入;二是降低成本费用。在卖方市场环境中,市场供不应求,产品属于"皇帝的女儿不愁嫁",这时企业一般都选择扩大生产和销售作为获利的主要途径。然而买方市场环境就不同了。买方市场的形成迫使企业不得不调整自己的经营思路,做到对内强化管理和对外扩大销售同时抓,尤其对内部管理给予高度重视。对企业来说,优化成本费用结构与降低成本费用同等重要。进行成本费用结构的分析,特别要注意以下几个方面:

(1)主营业务成本比重

主营业务成本是企业成本费用的主要组成部分,也是在主营业务收入中所占比例最大的部分。在实务中,对主营业务成本比重的分析通常是借助于"主营业务成本率"指标。计算方法是:

$$主营业务成本率 = \frac{主营业务成本}{主营业务收入} \times 100\%$$

企业应当深入到生产环节,对制造成本的具体结构进行更深入的分析,以便为制定降低成本的策略指明方向。

(2)三项期间费用比重

三项期间费用所指的是:营业费用、管理费用和财务费用,这是特别值得关注的数字。从实际情况来看,期间费用的上升是影响企业利润下降的主要原因。

期间费用中特别值得关注的是利息费用。严格控制企业不合理盲目投资,控制企业负债经营的规模和水平,优化企业资本结构,是提高企业经济效益的重要措施。

(3)研究开发费用比重

从历史来看,每一个时代,每一个社会,都有一两项起火车头作用的技术,它们把人类社会带向全新的未来。18~19世纪,英国的内燃机和纺织机技术;20世纪初期开始,美国拥有的电气技术;20世纪的50~70年代,日本拥有世界最先进的钢铁和家电技术等。而真正拥有这些起火车头作用的技术,其所需要的就是高度重视研究与开发。政府如此,企业更是如此。

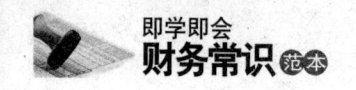

从现实来看,当前企业经营中面临的困难,表面上看是市场问题,实际上正如有些专家所指出的,是技术问题,市场的真正瓶颈是技术创新不足,企业缺乏创造卖方市场的本领。因此谁能掌握这些技术,谁就能在未来发展中获取更大空间。

4.利润形成结构分析

一个合理的利润形成结构,应当是经常性业务利润占绝大比重。只有经常性业务的利润才是具有持续不断再生特性的利润,才对预测和决策具有价值。非经常性业务的利润如营业外收支净额等,不具有再生的性质,持续性和稳定性较差,不能成为企业持续发展的基础,也无预测和决策价值。

另外,无效利润和有效利润的比重也应当成为利润形成结构分析的重要内容。精确地测算利润中无效和有效的比重是不现实的,可行的办法是根据经验和环境等因素来合理估计,就如同估算企业的坏账损失一样。

三、从利润表看经营获利能力和经营效率

获利是企业进行商品经营的主要目的,因此获利的能力和水平就是衡量企业经营目标实现程度的重要指标,也是衡量企业经营效率高低的重要方面。实务中,企业经营效率主要是通过一系列的利润率指标来体现。营业获利能力、所得与所费关系、投入与产出关系指标是在分析中主要使用的衡量标准。

1.营业获利能力分析

营业获利能力是指经营活动自身形成净收益的能力。衡量营业获利能力的指标是主营业务利润率或销售利润率,对于它的计算,存在两种不同模式,一种是以净利润为核算对象,其计算公式为:

$$主营业务利润率 = \frac{净利润}{主营业务收入} \times 100\%$$

一般来说,该指标数值越大,反映主营业务获利的能力越强。不过,值得注意的是,这样计算有其不合理之处。在利润表上,净利润包括三个方面:营业利润、投资净收益和营业外收支净额等。其中,与主营业务直接相关的是主营业务利润和营业利润。根据这个道理,计算的结果有时并不能真正体现主营业务的获利能力,评价有时可能会出现失误。

相对而言,西方企业财务分析和评价中经常使用的主营业务利润率,不是按净利润来计算,而是按经常性营业利润来计算。即:

$$\frac{主营业务利润率}{销售利润率} = \frac{经常性营业利润}{主营业务收入或销售收入} \times 100\%$$

之所以有此不同,目的是使利润率指标的计算建立在会计政策和会计估计前后各期一致的基础上,这样计算的利润率指标更能反映企业的经营获利水平,指标数值的高低更有利于评价企业经营者的经营效绩。

在这里还要说明一点,销售利润率与销售成本费用率是相关联的两个指标,它们之间呈反比例变化。一个企业销售利润率提高了,便意味着该企业的销售成本费用率下降了。

2.所得与所费关系分析

经营中有所得,当然也有所费。将所得与所费比较,计算所费带来所得的效率,就是这里讲的成本费用利润率。

计算公式为:

$$成本费用利润率 = \frac{净利润或营业利润}{营业成本和费用} \times 100\%$$

式中,营业成本和费用包括:主营业务成本、其他业务成本和三项期间费用等内容,但不包括营业外支出。

首先,成本费用利润率体现的所得与所费的比例关系,其数值越大,则所费的报酬就越高,这是人人都期望得到的结果。

其次,"所得"有多种理解。企业一定时期的增加值是所得,利润和税金即利税是所得,总利润或净利润也是所得。与之相适应,也就有多种所费与所得的对比关系,例如:

$$成本费用增值率 = \frac{增加净值}{成本费用} \times 100\%$$

$$成本费用利税率 = \frac{利税总额}{成本费用} \times 100\%$$

$$成本费用利润率 = \frac{净利润}{成本费用} \times 100\%$$

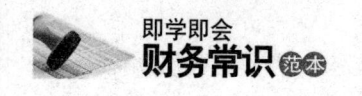

这些指标被综合起来进行使用,以全面反映企业所得与所费之间的关系,同时又有所区别,以使报表阅读者更准确地对企业各项花费所占比重有更为深入的了解。

3.所得与投入关系分析

对企业来说,投入一词指的是企业控制的全部经济资源即总资产,据以计算确定的收益率指标被称为"资产报酬率或资产利润率";对企业投资者来说,投入一词指的是投入资本或净资产,在股份制的企业称为股本或股东权益。其相关指标计算方法如下:

(1)资本收益率

$$资本收益率 = \frac{净利润}{实收资本} \times 100\%$$

这个指标的计算一定要使用净利润,因为只有净利润才体现所有者的权益,才是投资者投入资本的报酬。其次,与资产利润率等指标不同的是,实收资本可以使用资产负债表中的期末数字,而资产利润率中的资产则要使用资产的平均数。由于资产负债表是静态报表,损益表是动态报表,所以,如果一项指标既涉及资产负债表的数字,又涉及利润表的数字,则资产负债表的数字一般要使用平均数。

(2)净资产收益率

$$净资产收益率 = \frac{净利润}{期末净资产} \times 100\%$$

这是企业全部股权的收益率,在西方又被称为"净收益与股东权益比率"。

净资产收益率通常被视为衡量企业经营效率的最重要指标,或者说是核心指标。在我国,公司上市发行的重要条件是净资产收益率三年的平均值不得低于10%。在财政部公布的国有资本效绩评价指标体系中,净资产收益率是权重最大的指标。在西方人们通常所说的杜邦分析体系中,实际也是围绕净资产收益率指标来展开的。以净资产收益率为核心指标的财务分析与业绩评价体系,所体现的实际是"股东导向"的业绩评价思想。

(3)资本保值增值率

$$资本保值增值率 = \frac{期末所有者权益}{期初所有者权益} \times 100\%$$

如果资本保值增值率为100%,就是保值;如果大于100%,就是增值;如果小于100%,就是减值。对投资者来说,减值就意味着投资权益的损失;对债权人来说,持续的减值将会影响企业的偿债能力,并降低债权人利益的保障程度;对企业经营者来说,减值就说明自己的受托责任没有得到完全履行。所以,对各种报表的使用者来说,都不希望出现资本减值。

值得注意的是,一个企业在一定期间的所有者权益变动的原因是多方面的,比如与业主之间的资本往来、经营赢利或亏损、偶然事项的利得或损失等。在计算资本保值增值率指标时,必须调整由于业主往来所引起的权益变动。

4.每股净收益指标及其应用

对于上市公司而言,在诸多指标中,每股净收益或每股盈余是一个颇受人们关注的指标,并被许多公开财务文献广泛引用。一项对500家公司财务主管的调查表明,每股净收益被列于最常用的十个财务指标之首。在各国,有关上市公司财务报告的准则和制度一般都要求在利润表上列示每股净收益的指标。每股净收益又称为每股盈余或每股税后利润,其计算公式是:

$$每股净收益 = \frac{净利润 - 优先股股息}{发行在外的普通股股数}$$

每股净收益可以认为是一家上市公司管理效率、赢利能力和股利分配来源的显示器,通常在各上市公司之间的业绩比较中广泛运用。例如,甲企业的每股净收益是1.75元,乙企业的每股净收益是每股1.50元,因为企业之间的业绩差异可以用每股净收益来解释,所以人们一般会认为甲企业比乙企业更具获利能力,或者投资于甲企业比投资于乙企业更有利。每股净收益是投资者进行投资决策的重要依据。

四、从利润表看偿债付息能力

资产负债率、流动比率和速动比率等是根据资产负债表计算分析的偿债能力指标,从利润表角度看,可以借助于计算利息收入倍数来观察企业的偿债能

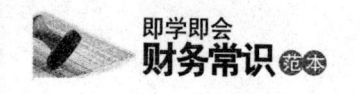

力特别是长期偿债能力。利息收入倍数也称为利息赚取倍数就是这样的指标,其计算方法是:

$$利息收入倍数 = \frac{利息费用 + 总利润}{利息费用(含资本化利息)}$$

例如,某公司2007年的税前利润为371000元,损益表中的利息费用为41500元,另有资本化的借款利息费用80000元,则其利息收入倍数为:

利息收入倍数=(41500+371000)÷(8000+41500)=3.4倍

企业的经营一般都需要举债,通过对举债资金的运用使企业获得收益增加。将收益与利息费用对比,可以观察企业从举债资金中获得的收益是所需支付利息费用的多少倍,以此测试债权人投入资金的风险。

一般地说,只要企业利息收入倍数足够大,企业无力偿还债务的可能性就会很小,企业通常也就有能力再借款。从企业经营的角度看,对外举债的目的是获取必要的经营资金,但对债务所支付的利息必须少于使用这笔资金所能赚取的利润或收益,这才是举债经营的精髓。不过,利息越高,借入资金的赢利少于利息的风险也就越大。因此,企业必须努力降低筹资成本。

从长远来看,一个企业的利息收入倍数至少要大于1,否则就不能举债经营。但在短期内,在低于1的情况下仍有支付利息的能力,在具体分析中,特殊情况要特殊对待。在实务中,使用利息收入倍数指标时,还可以采用以下两种计算分析方法:

1.收益债务化的利息收入倍数

上面的计算,是根据企业的全部息税前利润(利息费用+税前利润)计算的,其所指资金包括债务资金和权益资金。为了便于单独分析债务资金的成本与收益关系,企业也可以将息税前利润一分为二,计算分析"部分利息收入倍数",即:

$$部分利息收入倍数 = \frac{息税前利润 \times 资产负债率}{利息费用(含资本化的利息)}$$

通过转换,也就使指标的含义发生了变化。不考虑债务比率或资产负债率的利息收入倍数实际上反映企业赢利用于支付债务利息的能力,而考虑了债务比率的利息收入倍数则反映举债筹资的成本与效益的关系,它是进行举债筹资决策的重要依据。一般情况是：如果部分利息收入倍数小于1，则举债在经济上是不利的。

2.长期负债的利息收入倍数

上面讨论的利息收入倍数实际上是判断全部债务利息支付能力的指标。有时候，还需要单独计算一个只包括长期债务利息的利息收入倍数，用于衡量企业长期债务的偿还能力，即每年能拿出赢利的多大部分用于支付长期债务利息。计算方法是：

$$长期债务利息收入倍数 = \frac{息税前利润}{长期债务利息（含资本化利息）}$$

对于企业外部的报表阅读者来说，这个指标无法计算。但对于企业内部的经营者来说，应根据有关的账簿和报表资料计算分析。

按照惯例，同一企业往往需要计算连续5年的利息收入倍数，这样才能正确评价长期偿债能力的稳定性。实务中，通常是选择一个指标数值较低的年份来估计长期偿债能力及其变化趋势。这样做的理由是：企业不仅在经营好的年头要偿债，而且在经营不好的年头也要偿还大约同量的债务；有些企业在某个年度利润很高，利息收入倍数也很高，但不能说明年年如此。而采用指标最低年度的数据，则保证了最低的偿债能力。

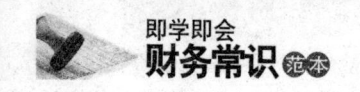

第6章　看懂现金流量表，了解企业最真实的经营状况

> 现金对于企业来说，如同血液对于人体一样重要，须臾不可缺。如果把现金看作是企业的血液，那现金流量表就如同"验血报告"，表明了企业现金的来由和去处。只有看懂了现金流量表，才能将企业最真实的经营状况了然于心。

常识28　什么是现金流量表？

现金流量表是指反映企业在一定会计期间现金和现金等价物流入和流出的报表。它是反映企业一定会计期间内经营活动、投资活动和筹资活动等对现金及现金等价物产生的动态影响。在对它进行了解之前，首先要明确几个概念。

1. 现金

现金，是指企业库存现金以及可以随时用于支付的存款。

财务上所说的现金通常指企业的库存现金。而现金流量表中的"现金"不仅包括"现金"账户核算的库存现金，还包括企业"银行存款"账户核算的、随时可以用于支付的存款，也包括"其他货币资金"账户核算的外埠存款、银行汇票存款、银行本票存款、信用证保证金存款和在途货币资金等其他货币资金。

应注意的是，银行存款和其他货币资金中有些也不能随时用于支付，如：定期存款，它不应作为现金，而应列作投资；提前通知金融企业可自由支取的定期存款，则应包括在现金范围内。

2. 现金等价物

现金等价物，是指企业持有的期限短、流动性强、易于转换为已知金额现金、价值变动风险很小的投资。现金等价物虽然不是现金，但其支付能力与现金的差别不大，也可被视为现金。例如，企业为保证支付能力，手持必要现金，为不使现金闲置，可以购买短期债券，在需要现金的时候，又可以随时变现。

具备四个条件的投资就可被确认为现金等价物：期限短、流动性强、易于转换为已知金额现金、价值变动风险小。现金等价物所说明的期限从购买日起，一般以3个月为限。

企业应根据具体情况，确定现金等价物范围，并且一贯性坚持这一标准，如改变划分标准，应视为会计政策的变更。出现会计政策变更时，必须在会计报表附注中披露。

3.现金流量

现金流量，是指某一段时期内企业现金流入和流出的数量。形成企业的现金流入的原因一般有：企业销售商品、提供劳务、出售固定资产、向银行借款等；形成企业的现金流出的原因一般有：购买原材料、接受劳务、购建固定资产、对外投资、偿还债务等支付现金。现金流量信息中，可以看出一个企业经营活动的活跃程度，通过分析判断出企业经营状况是否良好，资金是否紧缺，企业偿付能力大小等，从而为投资者、债权人、企业管理者提供有效的决策支持。

应当注意的是，企业现金形式的转换不会产生现金的流入和流出，如企业从银行提取现金；同样，现金与现金等价物之间的转换也不会产生现金流量变化，如企业用现金购买将于3个月内到期的短期债券。

常识29　现金流量表告诉我们什么信息？

现金是企业运营的"血液"，经营活动会产生现金流量、投资活动需要现金支持，筹资活动又会提供充沛的现金流量，最终组成了企业的"血液循环"，也组成了一张完整的现金流量表。

身体通过血液流动，为身体各个器官输送正常运转所必需的养分，企业也通过供给和传输现金，使得各个部门之间协调运转。人们可以通过把脉了解身体的健康状况，同样也可以通过对现金流量表进行"透视"来了解企业的运转状况。

现金流量表最主要的信息就是企业在一定会计期间内现金及现金等价物流入和流出的信息，报表使用者通过它可以了解和评价企业获取现金和现金等价物的能力，并据此预测企业未来的现金流量。从一张现金流量表中可以获取以下几方面的信息：

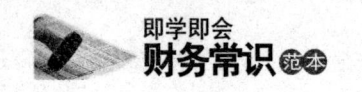

1.是企业在一定时期内现金流入和现金流出的原因

资产负债表反映企业一个时间点的财务状况,损益表是对企业在一段时期的经营成果展示,而企业流动性最强的现金流入与流出情况,在这两张报表中都无法得以说明,而现金流量表恰恰弥补了这个不足。它将现金流量划分为经营活动、投资活动和筹资活动所产生的现金流量,并按流入现金和流出现金项目分别罗列,以忠实地记录企业现金的各种变化。

2.是对企业偿债能力的一种反应

获利情况一般通过损益表反映,但是企业一定时期获取的利润并不代表企业有偿债或支付能力。有时,损益表上利润实现较可观,但财务存在困难,实际并不具备偿还到期债务的能力;有时损益表上利润实现并不可观,但却有足够的偿债能力。

产生这种情况的原因较多,诸如会计核算实行权责发生制等。通过现金流量表的有效使用,就能够提供出现金流入与流出的准确资料,从而分析企业有无偿债和支付的能力,以此增强投资者投资信心和债权人收回债权的信心。

3.有助于投资者、债权人评估企业偿还债务、支付股利和对外筹资的能力

投资者和债权人要想评估企业偿还债务、支付股利的能力,最直接有效的方法就是分析企业现金流量,即企业产生现金的能力。

企业产生现金的能力,从根本上讲取决于经营活动的净现金流入。尽管企业还可以通过对外筹资的方式取得现金,但偿还债务所需的现金最终还要来源于经营活动产生的净现金流入。因此,经营活动产生的净现金流入占现金来源总额的比重越高,企业偿还债务、支付股利以及对外筹资的能力越强。现金流量表披露的经营活动产生的净现金流入信息有助于投资者和债权人进行这方面的分析与评价。

4.有助于投资者、债权人评估企业未来的现金流量

投资者、债权人从事投资与信贷的主要目的就是为了取得收益以增加未来现金流量。投资者在作出是否投资的决策时需考虑原始投资的保障、股利的获得以及股票市价变动等有利或不利因素影响。债权人在作出是否贷款的决策时,关心的是能否按时获得利息和到期足额收回本金。而所有这些都取决于企业本身的现金流量的金额、时间及不确定性。

当企业能产生必要的现金流量时，才有能力按期还本付息并支付稳定股利。由于投资者、债权人所作决策与现金流量信息之间的高度相关性，因此现金流量表提供的信息就成为投资者、债权人重要的关注对象。

5.有助于财务报表使用者分析本期净利与经营活动现金流量产生差异的原因

就某一个会计期间而言，损益确认的时间与现金流动的时间不可能完全一致。当企业所处经济环境发生变化时，例如生产规模扩大或固定资产更新与重置，尤其是当通货膨胀期间，企业为逃避风险而将现金投放于存货和其他资产时，损益确认与经营活动净现金流入的时间差异必然扩大，以致在某些年份有可观的净利而无可支配的现金，而有些年份恰恰与此相反。

现金流量表披露本期净利与经营活动现金流量之间的差异及产生的原因等有关信息，便于投资者、债权人合理地预测与评价企业未来的现金流量。

6.有助于报表使用者评估报告期内与现金有关和无关的投资及筹资活动

现金流量表除披露经营活动、投资活动及筹资活动的现金流量外，还披露那些虽与现金流量无关，但是又用于企业重要的筹资及投资活动(如企业的无形资产对外投资)。这些信息对报表使用者作出正确的投资与信贷决策，评估企业未来的现金流量，同样具有重要意义。

常识 30 现金流量表数据该如何列报？

现金流量表要对企业的现金流量进行合理的分类。依据企业经济活动的性质，企业在一定时期内产生的现金流量一般可以分为三类，即经营活动产生的现金流量、投资活动产生的现金流量和筹资活动产生的现金流量。

一般企业现金流量表格式如表6—1所示。

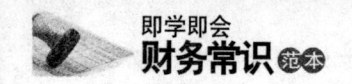

表 6-1　现金流量表

编制单位：　　　　　　　　　　　　　　　　　　　　年　月　单位：元

项　　目	本期金额	上期金额
一、经营活动产生的现金流量：		
销售商品、提供劳务收到的现金		
收到的税费返还		
收到其他与经营活动有关的现金		
经营活动现金流入小计		
购买商品、接受劳务支付的现金		
支付给职工以及为职工支付的现金		
支付的各项税费		
支付其他与经营活动有关的现金		
经营活动现金流出小计		
经营活动产生的现金流量净额		
二、投资活动产生的现金流量：		
收回投资收到的现金		
取得投资收益收到的现金		
处置固定资产、无形资产和其他长期资产收回的现金净额		
处置子公司及其他营业单位收到的现金净额		
收到其他与投资活动有关的现金		
投资活动现金流入小计		
购建固定资产、无形资产和其他长期资产支付的现金		
投资支付的现金		
取得子公司及其他营业单位支付的现金净额		
支付其他与投资活动有关的现金		
投资活动现金流出小计		
投资活动产生的现金流量净额		
三、筹资活动产生的现金流量：		
吸收投资收到的现金		
取得借款收到的现金		
收到其他与筹资活动有关的现金		
筹资活动现金流入小计		
偿还债务支付的现金		
分配股利、利润或偿付利息支付的现金		
支付其他与筹资活动有关的现金		
筹资活动现金流出小计		
筹资活动产生的现金流量净额		
四、汇率变动对现金及现金等价物的影响		
五、现金及现金等价物净增加额		
加：期初现金及现金等价物余额		
六、期末现金及现金等价物余额		

常识 31　现金流量所反应的重要指标有哪些？

企业现金有不同收入来源和不同用途。只有对频繁发生的现金流入与流出进行合理分类，才可能对现金流量进行分析，从而充分发挥现金流量表的作用。按照《企业会计准则》的规定，现金流量分为经营活动产生的现金流量、投资活动产生的现金流量、筹资活动产生的现金流量三大类。

1. 经营活动现金流量

经营活动是指企业投资活动和筹资活动以外的所有交易和事项。各类企业由于行业特点不同，对经营活动的认定存在一定差异，在编制现金流量表时应根据实际情况对现金流量合理归类。在这里以工商企业为例进行说明，其经营活动一般包括：销售商品、提供劳务、购买商品、接受劳务、广告宣传、缴纳税款等。所应当单独列示的项目有：

(1) 销售商品、提供劳务收到的现金。

(2) 收到的税费返还。

(3) 收到其他与经营活动有关的现金。

(4) 购买商品、接受劳务支付的现金。

(5) 支付给职工以及为职工支付的现金。

(6) 支付的各项税费。

(7) 支付其他与经营活动有关的现金。

2. 投资活动现金流量

投资活动是指企业长期资产的购建和不包括在现金等价物范围内的投资及其处置活动。长期资产是指固定资产、在建工程、无形资产、其他资产等持有期限在一年或一年以上的一个营业周期的资产，但包括在现金等价物范围的投资不包括在内。应当单独列示的项目有：

(1) 收回投资收到的现金。

(2) 取得投资收益收到的现金。

(3) 处置固定资产、无形资产和其他长期资产收回的现金净额。

(4) 处置子公司及其他营业单位收到的现金净额。

(5)收到其他与投资活动有关的现金。

(6)购建固定资产、无形资产和其他长期资产支付的现金。

(7)投资支付的现金。

(8)取得子公司及其他营业单位支付的现金净额。

(9)支付其他与投资活动有关的现金。

3.筹资活动现金流量

筹资活动是指导致企业资本及债务规模和构成发生变化的活动。这里所说的资本包括实收资本、资本溢价。这里的债务是指对外举债，包括向银行借款、发行债券等。而应付账款、应付票据等商业应付款归属于经营活动的现金流量。所应列示的项目有：

(1)吸收投资收到的现金。

(2)取得借款收到的现金。

(3)收到其他与筹资活动有关的现金。

(4)偿还债务支付的现金。

(5)分配股利、利润或偿付利息支付的现金。

(6)支付其他与筹资活动有关的现金。

4.披露

(1)将净利润调节为经营活动现金流量的信息

企业应当在附注中披露将净利润调节为经营活动现金流量的信息。至少应当单独披露对净利润进行调节的下列项目：

①资产减值准备。

②固定资产折旧。

③无形资产摊销。

④长期待摊费用摊销。

⑤待摊费用和预提费用。

⑥处置固定资产、无形资产和其他长期资产的损益。

⑦固定资产报废损失及公允价值变动损益

⑧财务费用、投资收益以及递延所得税资产和递延所得税负债。

⑨存货。

⑩经营性应收、应付项目。

(2)当期取得或处置子公司及其他营业单位的信息

企业应当在附注中以总额披露当期取得或处置子公司及其他营业单位的下列信息：

①取得或处置价格。

②取得或处置价格中以现金支付的部分。

③取得或处置子公司及其他营业单位收到的现金。

④取得或处置子公司及其他营业单位按照主要类别分类的非现金资产和负债。

(3)不涉及当期现金收支，但影响企业财务状况或在未来可能影响企业现金流量的重大投资和筹资活动

企业应当在附注中披露不涉及当期现金收支，但影响企业财务状况或在未来可以影响企业现金流量的重大投资和筹资活动。

(4)与现金和现金等价物有关的信息

企业应当在附注中披露与现金和现金等价物有关的下列信息：

①现金和现金等价物的构成及其在资产负债表中的相应金额。

②企业持有但不能由母公司或集团内其他子公司使用的大额现金和现金等价物金额。

常识 32　现金流量表的编制方法与过程是什么？

现金流量表的编制不同于资产负债表和利润表，现金流量表项目一般无法从账户中直接得到相关数据，必须借助一定的方法进行计算后填列。在编制现金流量表时，企业可以采用工作底稿法，也可以采用T形账户法，还可以根据有关账户记录分析填列。

一、工作底稿法

工作底稿法就是以工作底稿为手段，以利润表和资产负债表数据为基础，对每一项目进行分析并编制调整分录，借以编制现金流量表。

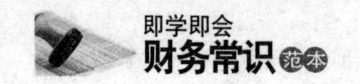

采用工作底稿编制现金流量表的程序：

1.将资产负债表各项目的期初数或期末数过入工作底稿的期初数栏和期末数栏

2.对当期业务进行分析并编制调整分录

调整分录大体可分为以下三类：

(1)涉及利润表中的收入、成本和费用项目以及资产负债表中的资产、负债及所有者权益项目,通过调整,将权责发生制下的收入费用转换为以现金为基础的收入费用。

(2)涉及资产负债表和现金流量表中的投资、筹资项目,反映投资和筹资活动的现金流量。

(3)涉及利润表和现金流量表的投资、筹资活动项目,目的是将利润表中有关投资和筹资方面的收入和费用列入现金流量表的投资、筹资现金流量中。

【例6-1】用银行存款支付本期短期借款利息200000元。该项业务涉及利润表中的筹资费用即财务费用和现金流量表中的筹资活动产生的现金流出,通过编制调整分录,将其列入"筹资活动产生的现金流量——偿付利息所支付的现金"项目中。

此外,还有一些调整分录并不涉及现金收支,只是为了核对资产负债表项目的期末期初变动。工作底稿中资产负债表期初数和期末数是由资产负债表的期初数和期末数过入的,但通过调整分录,可以计算得出工作底稿资产负债表的期末数,并与已过入的期末数核对,即根据工作底稿期初数加减调整分录借贷方数额,得出期末数,与已过入的期末数核对相符。所以对不涉及现金收支的一些事项,也需要编制调整分录。

在调整分录中,有关现金和现金等价物的事项,并不直接借记和贷记现金,而是分别计入"经营活动产生的现金流量"、"投资活动产生的现金流量"、"筹资活动产生的现金流量"有关项目。借记表明现金流入,贷记表明现金流出。

如上述举例中,用银行存款支付本期短期借款利息200000元。

财务核算的分录为：

借：财务费用 200000

贷：银行存款 200000

调整分录为：

　　借：财务费用 200000

　　　　贷：筹资活动现金流量——偿付利息所支付的现金 200000

3.将调整分录过入工作底稿中的相应部分

如上述举例中，用银行存款支付本期短期借款利息 100000 千元，根据调整分录分别过入工作底稿中利润表财务费用项目借方栏和现金流量表"筹资活动的现金流量——偿付利息所支付的现金"项目贷方栏，以表明筹资活动产生的现金流出 100000 元。

4.核对调整分录，借贷合计应当相等

资产负债表项目期初数加减调整分录中的借贷金额以后，应当等于期末数。

5.根据工作底稿中的现金流量表项目部分编制正式的现金流量表

二、T形账户法

T 形账户法，就是以 T 形账户为手段，以资产负债表和利润表出现为基础，对每一项目进行分析并编制调整分录，从而编制出现金流量表。

采用工作底稿法编制现金流量表，除对涉及现金流量的项目要编制调整分录外，为了核对资产负债表项目的期末数，还需编制一些不涉及现金的调整分录，同时又要编制工作底稿，工作量很大。在实际工作中，若采用 T 形账户法编制现金流量表，可省去一些不涉及现金的调整分录，从而减少编制现金流量表的工作量。

采用 T 形账户法，具体步骤如下：

第一，为所有的非现金项目(包括资产负债表项目和利润表项目)分别开设T 形账户，并将各自的期末期初变动数过入各该账户。

如果项目的期末数大于期初数，则将差额过入和项目余额相同的方向；反之，过入相反的方向。

第二，开设一个大的"现金及现金等价物"T 形账户，每边分为经营活动、投资活动、筹资活动三个部分，左边记现金流入，右边记现金流出。与其他账户一样，计入期初期末变动数。

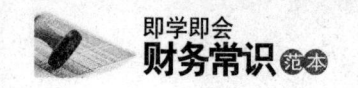

第三，以利润表项目为基础，结合资产负债表分析每一个非现金项目的增减变动，并据此编制调整分录。

第四，将调整分录过入各T形账户，并进行核对，该账户借贷相抵后的余额与原先过入期末期初变动数应当一致。

第五，根据大的"现金及现金等价物"T形账户编制正式的现金流量表。

第三部分
财务操作常识篇

对于一个外行人来说,看到各种各样的账簿,常常会觉得头昏眼花,在记账的过程中,因为自己的不小心,还会犯非常严重的错误,造成不可挽回的后果。最终所形成的印象是,认为记账是一件烦琐而复杂的工作。

记账其实并不是件很难的工作,只要你明白它的原理,你就会明白为什么会有这么多的规则作为限制,全面认识和掌握这些规则之后,你就会游刃有余地处理各种账务操作了。

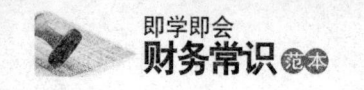

第7章　准确记账，让财务管理有据可循

> 随着科学的进步和知识的更新，企业的壮大和业务的增多，现在的账务早已不是过去的"结绳记事"和"十指记事"所能表达清楚的了。为了使财务管理有据可循，就必须准确记录每一笔经济业务，并妥善保管每一本账簿，以便于查账。

常识33　什么是原始凭证？

账务管理是企业管理的核心，它的实质是对企业经济行为的一种记录与反映，而账务管理的依据就是凭证。凭证是对企业所发生经济行为的最直接证明，从这里可以看出管理这些凭证的重要性。可以说只要管好了这些凭证，也就管好了自己的账务。

原始凭证的定义是：在企业经济业务发生或者是完成以后所取得或填制的，用以明确相关经济责任，载明经济业务的具体内容和完成情况的书面证明，是进行会计核算的原始资料和重要依据。

对于原始凭证的种类，可以依据不同标准进行不同划分。

1.按其来源不同，可分为外来原始凭证和自制原始凭证

外来原始凭证，按其字面意思理解，就是企业与其他单位发生经济业务，从本企业以外的单位或个人那里取得的原始凭证。既然是从外部获得，那外来原始凭证种类和格式就不能由企业会计人员自行选择。

自制原始凭证是经济业务发生时，由本企业内部有关部门或个人自行填制的原始凭证。相对而言，自制原始凭证，其一部分可以由会计人员根据业务核算需要自己确定。

2.按其填制方法不同,可分为一次凭证、累计凭证、记账编制凭证和汇总凭证四种

一次凭证是指凭证填制手续是一次完成,用以记录一项或若干项同类性质经济业务的原始凭证。财务管理的大部分对象都是一次凭证,如收货单、发货单、原材料购买发票、付款收据、费用报销单等。

累计凭证是指在一个时间段内对同类经济业务进行的记录,在期末的时候按其累计数作为记账依据的自制原始凭证。主要适用的对象是经常重复发生的经济业务。

记账编制凭证是指由会计人员根据已经入账的结果,对某些特定事项进行归类、整理而编制,这种根据账簿记录而填制的原始凭证,称为记账编制凭证。

汇总凭证是指为了简化一些账务的管理,在实际工作中对经常重复发生的同类经济业务的原始凭证定期加以整理、汇总而另行编制的自制原始凭证,又称原始凭证汇总表。

3.从建账角度讲,还可以分为部门外部凭证和部门内部凭证

外部凭证是指财会以外的部门和人员填制的凭证,由财务人员加以审核的凭证。相对而言,部门内部凭证,则是企业财务部门内部所填制的凭证。

常识 34　原始凭证应该包含哪些要素内容?

凭证的分类之所以五花八门,是由管理对象多样性决定的。企业在经营过程中,会遇到多种多样的经营活动,所以就会有许多的凭证需要管理。无论管理对象怎样复杂,它的目的只有一个,那就是管理好企业的财务活动,认识到这一点,也就寻找到了财务管理活动的最重要标准了。

无论凭证的格式有着怎样的差别,他们都有着更多的要素内容,并且这也是自己管理这些凭据的主要依据。一个凭证必须包含以下这些内容:

1.凭证的名称;

2.填制原始凭证日期;

3.填制原始凭证单位名称或填制人姓名;

4.经办人员签名或者盖章;

5.接受原始凭证单位名称；

6.发生经济业务内容；

7.所发生经济业务的数量、单价和金额；

8.原始凭证一般还需要写明凭证附件和凭证编号，以便于查找和管理。

常识 35　原始凭证的填制要求与方法是什么？

1.原始凭证的填制要求

（1）记录要真实。原始凭证所填列的经济业务内容和数字，必须真实可靠，符合国家有关政策、法令、法规、制度的要求；符合有关经济业务的实际情况，不得弄虚作假，更不得伪造凭证。

（2）内容要完整。原始凭证所要求填列的项目必须逐项填列齐全，不得遗漏和省略；必须符合手续完备的要求，有关部门和人员要认真审核。

（3）手续要完备。单位自制原始凭证必须有经办单位领导人或者其他指定人员签名盖章；对外开出原始凭证必须加盖本单位公章；从外部取得的原始凭证，必须盖有填制单位公章；从个人取得的原始凭证，必须有填制人员的签名。

（4）书写要清楚、规范。原始凭证要按规定填写，文字要简要，字迹要清楚，易于辨认，不得使用未经国家公布的简化汉字。大小写金额必须相符且规范，小写金额用阿拉伯数字书写，不得写连笔，在金额前要填写人民币符号"￥"，人民币符号"￥"与阿拉伯数字之间不得留有空白，金额数字一律填写到角分，无角分的，写"00"或符号"——"，有角无分的，分位写"0"；大写金额用汉字壹、贰、叁、肆、伍、陆、柒、捌、玖、拾、佰、仟、万、亿、元、角、分、零、整等，一律用正楷或行书字书写，大写金额前未印有"人民币"字样的，应加写"人民币"三个字，"人民币"字样和大写金额之间不得留有空白，大写金额到元或角为止，后面要写"整"或"正"字，有分的，不写"整"或"正"字。如小写金额为￥2009.00，大写金额应写成"贰仟零玖元整"。

（5）编号要连续。原始凭证必须预先印定编号，遇到写坏作废时，应加盖"作废"戳记，并妥善保管，不得任意撕毁。

（6）不得涂改、刮擦、挖补。

原始凭证有错误的,应当由出具单位重开或更正,更正处必须加盖出具单位印章。原始凭证金额有错误的,应当由出具单位重新开出,不得在原始凭证上进行任意更正。

(7)填制要及时。各种原始凭证一定要及时填写,在经济业务发生之后,在最短时间内完成填制,并按规定程序及时送交会计机构,由会计人员进行审核。

2.原始凭证的填制方法

(1)自制原始凭证的填制方法

①一次凭证的填制方法。一次凭证的填制手续是在经济业务发生或完成时,由经办人员填制的。

②累计凭证的填制方法。它是由经办人每次经济业务完成后在其上面重复填制而成的。

③汇总原始凭证的填制方法。在特定会计工作日,有关责任者根据相关经济管理规则定期填制。

自制原始凭证填制方法举例:

【例7-1】北京××公司购进电脑硬件一批,款项以银行存款付讫。仓库保管员验收后填制"入库单",入库单的样式见表7-1。

表7-1 入库单

单位名称:北京××公司　　　　　　　　　　　　　2010年11月5日

序号	材料编码	材料名称	计量单位	规格	数量	单价	金额
1	1211001	××鼠标	个	EW520	10	150.00	1500.00
2	1211002	××显卡	个	9888GT	5	750.00	3750.00
3	1211003	××主板	个	P5QP1	5	1000.00	5000.00
合计							10250.00

仓库主管:陈×　　　　　　　仓库保管员:王×　　　　　　　制单:王×

(2)外来原始凭证的填制方法

外来原始凭证一般由税务局部门统一印制,或经税务部门批准由经济单位

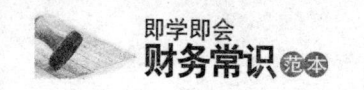

印制,在填制时加盖出据凭证单位公章才有效,对于一式多联的原始凭证必须用复写纸套写。

常识36　原始凭证如何审核？

审核原始凭证必须遵照国家统一会计制度执行,审核主要内容如下：

1.审核原始凭证合法性

审核所发生经济业务是否符合国家有关规定的要求,是否有违反财经制度的现象。

2.审核原始凭证的真实性

原始凭证中所列的经济业务事项是否真实,有无弄虚作假情况。

3.审核原始凭证的合理性

审核所发生经济业务是否符合生产经营需要、是否符合有关计划和预算等。

4.审核原始凭证的完整性

审核原始凭证是否具备基本内容,是否有应填未填或填写不清楚的现象。

5.审核原始凭证的正确性

审核原始凭证相关数据计算的正确性,是否存在计算方面失误。

6.审核原始凭证的及时性

对凭证填制时间进行审核,是否在经济业务发生或完成时及时填制,并进行及时传递。

在审核完成后,会计人员应该对相关原始凭证做如下处理：

(1)对于完全符合要求的,应及时据以编制记账凭证并作出相关入账操作。

(2)对于真实、合法、合理但内容不够完全、填写有误的原始凭证,应退回相关经办人员,由其负责将有关凭证补充完全、更正错误或进行重新开具,再办理正式会计手续。

(3)对于不真实、不合法原始凭证,会计机构和会计人员有权不予受理,并向单位领导报告相关原因。

常识 37　什么是记账凭证？

记账凭证是会计人员根据审核无误后的原始凭证，按照经济业务事项内容加以归类，并据以确定会计分录后所填制的会计凭证。它是登记账簿的直接依据。记账凭证按照不同的标准也有其不同的分类：

1.依据所反映经济业务是否与货币资金有关，可以分为收款凭证、付款凭证和转账凭证

收款凭证，它是用以反映货币资金收入业务的记账凭证。实际工作中，出纳人员根据货币资金收入业务的原始凭证填制而成，作为记录货币资金的收入依据。

付款凭证，它是用以反映货币资金支出业务的记账凭证。实际工作中，根据货币资金支出业务的原始凭证填制而成，作为记录货币资金支出并付出货币资金的依据。

转账凭证。它是用以反映与货币资金收付无关的转账业务的凭证，根据有关转账业务的原始凭证或记账编制凭证填制而成。

为便于识别，上述各种记账凭证一般印制成不同颜色。

2.根据记账内容的种类多少，又可将记账凭证分为复式记账凭证和单式记账凭证

复式记账凭证是把一项经济业务所涉及的多种会计科目，集中填列在一张凭证上的记账凭证，即一张凭证上登记两个或两个以上会计科目，既有借方，又有贷方。

单式记账凭证是把一项经济业务所涉及的会计科目，按每个会计科目分别填制不同表单上的记账凭证，每张记账凭证只填列一个会计科目。

在这里要说明的是，在出现一些特殊经济业务时，就会需要同时编制两种记账凭证。比如销售一批产品，一部分货款已收到，另一部分货款没有收到，这个时候就需要同时编制收款凭证和转账凭证两种。

在记账凭证中，所包括的核心要素内容罗列如下：

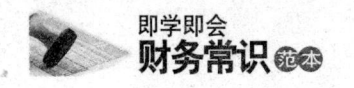

(1)凭证名称

(2)凭证填制日期

(3)凭证编号

(4)经济业务事项内容摘要

(5)经济业务事项所涉及会计科目及记账方向

(6)经济业务事项所缠身的金额

(7)记账标记

(8)所附原始凭证张数

(9)会计主管、记账、审核、出纳、制单等有关人员签章

常识38 记账凭证该如何编制？

1.记账凭证编制的基本要求

(1)记账凭证各项内容必须完整。

(2)记账凭证应连续编号。一笔经济业务需填制两张以上记账凭证的,可采用分数编号法编号,如9号凭证由两张构成,编号应分别为9-1／2,9-2／2。

(3)记账凭证的书写应清楚、规范。相关要求同"原始凭证"。

(4)记账凭证可根据若干张同类原始凭证汇总编制,但不得将不同内容和类别的原始凭证汇总填制。

(5)除结账和更正错误的记账凭证可以不附原始凭证外,其他记账凭证必须附有原始凭证。

(6)填制记账凭证时若发生错误应当重新填制,可用红字填写一张与原内容相同的记账凭证,在摘要栏注明"注销某月某日某号凭证"字样,同时再用蓝字重新填制一张正确记账凭证,并注明"订正某月某日某号凭证"字样。

(7)记账凭证填制完成后,如有空行,应当自金额栏最后一笔金额数字下的空行处至合计数上的空行处画线注销。

2.收款凭证编制

收款凭证左上角"借方科目"栏按收款性质填写"库存现金"或"银行存款";日期填写编制本凭证的日期;右上角填写编制收款凭证顺序号;"摘要"栏填写对

所记录经济业务的简要说明；"贷方科目"栏填写与收入现金或银行存款相对应会计科目；"记账"栏是指该凭证已登记账簿的标记,防止经济业务事项重记或漏记；"金额"栏是指该项经济业务事项的发生额；该凭证右边"附件××张"是指本记账凭证所附原始凭证的张数；最下边分别由有关人员签章,以明确经济责任。

【例7-2】2011年9月18日,××公司收到××公司偿还货款20000元,并存入银行。这笔经济业务的分录应为：

借：银行存款 20000

　　贷：应收账款——××公司　20000

编制收款凭证如下：

表7-2　收款凭证

借方科目：银行存款　　　　　××××年××月××日　　收字第15号

摘要	贷方科目		记账	金额
	总账科目	明细科目		
收××公司偿还货款	应收账款	××公司		20000.00
合计				20000.00

会计主管(签章)　　　记账(签章)　　　出纳(签章)　　　审核(签章) 制单(签章)

3.付款凭证编制

付款凭证编制方法与收款凭证基本相同,只是左上角由借方科目换为贷方科目,凭证中间贷方科目换为"借方科目"。

对于涉及"库存现金"和"银行存款"之间的经济业务,为避免重复一般只编制付款凭证,不编制收款凭证。

【例7-3】2011年9月22日,××公司以现金支付总经理办公室电话费500元。这笔经济业务分录应为：

借：管理费用——电话费 500

　　贷：库存现金　500

编制收款凭证如下(见表7-3)：

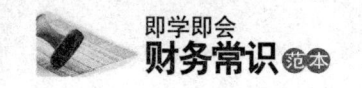

表 7-3 付款凭证

贷方科目:库存现金　　　　　　××××年××月××日　　　　　　付字第 18 号

摘要	借方科目		金额
	总账科目	明细科目	
总经理办公室电话费	管理费用	电话费	500.00
合计			500.00

会计主管(签章)　　　记账(签章)　　　审核(签章)　　　制单(签章)

4.转账凭证编制

转账凭证将经济业务事项中所涉及的全部会计科目,按照先借后贷顺序记入"会计科目"栏中的"一级科目"和"二级明细科目",并按应借、应贷方向分别记入"借方金额"或"贷方金额"栏。其他项目的填列与收、付款凭证相同。

常识 39　记账凭证该如何审核?

审核是记账凭证操作最为关键的环节,如果审核出现问题,那所有的工作都会前功尽弃。

作为一名合格的财务管理人员,一定要有丰富的审核工作经验与处理问题的意识,才能使工作开展顺利。审核工作的主要内容有如下几点:

第一,记账凭证的基本要素是否完整,有无缺少或空白。

第二,审查科目的运用是否是针对经济业务性质和内容,是否符合有关会计准则和会计制度规定,借贷方向是否正确。

第三,审查各级负责人和有关经办人的签章是否齐备,其会计责任是否明确,有无手续不清、责任不明的现象。

第四,复核记账凭证的单价、数量、明细金额和合计金额是否正确,有无多计、少计和误计。

第五,核对记账凭证与对应的账簿记录是否一致,有无出入或账证不符情况。

第六,与所附的原始凭证核对,视其数量、金额、摘要等是否一致,有无证不符现象。

第七，审查科目对应关系及借、贷金额是否正确，两类科目金额是否平衡。

在审核中若发现记账凭证填制有错误，应查明原因，予以重填或者按照规定方法及时更正。只有经审核无误的记账凭证，才能据以记账。

常识 40 什么是会计账簿？

1.会计账簿的作用

会计账簿，简称账簿，是由具有一定格式、互有联系的若干账页组成的，以会计凭证为依据，用以全面、系统、序时、分类记录各项经济业务的簿记。

账簿业务是会计业务循环的第二环节，即归整和记录环节。账簿业务主要包括两项内容：设置账簿和登记账簿。设置账簿是根据不同的经济业务状况，适当地设置账簿，以利于核算；而登记账簿则是对会计信息的更新整理和最终记录。可以说，设置和登记账簿是对经济信息进行加工整理的一种专门方法，是会计核算工作中的一个重要环节。

2.会计账簿的分类

由于账簿需要记录的会计信息复杂多样，各种经济业务中其信息的记录要求也各不相同，按照不同标准，可以将账簿分成不同类别。要说明的一点是，每种账簿都有其相应适用范围，不同账户要使用账簿也有相应规定，只有掌握相应的方法，才能熟练掌握每种账簿的记录工作。

(1)按用途可以分为序时账簿、分类账簿和备查账簿。

序时账簿，是按照会计部门收到凭证的先后顺序，也就是按照记账凭证编号的先后顺序逐日进行登记的，所以序时账簿亦称日记账。

分类账簿也称分类账，是对全部经济业务分类进行登记的账簿。分类账簿按其反映指标的详细程度划分，分为总分类账簿和明细分类账簿两种。

备查账簿，是对某些不能在日记账和分类账中记录的经济事项或记录不全的经济业务进行补充登记的账簿，因此也被称为辅助账簿。

(2)按其外表形式可以分为订本式账簿、活页式账簿和卡片式账簿三种。

订本式账簿，又称为订本账，是在未使用之前，就把编有序号的一定数量账

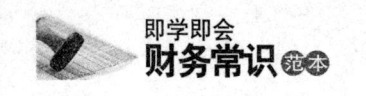

页固定装订成册的账簿。它的特点是方便统一管理。

活页式账簿，是指在使用前和使用过程中都不把账页固定装订成册，而将账页用账夹夹起来，可以随时增添、取出的一种账簿，称为活页式账簿。它相对来说使用灵活，便于拆卸和组装。

卡片式账簿是利用卡片进行登记的账簿。

(3)按其账页格式可以分为三栏式账簿、多栏式账簿、数量金额式账簿和横线登记式账簿等。

三栏式账簿，是在账页上设置"收入"(或增加)、"付出"(或减少)和"余额"三栏或"借方"、"贷方"和"余额"三栏，只用来记录金额的账簿。

多栏式账簿，是在账页上设置多栏，用于记录金额的账簿。一般适用于费用、成本等明细账。

数量金额式账簿是在账页上设置"收入"、"发出"和"结存"三栏，各栏内分设"数量"、"单价"和"金额"三栏，既记录金额又记录数量的账簿。

横线登记式账簿即在账页上分设增加、减少两大部分，采用横线登记法，在同一行上反映同一项经济业务增减情况，以便于分析和检查某项经济业务发生和完成情况的账簿。

3.账簿的基本结构

因为经济业务不同，账簿格式会多种多样，但其基本结构都是不变的。一个会计账簿必须具备以下基本内容：

封面，是指封面和封底。封面主要标明账簿名称，如总分类账、材料物资明细账、债权债务明细账等。

扉页，记录账簿的基本信息，如启用日期、截止日期、页数、册次、相关人员名单及签章，以及账户目录等。一般将科目索引列于账簿最前面，将账簿使用登记表列于账簿最后面。

账页，记录会计信息的、有固定格式的纸页。账页是账簿的主要内容，各种账页格式一般包括：账户名称或会计科目；登账日期栏；凭证种类和号数栏；摘要栏；借、贷方金额及余额栏；总页次和分账户页次。

常识 41　账簿登记存在哪些要求？

会计账簿的登记，简称"记账"，是指会计人员根据已审核无误的记账凭证，将相关经济业务的数据填写在会计账簿中。会计账簿的登记是会计工作循环中账簿业务的主要工作，在实际工作中，记账基本等同于账簿业务的全部。

会计账簿在进行登记操作时，需要遵循一定的记账原则，具体如下：

1.记账前的准备工作

(1)选购和装订账簿

总账一般采用订本式，选购时应结合本单位业务量大小进行考虑，尽量一年一本，避免一种账一年用不完或不够用。活页账装订时要注意：同一本账装订同样的账页，其纸色、大小应一致。装订时，应排齐订紧，防止账页松动。

(2)粘贴索引纸

会计业务量较大、业务较复杂的单位账簿应粘贴索引纸。粘贴索引纸时，应按由前往后(按账页顺序)、自上而下的顺序粘贴。当合起账本时，全部索引纸应整齐、匀称，并能显露科目。

(3)统一笔墨、印台、印章

同一本账要尽量用同一支笔、同一牌号的墨水、同一套印章和同色印油。

(4)桌面整洁

整理办公桌面，清除污染物，防止账簿被污染。

2.记账时注意事项

(1)记账前，应将双手洗净，保持账页清洁。

(2)记账的书写要求清楚、规范。相关内容与"原始凭证"相同。

(3)记账要及时，要精力集中，以提高记账的质量，减少差错率。

(4)墨水未干的账页，可在其上面放张吸水较强的纸。这样既可防止未干墨水污染账簿，又不影响记账速度。

(5)结账应核对无误后，再用记账笔正式填写。

(6)印章应经常擦拭，以保持字面清晰。使用印章时，应先在其他纸上试盖，待清晰时再正式使用，要注意印油不可太多，否则，不仅会影响本账页的整洁，

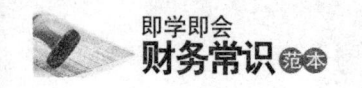

还会渗透殃及相邻的页面。

(7)结账的通栏横线不要齐格画,可稍稍错上一点,以免红绿颜色相混,看不到红线。

对于初次担任会计工作的人员,对于工作程序不熟悉,可以先用铅笔进行记账,核对无误后,再用碳素笔或钢笔进行记录,最后将铅笔字迹擦拭掉。

3.记账的规则

(1)在账簿启用时,必须填列"账簿启用和经管人员一览表",载明单位名称、账簿名称、账簿编号、账簿册数、账簿页数、启用日期,会计主管人员和记账人员签名或盖章;更换记账人员时,应由会计主管人员监交,在交接记录内写明交接日期和交接人员姓名,并由交接人员和会计主管人员签名或盖章。

(2)记账时,应当将会计凭证日期、编号、业务内容摘要、金额和其他有关资料逐项记入账内。记录的数字要准确,摘要要清楚,登记要及时,字迹要工整。

(3)记账后,要在记账凭证上签名盖章,并注明"√"符号,表示已经记账。

(4)账簿中书写的文字和数字要留有适当空格,一般占格宽的1/2,这是为有时账簿出现错误,进行更正使用的。

(5)圆珠笔字迹会消退,不能长期保存,铅笔极易模糊,修改起来也非常方便,不利于会计信息安全,记账时不得使用圆珠笔或铅笔书写,要使用蓝、黑墨水或碳素墨水笔书写。在下列情况下,可以用红色墨水记账:

①按照红字冲账的记账凭证,冲销错误记录;

②在不设借、贷等栏的多栏式账页中,登记减少数;

③在三栏式账户的余额栏前,如未印明余额方向的,在余额栏内登记负数余额;

④根据国家统一会计制度的规定,可以用红字登记的其他会计记录。

(6)各账页应按顺序连续登记,不得跳行,也不得隔页使用。如果发生跳行、隔页,应当将空行、空页画线注销,写上"此行空白"或"此页空白"的字样,并盖上记账人员的私章,以示负责。

(7)各账户的余额,应写上"借"或"贷"字样,没有余额的要在余额栏内写上"0"表示。

(8)每一页应结出本页合计数和余额,并在最后一行写上"过次页"。在下一页第一行"摘要"栏内写出"承上页"字样,并将上页余额抄在下页第一行的"余额"栏内。

(9)必须按照规定方法更正错账。如果发现账簿记录有差错,应根据错误的具体情况,采用规定方法予以更正,不得涂改、挖补、乱擦或用退色药水消除原有字迹。

常识 42　日记账登记应该如何操作？

1.现金日记账的登记

现金日记账是用来核算和监督库存现金每天收入、支出和结存情况的账簿。由出纳员根据同现金收付有关的记账凭证,按时间顺序逐日逐笔进行登记。每日根据"上日余额+本日收入-本日支出=本日余额"公式,逐日结出现金余额,并与库存现金实存数进行核对。

现金日记账的格式一般有两种:一种是三栏式,一种是多栏式。

(1)三栏式现金日记账登记方法

①现金日记账一般是由出纳人员逐日顺序登记。

②出纳人员根据审核后的现金收款凭证或现金付款凭证进行登记。

③每日终了,要结出当日收入合计数和支出合计数,分别记入"收入"栏和"支出"栏,并结出当日结存余额,记入"结余"栏。

④每日结账时,出纳人员将现金日记账同库存现金相核对,以查明二者是否相符,若有不相符的地方,应及时查明原因,报告会计主管人员。

⑤月份终了,应结出本月收入合计数、支出合计数及月末余额;每年年终,应结出本年收入合计数、支出合计数和年末余额。

三栏式现金日记账设有借方、贷方和余额三个基本的金额栏目,一般是现金的收入、支出和结余三个栏目,可见示例。

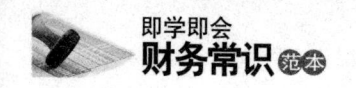

表7-4 现金日记账(三栏式)

2011年		凭证号	摘要	对方科目	收入	支出	结余
月	日						
10	8	052	支持办公费			500	49500
10	9	053	报销差旅			2500	47000
10	10	054	收取货款		50000		97000

(2)多栏式日记账登记方法

多栏式日记账是在三栏式现金日记账基础上发展起来的,这种日记账的借方和贷方金额栏都按对方科目设置。这种格式在月末结账时,可以得出各收入来源专栏和支出用途专栏的合计数,便于对现金收支的合理性、合法性进行审核分析。

多栏式日记账的登记方法同一般的多栏式现金日记账基本相同,只需注意的是,多栏式现金支出日记账中的支出合计款应转入本账户中的"支出合计"栏中,因此,每期的结余数也在本账户中列示,具体情形可参看下表示例。

表7-5 现金日记账(多栏式)

年		凭证号	摘要	收入				支出				结余
				应贷科目				应借科目				
月	日			银行存款	主营业务收入	……	合计	其他应收款	管理费用	……	合计	

2.银行存款日记账设置和登记

银行存款日记账是用来逐日反映银行存款的增减变动和结余情况的账

簿。企业应为每个银行账户设置一本日记账,由出纳人员根据与银行存款收付业务有关的记账凭证,按时间先后顺序逐日逐笔进行登记。通过银行存款日记账设置和登记,可以加强对银行存款的日常监督和管理,并便于与银行进行账项核对。

银行存款日记账格式,也有三栏式和多栏式两种,其基本结构与现金日记账类似。银行存款日记账与现金日记账的登记方法大致相同,这里不再详述。

表7-6 银行存款日记账(三栏式)

年		凭证种类及编号	摘要	结算凭证		对方科目	收入	支出	结余
月	日			种类	号码				

常识 43　总分类账登记应该如何操作?

总分类账,也称为总账,是记录所有会计科目总账的账簿,即该账簿中只有相应科目合计数据,并不记录科目中明细分类数据。正是由于总分类账有这样的特性,因此一般企业的总账都是按照会计科目编号顺序,依次开设账户。

由于总分类账能够全面地将企业的经济活动情况反映出来,并且还是会计报表的主要数据提供者,因此,任何单位只要建账,就必须要建总分类账。总分类账在进行登记时,需要根据会计凭证制证时间,按顺序记录在账簿中,其登记方法与步骤如下:

第一,在日期栏中填写会计凭证上的日期。

第二,填写账页凭证栏。在此处填写凭证种类和编号,凭证的种类有现收、现付、银收、银付和转账五种。

第三,填写账页摘要栏。在此处填写相关经济业务的内容,文字要简练,内容要概括。

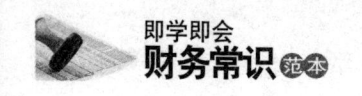

第四,填写借方金额栏、贷方金额栏。在此处填写本科目的借方发生额或贷方发生额。

第五,填写借或贷栏,在本栏中记录余额的借贷方向,若本栏中为借,则余额为借方余额;同理,若本栏中为贷,则表示当前余额是贷方余额。

第六,填写余额栏,即当前科目余额数字,并需要在"借或贷"一栏中,填写余额方向,即余额是借方余额还是贷方余额。当余额为0时,"借或贷"栏填写"平"。

和日记账不同的是,总分类账只在每月终了时进行月结。并不会每日都结出余额,而且许多总分类科目也不是每天都有相关业务。

表7-7 总分类账(三栏式)

年		凭证号	摘要	借方金额	贷方金额	借或贷	余额
月	日						

表7-8 总分类账(多栏式)

年		凭证号	摘要	借方		贷方		借或贷	余额
月	日			金额	对方科目	金额	对方科目		

常识44 明细账应该如何登记操作?

为了详细地反映经济活动情况,企业应在设置总分类账的基础上,根据经营管理的需要,设置必要的明细分类账。明细分类账应分别按照二级科目或明细科目开设账户，用以分类、连续地记录有关资产、负债、所有者权益、收入、费用和利润的详细资料。

明细分类账的设置对于加强财产物资的收发和保管，资金的管理和使用，收入的取得和分配，往来款项的结算及费用的开支等经济活动方面的监督起着重要的作用。

明细分类账一般采用活页式账簿，也有的采用卡片式账簿，如固定资产卡片账可作为固定资产明细账。明细分类账的格式有三栏式、数量金额式和多栏式三种。明细分类账的填写方法和步骤与总分类账基本相同，此处不再赘述。

常识 45　备查账簿应该如何登记操作？

备查账簿是对序时账簿和分类账簿中未能记载或记载不全的经济业务进行补充说明的账簿。

备查账簿主要用于登记资产负债表表内（或分类账账内）需要说明原因的重要交易或事项，或资产负债表表外（或分类账账外）的重要交易或事项。它可以补充说明总分类账和明细分类账所不能详细反映的资料，具有备查备忘的基本作用。根据实际需要，其设计方式可以灵活多样，不拘一格。备查账簿的设计，主要包括下列情形：

第一，对所有权不属于本企业，但由企业暂时使用或代为保管的财产物资，应设计相应的备查账簿，如租入固定资产登记簿、受托加工材料登记簿、代销商品登记簿等。

第二，对同一业务需要进行多方面登记的备查账簿，一般适用于大宗、贵重物资，如固定资产保管登记卡、使用登记卡等。

第三，对某些出于管理上的需要，而必须予以反映的事项的备查账簿，例如，合同执行情况记录、贷款还款情况记录、重要空白凭证记录等。

常识 46　什么是平行登记原则？

为了使总分类账与其所属的明细分类账之间保持协调，做到相互统一，便于账户核对，确保核算资料的正确、完整，必须采用平行登记的方法登记总分类

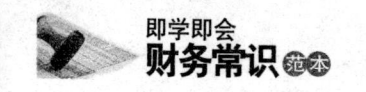

账及其所属的明细分类账。所谓平行登记，是指经济业务发生后，根据会计凭证一方面登记有关的总分类账户，另一方面又要登记该总分类账户所属的各有关明细账户。平行登记的要求主要有以下几点：

第一，同时登记，又称双重登记。

对同一笔经济业务，在同一会计期间内（如月度内），既要记入有关的总分类账户，又要记入其所属的有关明细分类账户，不能漏记或重记。

第二，方向相同。

方向相同指的是对同一笔经济业务，在登记总分类账户和明细分类账户时，其各自的记账方向必须一致。

第三，依据相同。

总分类账和明细分类账是对同一笔业务不同程度的反映，虽然登账的依据可以是记账凭证、汇总记账凭证，或者是科目记账汇总表，但它所依据的原始凭证必须是一致的。

第四，金额相等。

金额相等是指将一笔经济业务记入几个明细分类账户时，所记入总分类账户金额，应与记入几个明细分类账户金额之和相等。

常识 47　会计凭证该如何传递、装订和保管？

不要认为对会计凭证进行审核和编制之后，就完成了会计工作，对会计凭证进行统一装订和保管，也是不可缺少的一个环节，更是日后对自己工作进行检查和审核的依据。

1. 会计凭证的传递

会计凭证的传递是指从记账凭证的取得或填制时起至归档保管的过程中，在单位内部有关部门和人员之间的传送程序。各单位会计凭证传递的基本方法，可根据会计部门的需要自行规定，力求传递的程序科学、合理、及时。

2. 会计凭证的装订

会计凭证的装订是指把定期整理完毕的会计凭证按照编号顺序，外加封面、封底，装订成册，并在装订线上加贴封签。在封面上，应写明单位名称、年度、月份、记账凭证的种类、起讫日期、起讫号数,以及记账凭证和原始凭证的张数,并在封签处加盖会计主管的骑缝图章。会计凭证装订具体操作步骤如下:

(1)将凭证封面和封底裁开,分别附在凭证前面和后面,再拿一张质地相同的纸(可以再找一张凭证封皮,裁下一半用,另一半为订下一本凭证备用)放在封面上角,做护角线。

(2)在凭证的左上角画一边长为5厘米的等腰三角形,用夹子夹住,用装订机在底线上分布均匀地打两个眼儿。

(3)用大针引线绳穿过两个眼儿。如果没有针,可以将回形别针顺直,然后将两端折向同一个方向,将线绳从中间穿过并夹紧,即可把线引过来,因为一般装订机打出的眼儿是可以穿过的。

(4)在凭证的背面打线结。线绳最好在凭证中端系上。

(5)将护角向左上侧折,并将一侧剪开至凭证的左上角,然后抹上胶水。

(6)向后折叠,并将侧面和背面的线绳扣粘贴固定。

(7)待晾干后,在凭证本的脊背上面写上"某年某月第几册共几册"字样。装订人在装订线封签处签名或者盖章。现金凭证、银行凭证和转账凭证最好依顺序编号,一个月从头编一次序号,如果单位的凭证少,可以全年顺序编号。

凡属收、付款业务的记账凭证都必须有附件;职工出差借款的借据必须附在记账凭证上,收回借款时应另开收据或退还经出纳(收款人)签名的借款结算联;转账业务中,属于摊提性质的经济业务应有附件。附件的张数应用阿拉伯数字填写。

3.会计凭证的保管

会计凭证是重要的经济资料和会计档案。每个单位都要建立保管制度,妥善保管。每个单位在完成经济业务手续和记账以后,须按规定的立卷归档制度,形成会计档案资料,以便日后查阅。

会计部门在记账后,应定期(每日、每旬或每月)对各种会计凭证加以分类整理,将各种记账凭证按照编号顺序,连同所附的原始凭证折叠整齐,加具封面、封底,装订成册,并在装订线上加贴封签。在封面上,应写明单位名称、年度、月份、记账凭证的种类、起讫日期、起讫号码,以及记账凭证和原始凭证张数,并

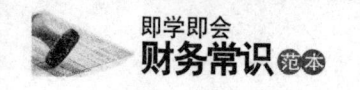

在封签处加盖会计主管骑缝图章。

会计凭证的保管期限和销毁手续，必须严格按照会计制度的有关规定执行。一般会计凭证至少保存10年，重要的凭证须长期保存，会计凭证保存期满需销毁时，必须开列清单，按照规定的手续报经批准后方可销毁，任何单位都不能随意销毁会计凭证。

常识 48　账簿如何进行更换和保管？

会计账簿是企业重要的财务管理档案，企业在会计年度开始的时候都要更换启用新的会计账簿，同时必须对旧账簿加以妥善保管。

1.会计账簿的更换

一般来说，企业的大部分账簿都要至少每年更换一次，如企业的总分类账、明细分类账及库存现金、银行存款日记等。但由于固定资产数量多，变化小，所以固定资产明细账可以延续使用，而如果是固定资产卡片，则更是可以使用多年。

一般启用新账簿，需要将上年相关账户的余额转到新账簿中，即在新账簿相应账户的首页第一行摘要栏中，注明"上年余额"字样，然后将余额填写在同一行的金额栏中。

2.会计账簿的保管

账簿更换下来后，需要将其活页加上封面装订起来，由主管人员签字盖章后，与订本账一起造册归档。归档时，需要填写归档登记表，以明确责任。会计账簿都有一定的保管期限，就企业会计而言，国家规定会计凭证保管期限为15年，其中，涉及外事和重大事项的会计凭证为永久保管。会计账簿中，不同用途不同内容的账簿，其规定的保管期限也不同：

一般日记账保管15年；

库存现金和银行存款日记账保管25年；

明细账和总账保管15年；

固定资本卡片在固定资产清理报废后保管5年；

辅助账簿保管15年，涉外和重大事项会计账簿为永久保管；

会计报表中，年度会计报表永久保管，月、季会计报表保管5年。

3.电算化会计档案的保管

随着计算机技术普及,会计电算化已成为一种不可回避的趋势。对电算化会计档案进行保管也就成为一个重要的问题,对此,相关工作人员应建立以下安全与保密措施:

(1)对电算化会计档案管理要做到防磁、防火、防潮、防尘等工作。

(2)采用磁性介质储存的会计档案,要定期进行检查,定期进行复制,防止由于磁性介质损坏而使会计档案丢失。

(3)严格执行安全和保密制度,不得随意堆放会计档案,严防毁损、散失和泄密。

(4)各种会计资料包括打印出来的会计资料以及储存会计资料的软盘、光盘、微缩胶片等,未经单位负责人同意,不得外借和拿出单位。

(5)借阅会计资料应履行相应的借阅手续,经手人必须签字记录。存放在磁性介质上的会计资料借阅归还时,还应认真检查,防止感染病毒。

第8章 核算清晰,挖掘数字背后隐藏的"内在"价值

> 会计核算是会计工作的一项重要内容,只有正确而清晰地做好会计核算工作,才能够得到准确的数字,进而编制出准确的会计报表,反映出一个企业最真实的财务状况。

常识 49 会计核算包括什么内容?

会计核算也称会计反映,是以货币为主要计量尺度,对会计主体的资金运动进行的反映。它主要是指对会计主体已经发生或已经完成的经济活动进行事后核算,也就是会计工作中记账、算账、报账的总称。

合理地组织会计核算形式是做好会计工作的一个重要条件,对于保证会计工作质量,提高会计工作效率,正确、及时地编制会计报表,满足相关会计信息使用者的需求具有重要意义。算账是财务工作的基础。只有正确计算了各个相关数据,才能够以准确的数字来反映真实情况。

经过前期设置账户、按标准进行记账、填制和审核凭证、登记账簿之后,此时会计核算的主要内容就集中在成本计算和财产清查内容。

成本计算是指按照一定的对象和管理的要求归集与分配生产经营过程各个阶段所发生的费用,计算并确定该对象总成本和单位成本的专门方法。

通过正确的成本计算不仅能够综合地反映企业的生产经营成果,而且有利于全面掌握和控制经营过程各阶段的费用支出,促进企业加强核算,寻求降低和节约成本的途径,不断提供经济效益。

财产清查是指通过盘点实物,核对账目,保持财产物资账实相符的专门方法。

通过财产清查能够保护国家和法人财产的安全完整、促使企业改进管理方

法,挖掘财产物资的潜力,加速资金的周转速度,提高资金的使用效益。

经过核算,对财产清点清楚,并核算清楚各项指标信息之后,这时也就为最终财务报表的编制打下了坚实的基础。通过财务报告,将企业真实的经营状况展现出来。

常识50 企业固定资产应该如何核算?

在审计上有句话,叫追根究底。其实,做好财务工作的最关键要求也是追根究底。对于资产管理,其实就是要知道钱是怎么挣来的,又是怎么花出去的,对每一笔钱的来源与走向都要十分明确。只有如此,心中才会拥有一本清晰的账。

固定资产是指企业为生产商品、提供劳务、出租或经营管理而持有的,且使用年限超过1年,单位价值较高的有形资产。企业的固定资产种类繁多,规格不同,而且用途也有很大差别。为了加强固定资产的管理,正确组织固定资产的核算,应该首先采用适当的标准对固定资产进行科学的分类。

1.固定资产的分类

(1)按经济用途分类

固定资产可以分为经营用固定资产和非经营用固定资产。

经营用固定资产是指直接服务于企业业务经营活动过程的各种固定资产,如业务经营使用的房屋、建筑物、机器、机械、器具、工具等固定资产;非经营用固定资产是指不直接服务于企业的业务经营活动过程的各种固定资产,如职工食堂、宿舍等使用的房屋和设备。

(2)按使用情况分类

固定资产可以分为使用中固定资产、未使用固定资产和不需用固定资产。

使用中固定资产是指正在使用的业务经营性和非业务经营性固定资产。由于大修理等原因暂停使用的固定资产,以及经营性出租给其他单位和内部备作替换使用的固定资产也属于使用中的固定资产;未使用固定资产是指已购建完工尚未交付使用的新增固定资产以及因进行扩建、改建等暂停使用的固定资产;不需用固定资产是指本企业多余或不适用,需要调配处理的固定资产。

(3)按所有权分类

固定资产可以分为自有固定资产和租入固定资产。

自有固定资产是指产权属于本企业的固定资产；租入固定资产是指融资性租入的固定资产，在租赁期内，应视同自有固定资产进行管理，但经营性租入的固定资产不作为自有固定资产进行管理。对于经营性租出的固定资产，仍作为本企业固定资产进行管理。

(4)综合分类

在实际工作中，对企业的固定资产，通常是按经济用途和使用情况以及会计核算必须提供的某些特殊资料进行综合分类的。一般可分为经营用固定资产、非经营用固定资产、未使用固定资产、不需用固定资产、租出固定资产、土地(是指过去已经估价单独入账的土地)、融资租入固定资产。

2.固定资产的核算

企业的固定资产来源渠道较多，记账价格比较复杂，为了保证固定资产核算的统一性，国家出台了统一的计价标准，必须遵照执行。

购置的不需要经过建造过程即可使用的固定资产，按实际支付的买价、包装费、运输费、安装成本以及交纳的有关税金等作为入账价值。如果以一笔款项购入多项没有单独标价的固定资产，按各项固定资产公允价值的比例对总成本进行分配，分别确定各项固定资产的入账价值。

自行建造的固定资产，按建造该项资产达到预定可使用状态前所发生的全部支出作为入账价值。

融资租入的固定资产，按租赁开始日租赁资产的原账面价值与最低租赁付款额的现值两者中较低者作为入账价值。

在原有固定资产的基础上进行改建、扩建(包括技术改造、更新改造等)而增加的固定资产，按固定资产的原账面价值，加上由于改建、扩建而使该项资产达到预定可使用状态前所发生的全部支出，减去改建、扩建过程中发生的变价收入作为入账价值。

接受债务人以非现金资产抵偿债务方式而取得的固定资产，按应收债权的账面价值加上应支付的相关税费作为入账价值。如果收到补价的，按应收债权的账面价值减去补价,加上应支付的相关税费作为入账价值;支付补价的,按应收债权的账面价值加上支付的补价和应支付的相关税费作为入账价值。

接受捐赠的固定资产,应按以下规定确定入账价值:1.捐赠方提供了有关凭据的,按凭据上标明的金额加上支付的相关税费作为入账价值。2.捐赠方没有提供有关凭据的,按如下顺序确定入账价值:同类或类似固定资产存在活跃市场的,按同类或类似固定资产市场价格估计的金额加上应支付的相关税费作为入账价值;同类或类似固定资产不存在活跃市场的,按接受捐赠固定资产的预计未来现金流量作为入账价值。3.如果受赠的是旧的固定资产,应按照上述方法确认的价值减去按该项资产的新旧程度估计的价值损耗后的余额作为入账价值。

盘盈的固定资产,按以下规定确定入账价值:同类或类似固定资产存在活跃市场的,按同类或类似固定资产市场价格减去按该项资产的新旧程度估计的价值损耗后的余额作为入账价值;同类或类似固定资产不存在活跃市场的,按该项固定资产的预计未来现金流量作为入账价值。

经批准无偿调入的固定资产,按调出单位的账面价值加上发生的运输费、安装费等相关费用作为入账价值。

企业为建造固定资产取得借款而发生的利息、折价或溢价摊销和辅助费用,以及因外币借款而发生的汇兑差额,如果符合予以资本化的条件,应于适当期间计入固定资产的成本。为取得固定资产而交纳的契税、耕地占用税、车辆购置税等相关税费,也应构成固定资产成本。

固定资产的核算,既要适应加强管理的需要,又要简化事务工作。会计部门和财产管理或使用部门应各设一套账目。会计部门设置"固定资产"、"累计折旧"等总账账户,并按固定资产的类别设置二级账户。会计部门的账簿,只记金额,不记数量,仅对固定资产增减变动的价值进行控制。财产管理或使用部门,按固定资产的类别分品种设置明细账进行明细分类核算,并按照使用单位设置固定资产登记簿或登记卡,在登记簿或登记卡上只记录实物数量,不记录金额。财会部门、财产管理部门、财产使用部门,应定期进行账账、账卡、账实核对。

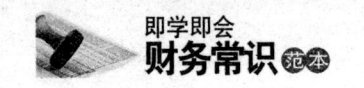

常识 51 对企业的无形资产应该如何核算？

无形资产是指企业为生产商品、提供劳务、出租给他人或因管理目的而持有的没有实物形态的非货币性长期资产。无形资产具有如下特征：不具有实物形态、为企业长期使用、提供的未来经济利益具有不确定性、属于非货币性长期资产。

1.无形资产的内容与分类

（1）无形资产的内容

无形资产主要包括专利权、非专利技术、著作权、商标权、土地使用权、特许经营权及商誉等。

专利权是指专利注册机构授予发明者或持有者在一定的期限内独家使用和转让其专有技术或其他发明创造的权利。

非专利技术是指专有技术，它是在生产过程中已采用的、不为别人所知的、不享受法律保护的各种技术。

著作权亦称之为版权，它主要是指著作人及其出版社独家享有的经国家有关部门批准的出版发行其著作的专有权利。

商标权是指商标注册人享有的专门在某类商品或产品上使用特定的名称或图案的权利。

土地使用权是指国家准许某一企业在一定时期内对国有土地享有开发、利用及经营的权利。《中华人民共和国土地管理法》明确规定，中华人民共和国实行土地的社会主义公有制，任何单位和个人都不得侵占、买卖或者以其他形式非法转让。

特许经营权又称专营权，主要有两种形式：一种是由国家政府机构授权，准许特定企业使用公共财产或在某一地区享有经营某种特许业务的权利；另一种是指一个企业按照双方签订的合同要求，永久地或有限期地授予另一个企业特殊的权利。

商誉是指一个企业由于其地理位置优越、产品质量可靠、拥有各种专有人才以及商业信誉好等原因而获得的超额收益的能力。它只有在企业或公司之间发生并购的情况下,才进行核算。

(2)无形资产的分类

无形资产按照取得方式的不同,可以分为外部取得的无形资产和内部自创的无形资产。外部取得的无形资产包括外购无形资产、投资者投入无形资产、接受捐赠无形资产、通过非货币性交易换取的无形资产、通过并购取得的无形资产;内部自创的无形资产主要是指企业通过自行研究和开发取得的无形资产。

无形资产按照是否可以辨认分为可辨认无形资产和不可辨认无形资产。可辨认无形资产是指该项资产可以单独对外出租、出售、交换、投资,而不需要处置在同一业务活动中的其他资产,主要包括专利权、非专利技术、著作权、商标权及土地使用权等;不可辨认无形资产是指无法单独对外出租、出售、交换、投资的无形资产,一般只包括商誉。但企业的自创商誉,以及未满足无形资产确认条件的其他项目不能作为无形资产确认。

2.无形资产的计价

当企业取得无形资产的来源不同,发生的实际成本也不同时,必须按照取得时发生的实际成本入账。

企业购入无形资产时,应按照实际支付的价值(包括买价和相关费用等)入账。对于企业一下子购入的资产中所包含的无形资产,其成本应按照该无形资产和其他资产的公允价值相对比例来确定。

企业收到投资者作为投资投入的无形资产时,按照投资各方确认的价值作为实际成本入账,对于首次发行股票而接受投资者投入的无形资产,则按照该项无形资产在投资方的账面价值作为实际成本入账。

接受捐赠的无形资产,应按照以下规定确定其实际成本:

(1)捐赠方提供了有关凭据的,按凭据上标明的金额加上应支付的相关税费,作为实际成本。

(2)捐赠方没有提供有关凭据的,按如下顺序确定其实际成本:同类或类似无形资产存在活跃市场的,按同类或类似无形资产的市场价格估计的金额,加上应支付的相关税费作为实际成本;同类或类似无形资产不存在活跃市场的、按接受捐赠无形资产的预计未来现金流量现值,作为实际成本。接受捐赠时,无

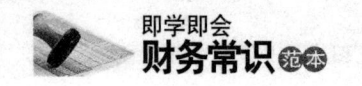

形资产价值扣除未来出售时应交纳的所得税后的余额作为资本公积。

（3）自行开发并按照法律程序申请取得的无形资产，按依法取得时发生的注册费、聘请律师费等费用，作为无形资产的实际成本。在研究与开发过程中发生的材料费用、直接参与开发人员的工资及福利费、开发过程中发生的租金、借款费用等，直接计入当期损益，对于已经计入各期费用的研究与开发费用，在该项无形资产获得成功并依法申请取得权利时，不得再将原已计入费用的研究与开发费用资本化。

3.无形资产增加和减少的核算

企业应设置"无形资产"账户，用于核算专利权、非专利技术、著作权、商标权、土地使用权等各种无形资产的价值。该账户的借方登记以不同方式取得的无形资产的成本，贷方登记无形资产的摊销和转出的成本，期末借方余额反映尚未摊销的无形资产价值。该账户应按无形资产的类别设置明细账进行明细分类核算。

企业除发生无形资产增加的业务以外，还会发生相关的无形资产减少业务，包括无形资产的转销、转让及出租等。无形资产转销是对预期不能为企业带来经济利益的某项无形资产的注销。无形资产转让是指无形资产所有权的转让。无形资产出租是为取得租金收入而将无形资产的使用权转让。下面举例说明无形资产增加和减少业务的核算：

【例8-1】某企业购入一项特许经营权，价款为40000元，支付手续费等费用5000元，会计分录为：

借：无形资产——特许经营权　　45000

　　贷：银行存款　　45000

4.无形资产摊销的核算

无形资产是企业的一项投资，应采用一定的方法将其价值摊入各期营业费用。无形资产取得以后，其成本是确定的，问题是采用什么具体计算方法和按多少年限进行摊销。

无形资产的摊销方法有很多种，但为了简化会计核算，加强会计信息的可比性，我国企业会计制度规定采用直线法对无形资产进行摊销。

无形资产的摊销年限可以按以下原则予以确定：合同规定受益年限但法律

没有规定有效年限的,摊销期不应超过合同规定的受益年限;合同没有规定受益年限但法律规定有效年限的,摊销期不应超过法律规定的有效年限;合同规定了受益年限,法律也规定了有效年限的,摊销期不应超过受益年限和有效年限两者之中的较短者;合同没有规定受益年限,法律也没有规定有效年限的,摊销期不应超过10年。

无形资产的摊销年限一经确定,不得随意变更。若因经济环境发生变化确实需要变更的,应作为会计估计变更处理,并在会计报表中予以披露。

5.无形资产的期末计价

到期末时,企业的无形资产应按照账面价值与可收回金额孰低计量。当可收回金额低于账面价值时,以两者的差额计提无形资产减值准备。

当发生下列一项或若干项情况时,应当计提无形资产减值准备;某项无形资产已被其他新技术等所替代,其为企业创造经济利益的能力受到重大不利影响;某项无形资产的市价在当期大幅度下跌,在剩余摊销年限内预期不会恢复;其他足以表明该项无形资产的账面价值已超过可收回金额的情形。如果已计提减值准备的无形资产价值恢复,应在已计提减值准备的金额范围内转回。

计提无形资产减值准备时,借记"营业外支出"账户,贷记"无形资产减值准备"账户。如果已计提减值准备的无形资产价值恢复,则编制相反的会计分录。

常识 *52*　货币资金和应收项目如何核算

现金是企业流动性最强的一种货币性资产,是立即可以投入流通的交换媒介,可以随时用其购买所需的物资、支付有关费用、偿还债务,也可以随时存入银行。在会计核算中,现金分为狭义现金与广义现金两个不同层次的含义。狭义的现金是指企业的库存现金。广义的现金是指企业库存现金和存入银行或其他金融机构并可以随时用于支付的款项,以及企业所持有的原定期限等于或短于3个月的债券投资等约当现金。

1.现金收支的核算

现金的核算主要包括现金收入与现金支出的核算。由此,需要设立"库存现金"账户。该账户属于资产类账户,借方登记现金增加数额,贷方登记现金减少

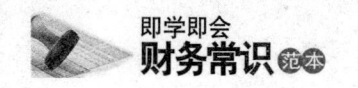

数额,余额在借方,表示库存现金的实有数额。

(1)现金收入核算

现金的收入来源有两类:一类为从银行直接提取现金;另一类为销售业务取得现金。其核算方法分别如以下两个例子所示。

【例8-2】某公司开出现金支票2000元从银行提取现金以备日常开支。根据现金支票存根,应编制如下会计分录:

借:库存现金　　2000
　　贷:银行存款　　2000

【例8-3】某公司出售废旧包装材料,收入现金180元。根据发票应编制如下会计分录:

借:库存现金　　180
　　贷:其他业务收入　　180

(2)现金支出核算

现金支出的范围较广,如购买各种日常用品,支付员工差旅费,支付员工工资等。其核算应贷记"库存现金"科目,借记其他相应科目。现举例说明。

【例8-4】经理赵东报销差旅费820元,原借款1000元,余款交回,根据报销凭证应编制如下会计分录:

借:管理费用　　820
　　库存现金　　180
　　贷:其他应收款——赵东　　1000

【例8-5】某公司业务员李立因出差预借差旅费300元。根据借条应编制如下会计分录:

借:其他应收款——李立　　300
　　贷:库存现金　　300

2.现金清查

由于企业现金收入、支出业务烦琐细碎,同时现金是最易遭受非正常损失的资产,因此企业要建立对库存现金的清查制度。

库存现金的清查,包括出纳人员每日的清查核对和清查小组定期和不定期的清查。清查现金的基本方法是实地盘点,并将现金实存数与现金的记账余额进行核对。现金的实存数,是指现金柜内实有的现金数额,借条、收据等单据都不得抵充现金数。

现金清查中发现现金短缺或盈余时,除了设法查明原因外,还需及时编制"现金盘点报告表",列明实存、账存与盈亏金额,并由经手人与出纳人员共同签章。清查后,需根据"现金盘点报告表"中的盈亏数进行账务处理。

3.银行存款的核算

与现金的核算相似,银行存款的核算也分为收入与支出两个方面。

(1)银行存款收入核算

银行存款收入来源较多,可以是销售收入所得,可以是收回客户的欠款,可以是从银行取得借款等。现举例说明银行存款收入的会计核算过程。

【例8-6】某公司从银行借入半年期限的借款40000元,应编制会计分录:

借:银行存款　　　40000

　　贷:短期借款　　　40000

【例8-7】某公司销售产品10000元,销项增值税额1700元。当即收到转账支票11700元存入银行,应编制会计分录:

借:银行存款　　　11700

　　贷:主营业务收入　　　10000

　　　　应交税费——应交增值税(销项税额)　　　1700

(2)银行存款支出核算

银行存款支出的情形也较多,如购买某项设备、购买原材料、偿还所欠供应商的货款、偿还银行借款等。现举例说明银行存款支出的会计核算过程。

【例8-8】某公司开出转账支票支付之前欠某厂家货款8000元,应编制会计分录:

借:应付账款——××工厂　　　8000

　　贷:银行存款　　　8000

【例8-9】某公司开出现金支票20000元,提取现金,准备发放工资,应编制会计分录:

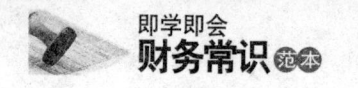

借:库存现金　　20000
　　贷:银行存款　　20000

4.应收账款的核算

应收账款,是指企业由于销售商品、材料或提供劳务等业务,应向购货单位或接受劳务单位收取的款项。它是企业应收款项的主要组成部分,包括以下主要内容:

(1)企业因销售商品、材料物资、提供劳务等,应收取的货款、税金、代垫运费和劳务费收入。

(2)企业由于采用异地托收承付和委托收款结算方式,委托银行收取的款项。

(3)企业因出口商品应收境外外币结算的货款、佣金、索赔款等外汇账款。

为了核算应收账款的发生、收回和结算情况,企业应设置"应收账款"账户。该账户借方登记实际发生的应收账款额;贷方登记收回、转销和中途改作商业汇票结算方式的应收账款额;余额在借方,表示尚未收回的应收账款额。该账户按付款单位名称设明细账,进行明细分类核算。

【例8-10】××电器厂向××商店销售商品一批,合同确定交货后采用汇兑方式结算。账务处理过程如下:

发出商品计货款10000元,增值税1700元。

所编制会计分录为:

借:应收账款——××商店　　11700
　　贷:主营业务收入　　10000
　　　　应交税费——应交增值税(销项税额)　　1700

接到银行收账通知,计收11700元。所编制会计分录为:

借:银行存款　　11700
　　贷:应收账款——××商店　　11700

【例8-11】企业销售产品一批,采用委托收款方式结算。账务处理过程如下:

发出商品计货款3000元(免增值税产品),在银行办妥收款手续后,所编制会计分录为:

借:应收账款——××单位　　3000

贷：主营业务收入　　　3000

接到银行收款通知计3000元。所编制会计分录为：

　　借：银行存款　　3000

　　　　贷：应收账款——××单位　　3000

5.预付账款的核算

预付账款是预先付给供货方客户的款项，也是公司债权的组成部分。我国对预付货款的范围、限额具有严格的规定。

企业应设置"预付账款"账户对预付货款进行会计核算。企业对供货方预付货款时，应借记"预付账款"科目，以后收到预购的材料或商品时，则贷记"预付账款"科目。现举例说明。

【例8-12】××电器厂预付甲企业的原材料款共计150000元。

作如下会计分录：

　　借：预付账款——甲企业　　150000

　　　　贷：银行存款　　150000

收到原材料及专用发票时，货款价为200000元，增值税为34000元，应补付84000元。则应编制如下会计分录：

　　借：材料采购　　200000

　　　　应交税费——应交增值税（进项税额）　　34000

　　　　贷：预付账款——甲企业　　234000

补付货款，作如下会计分录：

　　借：预付账款——甲企业　　84000

　　　　贷：银行存款　　84000

若××电器厂收到原材料及专用发票，全部货价为100000元，增值税17000元，应退33 000元，则编制如下会计分录：

　　借：材料采购　　100000

　　　　应交税费——应交增值税（进项税额）　　17000

　　　　贷：预付账款——甲企业　　117000

退回多付的货款，作如下会计分录：

借：银行存款　　　33000

　　贷：预付账款——甲企业　　33000

6.应收票据的核算

应收票据是指企业销售商品采用商业汇票方式结算时应收的款项。

应收票据有带息票据和不带息票据两种：带息票据到期，付款人除按票面金额付款外，还要按票面要求的利率计付利息；不带息票据到期，付款人只按票面金额付款。

为了核算应收票据的增减变化和结存情况，企业应设置"应收票据"账户。该账户借方登记企业收到的商业汇票票面金额；贷方登记商业汇票到期收回、中途贴现和背书转让的票面金额；余额在借方，表示企业尚未收回的商业汇票票面金额。该账户按付款人设明细账进行明细分类核算，同时为加强应收票据管理，还应建立"应收票据备查簿"，反映每种票据具体情况。

【例8-13】企业销售增值税免税产品一批，计货款3600元，收到为期半年的带息商业汇票一张，票面金额3600元，票面年利息率10%。有关账务处理过程如下：

收到票面金额3600元的商业汇票，所编制会计分录为：

借：应收票据　　　3600

　　贷：主营业务收入　　3600

该商业汇票半年后到期，计应收票面金额3600元，应收利息180元（3600×10%÷2），共计3780元。在银行办理了转账收款后，所编制会计分录为：

借：银行存款　　　3780

　　贷：应收票据　　　3600

　　　　财务费用　　　180

由银行承兑的商业汇票到期，银行监督付款人付款，保证付款程度高，到期均可收回款项。由付款人承兑的商业汇票到期，付款人如果无力支付，则收款人应把"应收票据"转为"应收账款"。

常识 53　工业企业产品成本应该如何核算？

1.工业企业成本核算的基本要求

在成本核算工作中,应遵循以下各项要求:

(1)成本核算应当与加强企业经营管理相结合,所提供的成本信息应当满足企业经营管理和决策的需要。

(2)正确划分各种费用界限。

(3)正确确定财产物资的计价和价值结转方法。

(4)做好各项基础工作。

(5)适应生产特点和管理要求,采用适当的成本计算方法。

2.工业企业成本核算的一般程序

(1)审核各种费用凭证,将发生的费用按发生的地点和用途进行归集和分配。

财务人员要根据企业会计制度及成本开支范围的规定审核各种费用凭证,确定发生的费用是否应当计入产品成本或期间费用,并运用权责发生制原则分清费用归属期间。对属于本期的生产费用,按费用发生的地点和用途分别记入"生产成本——基本生产成本"、"生产成本——辅助生产成本"和"制造费用——××车间"等账户。对属于本期的期间费用,按期间费用的性质和内容分别记入"管理费用"、"营业费用"和"财务费用"等账户。对属于本期支付,后期负担的成本费用,则按其摊销期的长短分别记入"预提费用"或"长期预提费用"等账户。对属于本期负担,后期支付的费用,记入"预提费用"账户。

(2)分配辅助生产费用。

"生产成本——辅助生产成本"各明细账户归集了各个辅助生产车间本期发生的生产费用(包括通过"制造费用"账户归集并分配转入的辅助生产成本的制造费用),形成了各种辅助生产成本或辅助生产劳务成本。对归集的各项辅助生产费用,应当以受益产品或部门的受益程度为标准,采用一定的分配方法于月末进行分配,并将属于成本费用的辅助生产费用分别记入"生产成本——基本生产成本"、"制造费用——××基本生产车间"、"营业费用"和"管理费用"等账户。

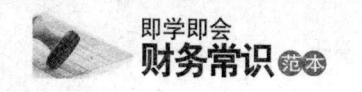

(3)分配基本生产车间的制造费用。

各个基本生产车间归集的"制造费用",应当在月末按照一定的分配标准进行分配,记入"生产成本——基本生产成本(××产品)"账户,以使各个产品成本明细账户归集本期发生的全部生产费用。

(4)确定月末在产品应负担的生产费用。

月末,如果存在未完工产品,需要按照在产品的数量、产品成本的构成、投料的方式及在产品的完工程度等具体情况,运用一定的方法,将产品成本明细账户归集的全部生产费用(包括月初在产品负担的生产费用与本期发生的生产费用),在完工产品与月末在产品之间进行分配,确定月末在产品应负担的生产费用,形成月末在产品成本。

(5)计算完工产品总成本与单位成本。

各个产品成本明细账户所归集的全部生产费用,扣除月末在产品成本后,形成本期完工产品的总成本。用完工产品总成本除以完工产品的数量,计算出完工产品的单位成本。

3.基本生产成本的核算

(1)直接材料成本的核算

基本生产车间的直接用于产品生产的直接材料成本,包括直接用于产品的燃料和动力成本,应专门设置"直接材料"等成本项目。这些材料和主要材料一般分产品领域,根据领料凭证直接记入某种产品成本的"直接材料"项目。但是如果是几种产品共同耗用的材料成本,应采用适当的分配方法,分别记入各个相关产品成本的"直接材料"成本项目。在消耗定额比较稳定、准确的情况下,通常采用材料定额消耗量比例或材料定额成本比例进行分配,公式如下:

$$分配率=\frac{材料实际总消耗量(或实际成本)}{各种产品材料定额消耗量(或定额成本)之和}\times100\%$$

某种产品应分配的材料数量(或成本)=该种产品材料定额消耗量(或定额成本)×分配率

【例8-14】甲公司基本生产车间领用某种材料4000千克,单价100元。材料成本合计400000元。生产A产品4000件,B产品2000件。A产品消耗定额

为12千克,B产品消耗定额26千克。分配结果如下:

分配率=400000÷(4000×12+2000×26)=400000÷(48000+52000)=4

应分配的材料成本:

A产品=48000×4=192000(元)

B产品=52000×4=208000(元)

合计400000元。

(2)直接人工成本的核算

直接进行产品生产,设有"直接人工"成本项目的生产工人工资、福利费等职工薪酬,应单独记入"生产成本——基本生产成本"科目。如果生产车间同时生产几种产品,则其发生的直接人工成本,应采用一定的方法计入各产品成本中,如按计时工资分配直接人工成本,按计件工资分配直接人工成本。

$$直接人工成本分配率=\frac{本期发生的直接人工成本}{各产品耗用的实际工时(或定额工时)之和}×100\%$$

某产品应负担的直接人工成本=该产品耗用的实际工时(或定额工时)×直接人工成本分配率

【例8-15】直接人工成本的核算见表8-1。

表8-1 工资成本分配汇总

应借科目		工资			
总账及二级科目	明细科目	分配标准(工时)	直接生产人员(0.5)	管理人员工资	工资合计
基本生产成本	甲产品	360000	180000		180000
	乙产品	240000	120000		120000
	小计	600000	300000		300000
辅助生产成本	锅炉车间				80000
	供电车间				120000
	小计				200000
制造费用	基本车间			6000	6000
	锅炉车间			3500	3500
	供电车间			2500	2500
	小计			12000	12000
合计			300000	12000	512000

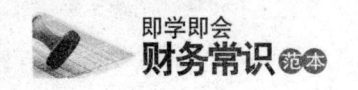

根据上表所示，即可登记总账和有关明细账，其分录如下：

借：生产成本——基本生产成本　　　300000
　　　　　　——辅助生产成本　　　200000
　　制造费用——基本车间　　　　　6000
　　　　　　——锅炉车间　　　　　3500
　　　　　　——供电车间　　　　　2500
　　贷：应付职工薪酬　　　　　　　512000

常识 54　辅助生产费用如何归集和分配？

辅助生产是指为基本生产车间、企业行政管理部门等单位服务而进行的产品生产和劳务供应。辅助生产费用是指辅助生产车间为生产产品或提供劳务所发生的各项费用。有的只生产一种产品或提供一种劳务，如供电、供水、供汽、运输等辅助生产；有的则生产多种产品或提供多种劳务，如从事工具、模具、修理用备件的制造，以及机器设置的修理等辅助生产。

辅助生产产品和劳务成本的高低，对于基本生产产品成本的水平有着很大的影响，因此，正确、及时组织辅助生产费用的归集和分配，对于节约费用、降低产品成本有着重要的意义。

1. 辅助生产费用的归集

辅助生产费用的核算应设置"生产成本——辅助生产成本"账户，并按车间及产品或劳务的种类设置明细账，按照成本项目或费用项目设置专栏，进行明细核算。对于直接用于辅助生产产品或提供劳务并专设成本项目的费用，应直接记入"生产成本——辅助生产成本"科目的借方；对于未专设成本项目的各项费用，则记入"制造费用——辅助生产车间"科目的借方进行汇总，然后从该科目的贷方直接转入或分配转入"辅助生产成本"科目及其明细科目的借方。辅助生产车间完工的产品或劳务的成本，经过分配以后从"生产成本——辅助生产成本"科目的贷方转出，期末如有借方余额则为辅助生产的在产品。

如果企业辅助生产车间规模较小，发生的制造费用较少，也不对外销售产品或提供劳务，为了简化核算工作，可以不单独设置"制造费用——辅助生产车间"明细账进行汇总,而直接记入"生产成本——辅助生产成本"账户及其明细账的借方。

2.辅助生产费用的分配

辅助生产费用的分配是通过编制辅助生产费用分配表进行的。分配辅助生产费用的方法很多,通常采用直接分配法、顺序分配法、交互分配法、按计划成本分配法和代数分配法。

(1)直接分配法

直接分配法指在分配辅助生产费用时,不考虑辅助生产车间之间相互提供劳务或产品的情况,将各辅助生产车间归集的生产费用总额,直接分配给辅助生产车间以外的各受益单位。

$$辅助生产的单位成本=\frac{辅助生产成本总额}{辅助生产的产品或劳务总量}$$

(不包括对辅助生产各车间提供的产品或劳务量)

各受益车间、产品或各部门应分配的成本=辅助生产的单位成本×该车间、产品或部门的耗用量

【例8-16】××公司辅助生产车间的制造费用不通过"制造费用"科目核算。该公司锅炉和机修两个辅助生产车间之间相互提供产品和劳务。锅炉车间的成本按供汽量比例分配,修理费用按修理工时比例进行分配。该公司2010年6月有关辅助生产成本的资料见表8-2。

表8-2 辅助生产成本的资料

辅助生产车间名称		机修车间	锅炉车间
待分配成本(元)		390000	35000
供应劳务、产品数量		150000 小时	9000 立方米
耗用劳务、产品数量	锅炉车间	20000 小时	
	机修车间		2000 立方米
	一车间	75000 小时	4900 立方米
	二车间	60000 小时	3500 立方米

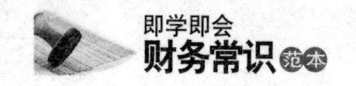

根据以上资料，编制直接分配的辅助生产成本分配表见表8-3。

表8-3 辅助生产成本分配（直接分配法）

辅助生产车间名称			机修车间	锅炉车间	合计
待分配成本（元）			390000	35000	425000
对外提供劳务数量			130000 小时	7000 立方米	
单位成本（分配率）			3	5	
基本生产车间	一车间	耗用数是	75000 小时	4900 立方米	
		分配金额（元）	225000	24500	249500
	二车间	耗用数量	60000 小时	3500 立方米	
		分配金额（元）	180000	17500	197500
金额合计（元）			390000	35000	425000

对外供应劳务、产品数量：

机修车间=150000-20000=130000（小时）

锅炉车间=9000-2000=7000（立方米）

分录如下：

借：制造费用——一车间　　249500

　　　　　　　　二车间　　197500

贷：生产成本——辅助生产成本（机修车间）　390000

　　　　　　——辅助生产成本（锅炉车间）　35000

采用直接分配法，由于各辅助生产费用只是对外分配，计算工作简便。当辅助生产车间相互提供产品或劳务量差异较大时，分配结果往往与实际不符。因此，这种分配方法只适宜在辅助生产车间之间相互提供产品或劳务不多，不进行费用的交互分配对辅助生产成本和产品制造成本影响不大的情况下采用。

(2)顺序分配法

顺序分配法指各辅助生产车间按受益多少的顺序依次排列，受益少的排列在前，先将费用分配出去，受益多的排列在后，后将费用分配出去。

顺序分配法也称梯形分配法，各种辅助生产费用只分配一次，但既分配给辅助生产以外的受益单位,又分配给排列在后面的其他辅助生产车间,因而分配结果的正确性和计算工作量都有所增加。由于排列在前面的辅助生产车间不负担排列在后面的辅助生产车间的费用,因而分配结果的正确性仍然受到一定的影响。这种分配方法只适宜在各辅助生产车间之间相互受益程度有明显顺序的情况下采用。

(3)交互分配法

交互分配法指将各辅助生产车间的生产费用进行两次分配。首先,根据各辅助生产车间交互提供的劳务数量和交互分配前的单位成本在各辅助生产车间进行一次交互分配;然后将各辅助生产车间、部门交互分配后的实际费用(即交互分配前的费用加上交互分配转入的费用,减去交互分配转出的费用),再按提供产品或劳务的数量,在辅助生产车间、部门以外的各受益单位之间进行分配。

采用交互分配法,辅助生产内部相互提供产品或劳务全部进行了交互分配,从而提高了分配结果的正确性,但各辅助生产费用要计算两个费用分配率进行分配,因而增加了计算工作量。这种方法适用于各辅助生产车间相互提供劳务较多的企业。

(4)计划成本分配法

计划成本分配法指按各辅助生产的产品或劳务的计划单位成本和各部门实际耗用的产品或劳务的数量,分配辅助生产费用的方法。各辅助生产车间实际费用与按计划成本分配的费用之间的差额,即辅助生产成本差异,可以再分配给辅助生产以外各受益单位负担,但为了简化计算工作,一般全部计入管理费用。

采用计划成本分配法,不仅简化了计算工作,还有利于明确内部经济责任,便于辅助生产车间和各受益部门的成本考核和分析,适宜在实行内部经济核算的企业采用,但所采用的计划单位成本应力求正确,以使分配结果合理。

(5)代数分配法

代表分配法指应用代数中的联立方程式来计算确定辅助生产车间提供产品或劳务的单位成本,然后再按各个受益部门耗用产品或劳务的数量,分配辅助生产费用。

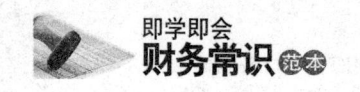

采用代数分配法,分配结果最正确。但在辅助生产车间较多的情况下,未知数较多,计算工作比较复杂,因而这种分配方法适宜在计算工作已经实现电算化的企业采用。

常识 55　制造费用如何归集和分配?

制造费用是指加工制造企业为生产产品或提供劳务而发生的,应计入产品成本但没有专设成本项目的各项生产费用。主要包括以下三方面的内容:

第一,间接用于产品生产的费用,如机物料消耗、辅助生产工人工资及福利费、车间生产用房屋及建筑物的折旧费和修理费、车间生产用的照明费、取暖费、劳动保护费,以及季节性停工和生产用固定资产修理期间的停工损失等。

第二,直接用于产品生产,但管理上不要求或核算上不便于单独核算,因而没有专设成本项目的费用,如机器设备的折旧费、修理费、生产用低值易耗品的摊销、设计制图费和试验检验费等。

第三,车间、分厂等生产部门为组织和管理生产所发生的费用,如车间管理人员的工资及福利费,车间管理用的房屋的折旧费和修理费,车间低值易耗品的摊销,车间管理用的照明费、取暖费、差旅费和办公费等。

1.制造费用的归集

制造费用项目较多,一般按费用的经济用途设立费用项目进行核算,主要有工资及福利费、折旧费、修理费、水电费、机物料消耗、低值易耗品摊销、办公费、差旅费、运输费、保险费、劳动保护费、试验检验费等。企业可根据费用比重的大小和管理的要求,对上述费用项目进行合并或进一步细分,但为了使各期成本费用资料可比,制造费用项目确定后应相对稳定,不能随意变更。

制造费用的核算是通过"制造费用"科目进行的。该科目借方登记实际发生的制造费用,贷方登记分配转出的制造费用,月末一般无余额。该科目应按车间或部门设置明细账,账内按费用项目设专栏,分别反映各车间、各部门各项制造费用的支出情况。制造费用发生时应根据付款的原始凭证和各种要素费用表编制记账凭证,借记"制造费用"科目,贷记"原材料"、"应付职工薪酬"、"应付福利费"、"累计折旧"、"预提费用"、"银行存款"等科目。在之前的章节已经有很多涉及,本节主要详述期末如何按照一定的标准分配制造费用,将该科目的贷方余额转入"基本生产成本"科目的借方。并根据记账凭证登记"制造费用"的总账和明细账。

2.制造费用的分配

分配制造费用的方法很多,通常采用的方法有:按生产各种产品的生产工人的生产工时比例分配,按生产工资比例分配,也可按各种产品消耗的机器工时比例分配等。

(1)生产工人工时比例法

这是按照各种产品所用生产工人实际工时的比例分配制造费用的方法。按照生产工时比例分配制造费用,能将各种产品耗用工时与产品负担的费用水平联系起来,使分配结果比较合理。生产工时是分配间接计入费用常用的分配标准之一,因而必须正确组织产品生产工时的统计。

(2)生产工资比例法

这是按照计入各种产品成本的生产工人实际工资的比例分配制造费用的方法,由于在各产品成本明细账的直接人工项目中,已记录着该种产品本月生产工人实际工资额,因而采用这一分配方法,核算工作简便。但是采用这一方法,要求各种产品生产的机械化程度应该相差不多,否则由于机械化程度高的产品工资费用相对较少,负担的制造费用也少,会影响费用分配的合理性。这是因为制造费用中包括不少与机械使用有关的费用,例如机器设备的折旧费、修理费、租赁费和保险费等;产品生产的机械化程度高,应该多负担这些费用而不是少负担。

如果生产工人工资是按照生产工时比例分配计入各种产品成本的,那么,按照生产工人工资比例分配制造费用,实质上就是按照生产工人工时比例分配制造费用。

(3)机器工时比例法

这是按照生产各种产品所用机器设备运转时间的比例分配制造费用的方法。这一方法适用于产品生产的机械化程度较高的车间。因为在这种车间的制造费用中,与机器的设备使用有关的费用比重比较大,而这一部分费用与机器

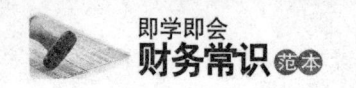

设备的运转时间有着密切的联系。采用这一方法，必须具备各种产品所用机器工时的原始记录。

由于制造费用包括各种性质和用途的费用，为了提高分析结果的合理性，也可以先对制造费用加以分类。例如分为与机器设备使用有关的费用和管理组织生产而发生的费用等几类，分别采用适当的方法进行分配。如前者按机器工时比例分配，后者按生产工时比例进行分配等等。

在完成了制造费用的分配之后，各生产车间制造费用明细账的余额就都是零，但也存在一些特殊的情况，在这些情况下月末制造费用明细账仍留有余额。例如：在季节性生产的生产加工企业中，由于原材料分季节供应，使得企业的产品生产呈现明显的季节性。在没有产品生产的季节，生产车间不进行产品生产，因而没有生产产品的直接费用发生。但是车间管理工作却仍然存在，部分车间管理的费用如管理人员工资、厂房及管理设备的折旧费、设备维修费、车间办公费等制造费用仍有发生。由于这一阶段没有产品，因此制造费用的分配也就没有合理的依据。这一阶段的制造费用直至月末也不分配，仍以借方余额留在账户中，待到将来产品投入生产后，再按某种方法在本车间断生产的各种产品之间进行分配。

(4)产成品产量比例法

产成品产量比例法是按照各种产品的实际产量（或标准产量）的比例分配制造费用的方法。其中某种产品的标准产量，是通过将该产品的实际产量乘以换算标准产量的系数求得的。

$$制造费用分配率 = \frac{制造费用总额}{各种产品实际产量（或标准产量）}$$

某产品应负担的制造费用=该产品的实际产量（或标准产量）×制造费用分配率

【例8-17】××公司基本生产车间A产品机器工时为50000小时，B产品机器工时为20000小时，本月发生制造费用700000元。要求在A，B产品之间分配制造费用。

制造费用分配率=700000÷(50000+20000)=10

A产品应负担的制造费用=50000×10=500000(元)

B产品应负担的制造费用=20000×10=200000(元)

按机器工时比例法编制制造费用分配表,见表8-4。

表8-4 制造费用分配表

单位:元

借方科目	机器工时	分配金额(分配率:10)
生产成本——基本生产成本		
——A产品	50000	500000
——B产品	20000	200000
合计	70000	700000

分录如下:

借:生产成本——基本生产成本——A产品　　500000

　　　　　　　　　　　　　　——B产品　　200000

贷:制造费用　　700000

常识56　废品及停工损失如何归集和分类?

废品是指由于生产不符合规定的技术标准,不能按原定用途进行使用,或需要加工修理后才能正常使用的产品。包括在生产过程中发现的不合格的在产品、入库时发现的不合格的半成品或完工产品,但不包括可以降价销售的次品或等外品、合格品入库后因保管不善发生损坏变质的产品和在产品销售时发现的废品。

废品按照修复的可能性和经济性,分为可修复废品与不可修复废品,可修复废品是指经过加工修理后可以按原定用途进行使用,而且在经济上,是合算的废品;不可修复的废品是指在技术上无法修复,或修复成本过大,在经济上不合算而放弃修复的废品。

废品损失是指生产过程中和入库后,因出现废品而发生的无价值的耗费,对可修复废品而言,废品损失是追加的修复成本扣除收回的废品残值及责任人

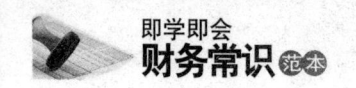

赔款后的差额;对不可修复的废品而言,废品损失是废品成本扣除收回的废品残值及责任人赔款后的差额。

1.废品损失的核算

废品损失原则上由本期的完工产品负担,月末在产品通常不承担废品损失。企业对废品损失的具体处理方法有两种:对废品损失不大的企业,可在"制造费用"账户中核算;对废品损失数额较大的企业,为对废品损失加强管理,可以增设"废品损失"账户,单独核算废品损失。该账户的借方登记不可修复废品的生产成本和可修复废品的修复成本,贷方登记废品残料收回价值、责任人赔款及分配转出的废品损失,分配后该账户无余额。"废品损失"按生产车间分户进行明细分类核算。

(1)可修复废品的核算

可修复废品损失是对废品进行修复所支付的修复费用。修复后,其产品成本由原生产成本和修复费用构成。如果有废品收回残值或赔偿收入,冲减可修复废品的损失。可修复废品损失在进行修复时归集,其计算公式是:

可修复废品损失=修复废品材料费用+修复废品人工费用+修复废品制造费用-收回的残值及赔偿收入

对发生的修复费用,从各种费用分配表中取得,并据以编制如下会计分录:

发生修复废品的材料费用(人工费用、制造费用)时:

借:废品损失——××产品

  贷:原材料(应付工资、应付福利费用和制造费用等)

收回废品残值或确定责任人赔偿款时:

借:原材料(其他应收款)

  贷:废品损失——××产品

结转可修复废品损失时:

借:生产成本——基本生产成本——××产品

  贷:废品损失——××产品

若对发生的废品损失不单独设置"废品损失"账户进行核算,则在"生产成本——基本生产成本"明细账户中也不设"废品损失"成本项目。对发生的不可修复废品损失先记入"制造费用"账户的,连同其他制造费用一起在受益产品中进行分配。对发生的可修复废品损失若不单独进行核算,则将收回的残值及赔偿款冲减"生产成本——基本生产成本"。

(2)不可修复废品的核算

对不可修复的废品损失进行核算,首先必须确定发生的废品损失再进行相关核算。

计算不可修复的废品损失,就是要将废品应负担的生产费用从全部生产费用中分离出来。具体有两种方法:按实际成本计算和按定额成本计算。

① 按废品实际成本计算

这种方法是将全部生产费用在合格品与废品之间进行分配,分配公式如下:

$$废品应负担的材料费用 = \frac{某产品的全部材料费用}{合格品产量 + 废品约当产量} \times 废品约当产量$$

上式公式中,用人工费用、制造费用替换材料费用后,可以计算废品应负担的人工费用与制造费用,从而确定不可修复废品的生产成本。注意,如果期末存在未完工产品,则上述公式的分母还应包括月末在产品的约当产量。

② 按废品定额成本计算

这种方法是按废品数量和事先核定的各项定额费用计算出废品的定额成本,再扣除废品残值及责任人赔偿款后确定废品损失。其特点是不考虑废品实际发生的生产成本。

2.停工损失的核算

停工损失是企业发生非季节性停工所造成的损失,停工的主要原因是停电、待料、机器故障或大修、灾害或事故和计划减产等。停工损失由停工期间消耗的燃料及动力、工资、福利费和制造费用等构成,由过失方或者保险公司支付的赔偿款冲减停工损失,停工不足1个工作日,通常不计算停工损失。

企业发生停工,由生产车间将停工范围、起止时间,停工原因及过失方等情况在"停工单"中加以记录,送财会部门审核后,作为计算停工损失的原始依据。

企业可专设"停工损失"账户,并在产品成本计算单中增设"停工损失"成本项目。"停工损失"账户的借方归集本月发生的停工损失,贷方登记分配结转的

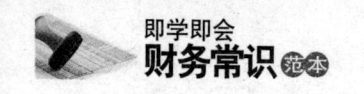

停工损失,分配后该账户无余额,按生产车间分户进行明细分类核算。

不同原因产生的停工损失,采用不同的分配结转方法。由过失方或保险公司赔偿的停工损失,转作"其他应收款";属于非常损失引起的停工损失,列为"营业外支出";对于其他原因引起的停工损失,计入产品成本。会计处理简述如下：

发生各种停工损失时：

借：停工损失——×车间

贷：生产成本(应付工资、应付福利费、制造费用等)

分配结转停工损失时：

借：生产成本——基本生产成本——×产品(其他应收款、营业外支出)

贷：停工损失——×车间

企业也可以不单设"停工损失"账户,而将发生的停工损失直接列入"制造费用"、"其他应收款"和"营业外支出"账户。

季节性生产企业发生季节性停工期间所发生的费用,不作为"停工损失",可以采用待摊或预提方式处理,转由生产期间的产品成本负担。

◎ 第9章　查账严密，确保账目数据不失真 ◎

> 在实际工作中，一些违法乱纪的人为了逃避责任，往往会通过财务造假的方式来掩饰自己的不法行为。若想找出深藏于其中的端倪，确保账目信息的真实性，就要求我们懂得如何查账，如何严密地查账。

常识 57　什么叫查账？

同样是面对一本账，在外行人看来，有人会觉得是"天衣无缝"，是不存在任何问题的，但是一个经验老道的会计工作人员却总能从各种数字的间隙中找出错误，最终发掘出被这些数字表象所掩盖的事实真相。

要想自己不成为一个被人嘲笑的门外汉，你就必须对查账的方式与目的有一个全面的了解。

查账是对会计凭证、会计账簿、会计报表及其他财务资料信息进行分析、检查，从而找出异常和舞弊之处。必要的时候，也需要对统计资料、核算资料和其他经济信息资料进行分析审查。

好的会计信息系统能够使行为不轨的人暴露出来。有违法乱纪行为的人为逃避责任，总是想方设法地进行掩饰，其主要的掩饰手法就是财务造假、制造混乱。这时就需要借助严密的审核制度与查账方法，对账务管理进行定期检查验对，以求账目信息真实，杜绝各种违法乱纪行为的发生。常见的查账形式有自我检查和专业检查两种。

1.自我检查

自我检查是发动查账客体自我教育的查账形式，具有检查面广、时间集中、省时效高的优点，一般适宜于解决比较明确而带普遍性或行业特点突出的问题，但难以解决那些比较突出而又隐蔽性强的问题。自我检查有以下两种方法：

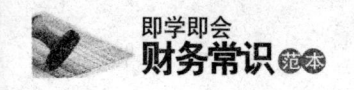

(1)单位自查

被查企业在学习相关政策法规基础上,按照统一部署和要求,对自身的经济活动进行自我检查。

(2)单位互查

在统一组织和指导下,按系统、行业或地域划分,组织检查单位相关人员,进行交互检查。

2.专业检查

专业检查是由专门机构或部门组织的对被查企业会计资料进行的检查。常见的形式有以下3种:

(1)专门检查

由专门检查机构(如审计机关、税务稽查机关、财政检察机关、会计师事务所、税务师事务所等)组织检查,以及专案检查组织进行的检查等。

(2)财税大检查

财税大检查是由中央或省、市统一部署,统一组织的全面检查活动。在财税大检查中,可以发动企业限期自查,开展互查,但主要的还是从财政、税务、审计、企业管理部门等方面抽调人力,在区域内有计划、有步骤、有重点地进行检查。

(3)复查或验收检查

复查或验收检查是在由下级机关组织检查的基础上,由上级机关组织力量,对重点或具有代表性的企业单位进行的抽查,借以评价其总体检查质量和管理状况,指导工作。

常识58 查账的基本步骤是什么?

查账工作必须有章可循,才能确保查账工作顺利进行,最终起到应有的作用。查账工作的步骤总的来说可划分为3个阶段:准备阶段、实施阶段和终结阶段。

1.准备阶段

准备阶段是查账全过程的第一步,在整个查账过程中占有非常重要的作用,其工作质量的好坏与否直接影响和决定以后查账实施的质量和进度。通常,

越是复杂的查账项目,准备工作的量就越大,时间也越长。准备的工作内容一般包括:

(1)明确查账对象、目的和要求

查账人员必须明确面临的工作形势、查账的工作性质,以及查账委托人所要求达到的要求和查账目标,明确达到该目标所涉及的工作深度和广度。

(2)配备查账人员,组成查账小组

查账小组一般由多人组成,组员的配备要考虑其年龄结构、能力结构、工作特长等因素。小组人员应当能够综合解决诸多专业问题。

(3)查账人员统一认识,明确有关要求

查账人员必须针对具体查账目的开展对有关政策、法律法规、制度和规定的学习,通过学习,掌握查账的基本依据,明确具体查账项目的相关要求。

(4)收集资料,了解被查企业情况

查账人员应当根据此次查账的目标和查账要求收集相关的会计资料、统计资料、计划资料和其他有关的经济资料,对被查企业的人事情况和工作情况也应当进行了解,掌握被查企业内部组织、职能分工及企业的生产、购买、销售各个环节的情况。找出被查企业的薄弱环节和漏洞,确定查账的重点。

(5)拟定查账方案

在确定查账重点的基础上,根据查账任务和要求,对实施查账的步骤、分工、协作、重点内容、时间安排等做出具体计划方案。科学合理的查账方案可以使查账人员提高查账效率,围绕重点内容开展工作,避免重复劳动或无效劳动。

2.实施阶段

实施阶段是查账过程中最重要的部分。查账人员通过一系列查账方法和技巧运用,揭露被查企业经济活动和会计资料中存在的问题,查证落实问题,最终圆满完成查账任务。该阶段包括以下几个方面:

(1)通过与被查企业领导和有关人员商谈,说明查账的目标,听取对方意见,取得各方面人员的理解和支持。

(2)深入被查企业现场进行实地观察。

(3)收集、审阅、核对被查企业的会计资料和其他经济活动资料。

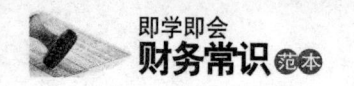

(4)对比分析,形成查账工作底稿。

3.终结阶段

终结阶段是查账的最后步骤,是对整个查账工作的总结,对查账过程中发现的有悖真实性、合法性和效益性规则的经济活动进行定性、定量的分析和判断,并最终形成查账结果——查账报告,最后根据委托人的要求提出处理或处罚意见,具体工作内容如下:

(1)综合整理资料,分析存在问题。

由查账小组负责人或小组成员根据掌握的资料和实施阶段收集的证据,对收集来的资料进行分类整理,分析其中存在的问题,并提出相应处理意见。

(2)查账人员集体会审,形成查账结果初步报告。

整理完查账资料后,查账人员应将所有问题的性质、现状及处理意见集中起来进行集体研究,在查账小组内部达成共识。此时可邀请主管领导、部门负责人、政策咨询人员参加,以确保处理意见的准确合理。

(3)征求被查企业对初步报告的意见。

查账小组内部意见统一后,应征求被查企业对查账工作和处理结果的意见,对提出的有异议的问题,应与被查企业仔细核对,逐项落实定案。应允许被查企业保留意见并做出相应记录。

(4)最后定稿,向委托人递交。

查账小组和被查企业统一意见后,应写出查账报告并向委托人和有关领导与部门递交。查账报告应包含的主要内容:被查企业的基本情况、查账的目的、要求与范围、查账的情况和方法、查出的问题和性质、最终的处理意见、对被查企业经济活动的评价和建议等。

常识59 查账的基本方法有哪些?

查账方法是查账人员在查账过程中,用来作用于查账对象,发挥查账功能,收集查账证据,实现查账目的,完成查账任务的技术和手段的总称。查账方法是为查账目的和任务服务的,是客观公正、实事求是原则的应用,也是决定查账成功与否的重要因素。

不懂查账方法或查账方法的技巧训练,查账方法运用不熟练或选择不当,会直接削弱查账的有效性,降低查账效率,影响查账结果。因此,查账方法和查账技巧在整个查账过程中起着相当重要的作用。

查账方法按照作用来分,可以划分为查账的基本方法和技术方法两类。查账的基本方法有顺查法和逆查法、详查法和抽查法等。查账的技术方法有检查、观察、询问、函证、分析比较,以及其他程序如直加、横加、调节、再计算等,各种方法都有其特定用途。下面对每种方法进行了简要的概述。

1.顺查法

顺查法,又叫正查法,是指针对查账目标,根据会计业务处理程序依次进行检查的方法。它适用于一些业务规模不大或业务量较少的企业单位、管理工作混乱且存在严重问题的企业单位。

顺查法的优点是:范围全面且审查仔细,很少有疏忽和遗漏的地方,并且容易发现会计记录及财务处理上的错弊,因而可以取得较为准确的审计结果。其缺点是:耗费较多的人力、财力、物力且效率低,很难及时把握查账的重点。

通常来说,顺查法所遵照的基本程序如下:

(1)审阅和分析原始凭证

审核检查原始凭证是顺查法的起点,也是顺查法的关键步骤,其具体内容有以下几个方面:

①审阅原始凭证上应具备的要素是否齐全,手续是否完备。审阅时应注意凭证上是否写明填制单位的名称、日期、填制人姓名、经办人签章及接受单位的名称、经济业务内容、数量、单价、金额等。倘若缺一要素,就代表手续不全,凭证不具有合法性。

②将原始凭证上反映的经济业务与实际内容进行比较,如果原始凭证上写明的经济业务与实际内容不符,则有舞弊或伪造凭证的嫌疑。

③将不同时期同类原始凭证上的相关要素进行对比分析。如将凭证上的价格、业务内容等进行比较。对同类经济业务的变动情况要做到知根知底。

④对原始凭证上的异常及本身特性进行分析比较,如凭证有无被涂改、伪造、内容不符、签章异常等情况。

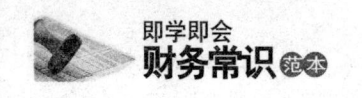

⑤复核原始凭证上的数量、金额,并对其结果进行判定。

(2)核对凭证

核对凭证就是核对原始凭证与记账凭证的相符性。主要查对经济业务摘要、所用科目、核算内容、记账方向、所记金额、附件张数等与所反映的内容是否一致。

其目的是为了查明记账凭证的相关内容与原始凭证所记录的内容是否相符。由于重大的差错与舞弊经常源于记账凭证,所以这也是顺查法中最重要的一环,应认真、谨慎对待。

(3)账证核对

账证核对是将记账凭证与有关的日记账、明细账、总账进行核对。主要针对其摘要说明、所用会计科目、记账方法、所记数量、单价及金额等进行核对。

其目的在于查明账证之间在登账过程中抄录的差错或弄虚作假等方面的问题。

(4)账账核对

账账核对是将总账与所属相关的明细账、日记账进行核对。

其目的是为了查明各总账科目与其所属的明细账、日记账的内容是否相符一致。

(5)账表核对

账表核对是将有关总账及明细账的记录与报表进行核对。其目的是为了查明账表记录是否相符一致,报表之间的钩稽关系是否正常。

(6)账实核对

账实核对是将涉及实物的负债账项记录与实存物进行核对,借以发现有无贪污、浪费等不法行为。

其目的是为了查明实物存在的价值与账上所记录的是否相符一致。

2.逆查法

逆查法,是按照会计记账程序的相反方向依次进行的查账方法。这种方法正好与顺查法的顺序相反,主要是针对查账目标,经由报表、账簿查至凭证。

逆查法主要采用审阅和分析的技术方法,根据重点、疑点,逐个进行追查。比如,它先通过对会计报表的分析,提示财务活动中的一些薄弱环节及反常现象,掌握重点,再由此追溯到各总账、各明细账、各相关凭证。

逆查法主要适用于对一些大中型企业以及内部控制制度完善的企业的审计。其优点是取证的范围小,有一定的审查重点,能够节约查账的时间,提高查账的工作效率,也是当今普遍采用的一种查账方法。但其缺点在于:仅凭查账人员的经验判断划出重点,对其进行审查,必会造成遗漏且保证不了查账质量。如果查账人员责任心不强,能力有限,往往会加大其失误的可能性。

通常,逆查法所遵照的基本程序如下:

(1)审阅和分析会计报表。

审阅与分析会计报表是逆查法的起点,也是最关键的步骤。通过对它的审查,可以发现疑点,划出重点,明确审查的主攻方向。

①审查各类报表是否齐全。主要包括主表及其附表。

②审阅报表的编制技术是否符合要求。主要包括规定的格式、应填的项目及单位经济活动等情况是否相符。

③审阅报表编制的依据是否符合规定。包括表中的期初数与上期报表的期末数是否相符、计划数与核定的计划数是否相符、本期数是否与相关账面记录相符、统计资料与原始资料是否相符等。

④审阅报表间的钩稽关系是否正确。主要包括表内的平衡衔接是否正确等。

⑤审阅报表中有关项目的增减变动是否正常、指标所反映的经济活动是否合理等。主要包括财物实存是否正确、债权债务是否真实、盈亏情况等。

(2)核对总账、明细账及日记账。

(3)核对总账科目及其所属的明细账。

(4)审核有关的明细账、日记账,并在此基础上抽查核对记账凭证及所附的原始凭证。

(5)审查分析原始凭证及进行账实的核对。

在实际工作中,顺查法与逆查法不能机械地使用,必要时二者可以结合起来使用。

3.直查法

直查法,是指直接从同特定查账目标之间有联系的明细账的审阅和分析开

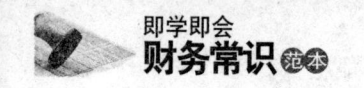

始的一种查账方法。主要适用于一些管理比较规范、账目资料齐全的企业。

直查法的优点是：使用起来灵活方便，可以根据需要向凭证和报表两边延伸，又能抓住重点，较快地查出问题，提高工作效率。直查法既克服了顺查法事无巨细、效率低下的查账方式，又克服了逆查法要在高度综合概括的会计报表中捕捉问题的局限性。直查法的应用非常广泛，效果也很好。唯一的缺点就是，不能作出十分精确的查账结论。

直查法所遵循的基本程序一般是：

(1)根据查账的具体目标，确定需要审查的明细账种类。

如果确定的明细账与查账目标无关，则会造成查账资源的浪费，影响查账工作效率及本身的效益。如果不能将与查账目标有关的明细账确定在审查范围之内，则查账目标也难以达成。因此有必要凭借查账人员自身积累的经验及逻辑关系来详尽地明确相关的明细账。

(2)审查并分析明细账。

①审阅明细账的设置是否符合统一会计制度的要求和本企业的实际情况。这是因为，不按统一的会计制度的要求设置明细账，或设置含糊不清，往往会成为舞弊的"温床"。

②审阅账户的格式和摘要是否符合要求、内容是否清楚。主要包括账页是否进行连续的编号，有无缺页、空行、跳页等；书写是否符合要求，有无任意涂改、摘要内容含糊不清等情况。

③审阅明细账的发生额是否合理，有无超出常规等现象。主要包括应该有的发生额或是不应该有的发生额是否在账上如实反映：发生的数量和金额有无违反常规，是否要与实际发生的经济活动对比分析。

④审阅明细账余额有无异常等情况。主要包括某些明细账户余额会在库存现金、商品、材料等实物上出现赤字余额等。在明细账余额的审阅分析中，只要留心每个细微的疑点，发现问题是不难的。

⑤审阅其他应注意的事项。主要包括有无提前结账的情况，红字的冲销、更正、补充等记录是否正常合理。

⑥复核明细账中的有关实物数量和金额指标。主要包括实物账与现金、银

行日记账的发生额与余额的计算及材料、库存商品与账中成本的复核。

(3)核对记账凭证及其所附的原始凭证,或核对账账、账表。

①根据明细账审阅与分析发现的疑点,运用直查法追踪核对记账凭证及其附的原始凭证,以查明账证、证证之间是否相符,处理是否符合制度规定等情况。

②可以采用顺查法核对账账及账表,来查明彼此之间的账是否相一致。

(4)审阅分析凭证和账表。

①核对账证、证证、账账、账表之间是否相互一致。

②相应的凭证与账表进行综合分析,判明其经济活动的真实、合法和有效性。

4.详查法

详查法,是指对该企业在一定时期内的所有活动、工作部门及其经济信息资料,采取精细审查程序,进行细密周详的审核的一种方法。

详查法主要适用于一些经济业务较少、会计核算简单的单位或为揭露重大问题而进行的专案审查。其优点是对全部资料进行逐一验证,要对所核对的所有凭证、账簿、报表等加以分析,能够较全面地查明问题并作出精确的查账结论。缺点是,由于要审查全部的账表单证,工作业务量大,费时费力,成本高,周期长等。由于详查法缺点较多,现代的查账过程中一般很少使用。

5.抽查法

抽查法,是指查账人员在执行查账程序时,从被查对象总体中,按照一定的方法,有选择地抽选一定数量的样本进行测试,并根据测试结果,推断总体特征的一种方法。

抽查法适用于除了对特定业务进行详细审计,或从审计对象总体中选择有特殊重要性的项目进行全部审查外,均可采用抽查法来进行审核。

抽查法的优点是摆脱了详查法不分巨细、一律审核的大量而繁重的工作,具有高效率、低费用、省时省力的特点。缺点是由于抽查法的时间和范围的局限性,如果方法运用不当,样本选取不具有代表性,将会导致抽查结果不能代表总体,以致得出错误的查账结论。

通常,抽查法所遵循的基本程序是:

(1)确定审查总体的范围。

查账总体是指被审查对象的所有项目的集合。查账人员在进行抽查时,首先要确定查账总体的范围,即确定要审查哪些经济业务或会计资料,以及被审查的总体应包括哪些项目等。查账人员在确定审查总体范围时,应注意以下几个方面:

①项目的相关性。即被审查的总体范围应与查账目标相关。

②项目的同质性。即总体中的所有项目要有相同或类似的特性,不同性质的项目不应包括在同一总体之内。

③项目的可辨性。即所有项目都要有能够识别的标志,否则不能合理地确定总体范围。

(2)样式的设计与选取。

样本样式,是指围绕样本的性质、样本量等方式要求所进行的计划工作。选取已设计确定的样本有多种方法可供选择,如随机、系统选样等。不管采用哪一种方法,均应保证其样式的代表性。

(3)审查、评价样本项目。

查账人员待抽取样本项目后,就要对其进行仔细审查,并将审查结果记录在查账的工作汇报中。在审查其样本项目时,应根据审查对象的特点和审查目的,选择使用恰当的查账技术方法。如果发现的错弊较多或性质较严重,应增加样本的数量,扩大抽查范围,甚至在条件允许的情况下,对全部审查对象进行详查,以便把错弊彻底、全面地查清。

(4)作出查账的结论。

查账人员在审查样本项目的基础上,应根据所取得的证据,确定查账证据是否满足某一被查对象的总体特征,从而得出相关的查账结论。

常识 60 查账常用的技术方法是什么?

上面讲述了查账所遵循的各种方法,在具体查账过程中,有了具体步骤作为遵循依据之后,还必须掌握各种有效的查账技术,这样才能使查账工作在现实中有效开展,发现其中的问题,让查账工作发挥应有的效用。

在查账的过程中，最常用的一些技术方法有审阅法、复核法、核对法、核实法、盘存法、调查法，以及分析法。下边一一进行论述。

1. 审阅法

审阅法是指查账人员对被查企业的会计资料和其他资料进行详细阅读和审阅。运用审阅法可以查证或发现被查企业会计资料（发票、单价、凭证、账簿、报表等）有无涂改、计算错误、收支不合理、不合法的会计错误与弊端。

2. 复核法

复核法是指查账人员对被查资料进行重复验算和验总（验证合计数）。

(1) 对凭证的复核：包括复核原始凭证和复核记账凭证。复核原始凭证要看原始凭证的数量与单价的乘积是否等于总金额；各物品的金额是否等于合计金额；小写金额是否等于大写金额等。复核记账凭证时应观察记账凭证借方金额合计数是否等于贷方金额合计数；记账凭证的数额是否与原始凭证的数额相符；记账凭证所记录的内容是否与原始凭证的内容相符。

(2) 对账簿的复核：账簿中所记录的单项发生额之和（是否等于发生额合计数；期初余额加减贷方发生额后，是否等于期末余额等）。

(3) 对会计报表的复核：会计报表中各项目数字之和，是否等于小计、合计或总计数；表中百分比和其他指标的数值是否计算正确。

3. 核对法

核对法是指把会计记录和其他有关记录中相关的两个或两个以上的数据进行对照比较，以确定其是否正确的方法。它是查账工作常用的、基本的方法之一。

企业一种经济业务的发生，往往有与之相联系的多种业务的发生。这些相联系业务各自的原始凭证（如发票、发货单等）提供了原始凭证之间进行相互核对的条件，可以相互印证，从中发现疑点和问题。各账户上的发生额与相应的凭证上的数额应当一致，运用账证核对可以发现登账过程中抄录的差错或弄虚作假等其他方面的问题。通过有关账目记录与报表有关项目的核对，查明是否严格按照账簿记录编制报表，有无虚构、篡改报表项目数字，混淆会计期间的情况，以查证会计报表的正确性和真实性。账单核对指本单位的有关账目与外单位的单证之间的核对。

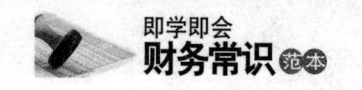

【例9-1】某收款凭证上的金额为680元,但所附的4张原始凭证(收据或发票)上的合计金额为860元。通过二者核对,这可能是笔误,将860元错写为680元,也可能是故意将收到的860元写为680元,贪污180元,发生会计舞弊。

4.核实法

核实法是会计资料与实际情况进行对照比较,用以确定账面记录与实物数量是否相符的查账方法。主要有两种方式:结合盘存法对会计资料与实物进行对照比较;结合调查方法对会计资料与实际情况进行对照比较。

5.盘存法

盘存法是指根据账簿记录对库存现金和各项财产物资进行实物盘点,以确定企业资产是否完整。盘存法是查账的重要方法。由于盘存的对象是现金和实物,因此盘存的时机选择应当适宜。如现金的盘存最好不要在发放工资的时候。

6.调查法

调查法是指查账人员通过观察、查询、函证等方式,对被查企业进行审查的方法。这种方法有利于查明问题,判明真相或发现新的查账线索,尤其对于贪污盗窃、严重违法乱纪等专案审查,具有重要的作用。调查法包括以下几种方式。

(1)观察法。观察法是查账人员在现场对被查企业的经济活动及其管理、内部控制制度的执行、仓库保管等情况实地察看,以发现其中存在的问题和薄弱环节的方法。

(2)查询法。查询法是查账人员通过询问的方式,取得必要的资料或证实某个问题的方法。查询通常有口头查询和书面查询两种方式。

(3)函证法。函证法是查账人员为了弄清某个问题,通过发函向有关单位或有关人员进行查对,并向对方取得证明资料的调查方法。实际工作中,对往来账款、外来凭证和购销业务不能确认或有疑问时,都可以采用函证法。

(4)鉴定法。鉴定法是对书面资料、实物和有关经济活动等问题的分析和鉴别,超过一般查账人员的能力,而邀请专门部门或人员运用专门技术进行鉴别的方法。

7.分析法

分析法是指查账人员通过对该企业审查项目的有关内容所作的对比与分

析,从中找出项目之间的差异以及各项目的构成因素,以提示其中有无问题,从而为进一步查账提供线索的一种专门方法。

分析法按其对象,分为比较分析法、账户分析法、相关分析法、平衡分析法、因素分析法几种,下面按其常用的分析法做具体说明。

(1)账户分析法

账户分析法是对总分类账、明细分类账、日记账及备查账中的摘要、结余额、发生额、入账时间、账龄及对应关系等进行分析,以判断账户记录以及所反映的经济活动是否正确、可靠的一种分析方法。例如,将账户的对应科目相联系,可以分析是否存在不正常的关系;对往来账户、财产物资账户按照账龄进行分析,可以判断是否存在不合理占用等情况。

账户分析法,通常采用下列三种具体方法:

①按账户借贷方对应关系进行分析,查明有无不正常、不合理的对应关系。

②对账户的本期发生额和余额进行分析,查明其内容是否正确、合理,有无错弊和异常现象。

③把两个以上相关账户内容结合起来分析。将固定资产、累计折旧这两个账户编制成一份表进行分析,可以看出这两个账户之间的对应关系是否正确。在一般情况下,固定资产账户余额减去折旧账户余额,应等于固定资产净值。如果不相等,则说明账户对应关系及其记录可能有差错。

采用账户分析法,对于发现会计原理运用上的错误、会计分录上的错误和记录中的错误甚为有效。但企业账户较多,查起来费时费力,一般适用于审查对应关系容易搞错的账户或容易发生错弊的账户。

(2)平衡分析法

平衡分析法,是指根据复式记账原理和会计制度的规定,以及经济活动之间的内在依存制约关系,对应该存在的内在制约关系的有关项目进行计算或测定,以检查其制约关系是否存在,并揭示其中有无问题的一种分析方法。这种方法通常是通过对存在依存制约关系的数据计算或测定进行查账的。

平衡分析法可以检查和发现企业经济活动的不平衡状况,以便及时采取措施,保证经济活动的顺利进行和平衡发展。例如,运用会计恒等式对比分析变

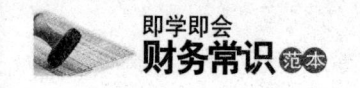

化;运用过程平衡分析不同时期变化等。它主要适用于存在内在依存制约关系的数量或金额指标的一般性审查。当使用比较分析法难以奏效时,一般使用平衡分析法。

(3)因素分析法

因素分析法是一般分析方法中最基本的分析方法之一,它是从影响指标变动的各个因素中,采用一定方法来分别确定各个因素变动对指标影响程度的一种审查方法。

常识 61 会计报表的综合审查应如何操作?

1.资产负债表的审查

通过对资产负债表进行审查,可以证实公司真正拥有的资产和承担的任务,证实投入公司资本的保值和增值情况,证实公司的偿债能力和获利能力,以及所拥有的经济实力和发展能力。对资产负债表的审查包括资产负债表综合审查和资产负债表分类审查。

(1)资产负债表常见错弊

①依据不明,账簿记录与资产负债表反映的数据不相符。

②对资产负债表进行人为平衡,破坏了报表内部的联系和正常的钩稽关系,从而失真。

③项目分类不正确。如未按规定将资产负债表分为资产、负债、所有者权益三大项和具体的小项,归入各项目的数据不真实。

④报表格式不规范。主要指资产负债表格式不合规,项目不完整,未按规定填表,少记、漏记或错记有关项目的数据。

⑤其他人为了造假,提供不真实的会计信息。

(2)资产负债表综合审查

①要从资产负债表本身的结构、编制技术等方面进行审查。具体来说,就是要审查:

资产负债表的结构、形式是否符合《企业会计制度》的要求,报表内的各项目、指标是否填列齐全,有无漏填、错行、错格等问题。

按照财务会计的平衡原理,资产负债表中资产合计数是否等于负债和权益合计数,表内有关资料、数据的汇总是否正确。

资产负债表中所反映项目的数据与有关账簿中的数据是否一致,即账表是否一致。

②资产负债表综合审查,即需要核对与其他会计信息的一致性。具体指根据会计报表与账簿、账簿与账簿、账簿与实物、账簿与凭证一致性的原理,审查和核对总分类账簿的期末余额、各种明细分类账簿的期末余额;审查各种凭证是否齐全正确;审查实物保管是否完整无缺。总之,要审查账表、账账、账证和账实是否相符。

③资产负债表综合审查,即还需要核对资产负债表与其他各种报表的钩稽关系。由于资产负债表和其他各种报表是各项经济指标有机的组合排列,各项经济指标之间存在着密切的内在联系,相互衔接,互相补充,因此,为了证实资产负债表内反映的数据是否真实正确,有必要对报表之间的钩稽关系进行认真审查。在此基础上,要根据报表所提供的资料,计算、分析各项经济指标。

在审查资产负债表时,特别要注意那些通过复杂计算得出的项目,如果财务人员愿意,可以更改任何一个账户,特别是不容易直接看出的账户的数字为自己牟利。因此,无论是公司管理者亲自查账,还是内部审计人员查账,注意账户在计算上是否存在问题是很重要的,但是有一点必须明确,并不是每一次数据的错误都是由会计人员的主观过失造成的,有的可能属于会计差错。

2.利润表的审查

利润表是会计错弊发生频率最高的会计报表之一,如子公司或分公司常常乱挤成本,截留收入,隐瞒利润,来骗取母公司的资金。所以,公司管理者应重点对其进行审查。

(1)利润表常见错弊

①依据不明,账簿记录与报表反映的数据不相符。

②表中项目所列内容不真实。如费用归类不恰当、收入确认不正确、各种收入划分不清。

③表中项目的数字填列不正确。如销售成本多计或少计,从而导致利润指

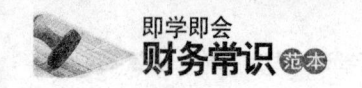

标不真实并影响所得税的正确性。

④报表格式不合规。主要指利润表格式不合规,项目不完整,未按规定填表,少记、漏记或错记有关项目的数据。

(2)利润表的综合审查

①审查利润表中各项目的计算。审查利润表中各项目的计算是否正确。

②审查利润表中各有关项目数字的来源是否正确。由于利润表中大多数项目的数字是根据账簿中的数字填列的,所以可以用核对的方法进行复查。

"主营业务收入"项目,可与"主营业务收入"账户当期贷方发生额减去当期借方发生额中的销售退回和销售折让后的净额核对。

"主营业务成本"项目,可与"主营业务成本"科目的借方发生额核对。审查月份报表时与当月借方发生额核对,审查年度报表时与全年借方发生额核对。

"主营业务税金及附加"项目,可与"主营业务税金及附加"科目的借方发生额核对。

"其他业务利润"项目,可与"其他业务收入"和"其他业务支出"的差额核对。

"营业费用"项目,可与有关项目的当月借方发生额、全年借方发生额核对。

"管理费用"项目,可与"管理费用"科目的发生额核对。

"财务费用"项目,可与"财务费用"科目的发生额核对。

"投资收益"项目,可与"投资收益"科目期末转入"本年利润"的数额核对。

"补贴收入"项目,可与"补贴收入"科目期末转入"本年利润"的数额核对。

"营业外收入"项目,可与"营业外收入"科目期末转入"本年利润"的数额核对。

"营业外支出"项目,可与"营业外支出"科目期末转入"本年利润"的数额核对。

报表中的"本年累计数"栏的各项数字,可与上月该表的"本年累计数"加上本月该表的"本月累计数"后的数额核对。

3.现金流量表的审核

现金流量表是以现金为基础编制的财务状况变动表,用以反映公司在一定时期内现金的流入和流出,表明公司获得现金和现金等价物的能力。现金流量的审查也分为综合审查和具体项目审查两个方面。

(1)现金流量表常见错弊

现金流量表能否充分发挥作用,关键在于现金流量表是否真实。检查中经常发现的现金流量表错弊有:

①报表格式不合规。如项目不完整,未按规定的格式填制现金流量表,少记、漏记或错记有关项目的数据。

②不按照有关账簿资料填制现金流量表项目,随意凑数字。

③计算错误或人为地调节现金流量,隐瞒或虚夸现金流量。

④表中项目所列内容不真实。如现金流归类不恰当,各种现金收入和支出划分不清。

(2)现金流量表的综合审查

现金流量表的综合审查主要是复核各种活动的现金流量是否正确。

①复核经营活动产生的现金净流量。检查现金流入内容是否完整,计算其是否正确。经营活动现金流入包括来自销售商品或提供劳务实际收到的现金。

检查现金流出的正确性。现金流出的内容主要有购买存货和各种费用支出。用于本期购货支出的现金,既有本期现购支出的现金,又有以前年度赊购、本期支出的现金;同时本期购货成本中还应包含赊购部分,因此购货支出的现金要根据本期购货成本、本期应付票据变动额、应付账款变动额加以调整求得。

②复核投资活动产生的现金流量净额。这样做可以通过审查下列几项业务活动检查投资活动产生的现金流量净额计算是否正确:

a.购买证券为现金流出,销售证券则为现金流入。

b.提供贷款为现金流出,收回贷款为现金流入。

c.购买固定资产支付的现金。

d.销售固定资产收回的现金。

e.公司受灾收到设备赔偿款为现金流入。

③复核筹资活动产生的现金流量净额。筹资活动产生的现金流量净额,可通过分析本年度有关负债和股东权益账户借贷方的变化来确定。如长期投资、长期负债和实收资本账户贷方的变化通常为现金流入,而借方变化则表示现金流出。

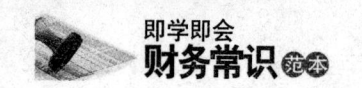

【例9-2】某公司查账人员在审查本企业2009年4月的现金流量表时,发现表中"购买商品、接受劳务支付的现金"项目金额较大,进一步审查,在"现金日记账"中发现2009年4月4日第14号现金付款凭证摘要为"付F公司打印机款",金额为6000元,在"银行存款日记账"中发现"付F公司打印机款",金额为8000元。查账人员怀疑这里可能存在舞弊行为,财会人员有贪污的可能性。

根据上述疑点,查账进行了以下追踪查证工作:

采用审阅法,先调阅4月4日第14号凭证和对应的付款凭证,发现某公司打印机款总金额达14000元。

采用核对法,查验公司所购买的打印机为普通打印机,经市场调查,发现市场同类型打印机最高价仅5000元。

采用分析法和询证法,先与售货单位取得联系,发现售货单位对应凭证存根为收某公司购货款5000元,与本公司对应凭证不符,差额为9000元。在事实面前,公司财会人员承认贪污了9000元。按公司规定,对贪污的财务人员进行处理,并要求其上缴贪污款项。

第10章　及时调账，让账目信息紧跟时代变化

> 当新会计政策出台或者发现本企业有错账时，切不可为所欲为，将错就错，而应按照会计原理及最新的会计政策，对原来的账目或者错账进行调整，使新账目能够正确反映出本企业的财务状况。

常识62　企业要调账的原因何在？

调账是指按照国家法律、行政法规和会计制度的要求，或者因为特定情况，按照会计制度规定，对原采用的会计政策、会计估计、发现的会计差错、发生的资产负债表日后事项等根据需要而做出的会计账务调整，以达到预期的或规定的结果。

关于为什么进行调账，则主要有以下几个方面原因：

第一，如果《企业会计准则》、全国统一会计制度以及其他法律法规、规章要求企业采用新的会计政策时，则应按照这些规定改变原来的会计政策，按新的会计政策执行。根据国家财务制度的要求，企业单位采用的会计政策，前后各期应当保持一致，不得随意变更。但如果因法律或行政法规、经济等原因，使得变更会计政策之后企业单位能够提供更可靠、更相关的会计信息，则应改变原来选用的会计政策，必须进行必要的调账。

第二，对于已经发生的交易或事项，应根据当时所掌握的资料作出合理的估计。如果由于当初进行估计的基础发生了变化或是由于各种原因造成会计核算的差错，在发现的当年度，就需要按有关规定进行会计账务调整。

第三，年度资产负债表日至财务报告批准报出之日期间，如果发现的报告年度及以前年度有会计差错的，应按照《企业会计准则》中的"资产负债表日后事项"的规定进行调账。

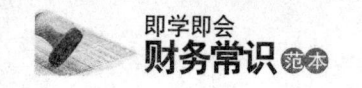

常识 63　调账有哪些具体方法？

1.追溯调整法

追溯调整法是指对某项交易或事项变更会计政策时，如同该交易或事项初次发生时应开始采用新会计政策一样，以此对相关项目进行调整的方法。

追溯调整法的运用，通常先计算会计政策变更的累积影响数，之后进行相关的会计账务处理，调整受到直接影响的相关项目，并对留存收益（包括法定盈余公积、法定公益金、任意盈余公积及未分配利润，外商投资企业还包括储备基金、企业发展基金）进行调整。在提供比较会计报表时，要对受影响的各该期间会计报表的相关项目进行调整，同时在财务会计报告附注中进行说明。

2.未来适用法

未来适用法是指对某项交易或事项变更会计政策时，新的会计政策适用于变更当期及未来期间发生的交易或事项的方法。

在未来适用法下，不需要计算会计政策变更产生的累积影响数，也无需重编以前年度的会计报表。企业会计账簿记录及会计报表上反映的金额，变更之日仍保留原有的金额，不因会计政策而改变以前年度的既定结果，并在现有金额的基础上再按新的会计政策进行核算。

3.红字更正法

红字更正法，就是在会计核算账务调整中，用红字冲销或冲减原记账数额，以调整账簿记录的一种调账方法。

在账簿中发现账户对应关系错误时，可先编制与错误分录相同的会计分录，其中金额用红字书写，冲销原来的错误分录，然后编制正确的会计分录。对于所记金额大于应记金额时，可按原来的账户对应关系编制会计分录，其金额应为原记金额大于应记金额的差额，用红字书写，以冲销多记的金额数。红字书写的金额在计算时起冲减的作用。

4.补充登记法

补充登记法是指在会计核算的账务调整中，用增记的金额更正调整账簿记录错误的一种方法。

在日常会计核算中,如果发现记账凭证上所记金额小于应记金额,并登入账簿时,可按原来的账户对应关系和原记金额小于应记金额的差额,编制记账凭证,据以记入有关账簿,达到调整账务的目的。

常识 *64* 在会计政策发生变更时如何调账?

1.会计政策的定义

会计政策是指企业在会计核算时所遵循的具体原则以及企业所采纳的具体会计处理方法。

具体原则是指企业按照《企业会计准则》和统一会计制度规定的原则所制定的、适合于本企业的会计原则;具体会计处理方法是指企业在会计核算中从诸多可选择的会计处理方法中所选择的、适合于本企业的会计处理方法。

2.会计政策变更的含义

会计政策变更,是指企业对相同的交易或事项,由原来采用的会计政策改用另一会计政策的行为。

为保证会计信息的可比性,使会计报表使用者在比较企业一个以上期间的会计报表时,能够正确判断企业的财务状况、经营成果和现金流量的趋势,一般情况下,企业应在每期采用相同的会计政策,不应也不能随意变更会计政策。否则,势必削弱会计信息的可比性,使会计报表使用者在比较企业的经营业绩时发生困难。

3.会计政策变更有哪些规定

(1)会计政策变更的有效范围

会计政策在特定情况下可以变更。一般说来,符合下列条件之一的,应改变原采用的会计政策:

①法律或会计准则等行政法规、规章的要求是指按照《企业会计准则》、全国统一会计制度以及其他法规、规章的规定,要求企业采用新的会计政策,则应按照法规、规章的规定改变原会计政策,而按新的会计政策执行。

②会计政策的变更能够提供有关企业财务状况、经营成果和现金流量等更可靠、更相关的会计信息。这一情况是指,由于经济环境发生客观改变,使企业

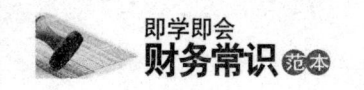

原采用的会计政策所提供的会计信息不能恰当地反映企业的财务状况、经营成果和现金流量等情况。在这种情况下，应改变原有会计政策，按变更后新的会计政策进行核算，以便对外提供更可靠、更相关的会计信息。

(2)不属于会计政策变更范围的情形

①本期发生的交易或事项与以前相比具有本质的差别而采用新的会计政策

例如，某企业以往租入的设备均为临时需要而租入，企业按经营租赁会计处理方法核算，但自本年度起，租入的设备均采用融资租赁方式，则该企业应自本年度起对新租赁的设备采用融资租赁会计处理核算。由于该企业原租入的设备均为经营性租赁，本年度起租赁的设备均为融资租赁，而经营租赁和融资租赁有着本质的差别，因此改变会计政策不属于会计政策的变更范围。

②对初次发生的或不重要的交易或事项采用新的会计政策

例如，某企业第一次签订一项建筑合同，为另一企业建筑三栋厂房，该企业对该项建筑合同采用完工百分比法确认收入。由于该企业初次发生该项交易，采用完工百分比法确认该项交易的收入，不属于会计政策变更的范围等等。

4.会计政策变更在会计报表附注中如何体现

企业应当按照有关规定，在会计报表附注中体现有关会计政策变更事项，具体如下：

(1)对会计政策变更的内容和理由进行标注

主要包括：对会计政策变更的简要阐述、变更日期、变更前采用的会计政策、变更后采用的新会计政策、会计政策变更的原因。例如，依据法律或会计准则等行政法规、规章的要求变更会计政策时，在会计报表附注中应当披露所依据的文件条目等。

(2)累积影响数不能合理确定的理由

主要包括：在会计报表附注中披露累积影响数不能合理确定的理由，以及由于会计政策变更对当期经营成果的影响金额等内容。

5.会计政策变更调账举例

【例10-1】2010年1月1日，A公司按照会计准则规定，对建造合同的收入确认由完工合同法改为完工百分比法，公司的会计资料比较齐备，可以通过会计资料进行追溯计算。假设企业所得税税率为25%。税法按完工百分比法计算收入并计入应纳所得税额。该公司按照净利润的10%提取法定盈余公积,两种方法计算的税前会计利润见表10-1:

表10-1 不同方法确认的建造合同税前会计利润

单位:元

年份	完工百分比法	完工合同法
2006年以前	2000000	1500000
2006	1200000	1000000
2007	900000	1200000
2008	1000000	800000
2009	1300000	1100000
2010	1500000	1600000

根据上述资料,A公司的会计处理如下:

(1)计算累积影响数,见表10-2:

表10-2

单位:元

年份	完工百分比法	完工合同法	税前差异	所得税影响	税后差异
2006年以前	2000000	1500000	500000	125000	375000
2006	1200000	1000000	200000	50000	150000
2007	900000	1200000	-300000	-75000	-225000
2008	1000000	800000	200000	50000	150000
2009	1300000	1100000	200000	50000	150000
小计	6400000	5600000	800000	200000	600000
2010	1500000	1600000	-100000	-25000	-75000
总计	7900000	7200000	700000	175000	525000

A公司在2010年以前安装完工百分比法计算的税前利润为6400000元,按合同完成法计算的税前利润为5600000元。两者的所得税影响合计为200000

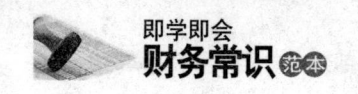

元。两者差异的税后净影响额为600000元。即为该公司会计政策变更的累积影响数。

(2)会计处理

调整会计政策变更累积影响数：

借：工程施工　　800000

　　贷：利润分配——未分配利润　　600000

　　　　递延所得税资产　　200000

调整利润分配：

借：利润分配——未分配利润　　60000(600000×10%)

　　贷：盈余公积　　60000

(3)报表调整

A公司在编制2010年度的财务报表时,应调整资产负债表的年初数(见表10-1);利润表的上年数(见表10-2)。2010年12月31日资产负债表的期末数栏、股东权益变动表的未分配利润项目上年数栏应以调整后的数字为基础编制。

表10-3　资产负债表

会企01表

编制单位：A公司　　　　　××××年××月××日　　　　　单位：元

资产	年初余额		负责和所有者权益	年初余额	
	调整前	调整后		调整前	调整后
……			……		
存货	9800000	10600000	盈余公积	1700000	1753600
			未分配利润	600000	1082400
……			……		

表 10-4 利润表

会企 02 表

编制单位：A 公司　2010 年度　　　　　　　　　　　　　　　　单位：元

项目	上期金额	
	调整前	调整后
一、营业收入	18000000	18500000
减：营业成本	13000000	13300000
……		
二、营业利润	39000000	4100000
……		
三、利润总额	4060000	4260000
减：所得税费用	1339800	1405800
四、净利润	2720200	2854200
……		

(4)附注说明

2010 年 A 公司按照企业会计准则规定，对建造合同的收入确认由完成合同法改为完工百分比法。此项会计政策变更采用追溯调整法，2009 年的比较报表已经重新表述。2010 年运用新的方法追溯计算的会计政策变更累积影响数为 600000 元。会计政策变更对 2010 年损益的影响为减少利润 95000 元。对 2009 年度报告的损益的影响为增加净利润 150000 元。调增 2009 年的期初留存收益 402000 元，其中，调增未分配利润 341700 元。

常识 65　会计估计变更时如何调账？

1.会计估计的含义

会计估计是指企业对于结果不确定的交易或事项，以最近可利用的信息为基础所作的判断。

企业为了定期、及时地提供有用的会计信息，将持续不断的经营活动人为地划分为各个阶段如年度、季度、月度，并在权责发生制的基础上，对企业的财

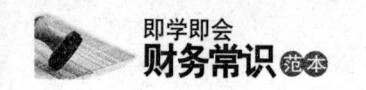

务状况和经营成果进行定期确认和计量。在确认、计量过程中,当记录的交易或事项涉及不确定的未来事项时(例如,关于未来事项是否发生的不确定性),以及关于未来事项的影响或时间的不确定时,必须予以估计入账。

2.会计估计变更的原因

由于企业经营活动中内在的不确定因素,许多会计报表项目不能准确计量,只能加以估计,估计过程涉及以近期信息为基础所作的判断。在进行会计处理时,估计是不可或缺的。例如,发生的坏账、存货损毁、预提费用和待摊费用的摊销、应计折旧固定资产的使用年限等,都需要进行估计。运用合理的估计是会计核算中必不可少的部分,并不会削弱会计核算的可靠性。

但是,估计毕竟是就现有资料对未来所作的判断,随着时间的推移,如果赖以进行估计的基础发生变化,或者由于取得了新的信息、积累了更多的经验或后来的发展变化,可能不得不对估计进行修订。对会计估计进行修订,并不表明原来的估计方法有问题或者不适当,只是表明会计估计已经不能适应目前的实际情况,已经失去了继续沿用的意义。

3.会计估计项目的范围

一般来说,下列各项属于需要进行估计的项目:

(1)各种坏账造成的损失。

(2)存货遭受毁损、变质或者部分陈旧过时。

(3)固定资产的耐用年限比以前估计缩短。

(4)无形资产的受益期比以前估计缩短。

(5)其他形式的各种损失估计不足。

(6)收入确认中的估计差异等。

4.如何区分会计政策变更与会计估计变更

企业应当正确划分会计政策变更和会计估计变更,并按不同方法进行相关的会计处理,但有时很难区分会计估计变更和会计政策变更。

例如,某企业原来按应收账款余额的 5%计提坏账准备,假如按国家现行发布的会计制度规定改按账龄分析法计提坏账准备,逾期 3 年以上尚未收回的应收账款按 20%计提坏账准备,逾期 2-3 年尚未收回的应收账款按 10%计提坏账准备,逾期2年以下未收回的应收账款按5%计提坏账准备。

对于这一事项,如果从会计政策变更角度考虑,坏账准备由应收账款余额百分比法改为账龄分析法,属于会计政策变更;但从计提比例看,计提坏账准备的比例发生了变化,属于会计估计变更。

如果不易区别会计政策变更和会计估计变更,按有关规定均视为会计估计变更,按会计估计变更的会计处理方法进行处理。

5.会计估计变更的调账方法

会计估计变更应采用未来适用法,不需要计算会计政策变更所产生的累积影响数,也无需重编以前年度的会计报表。

如果会计估计的变更仅仅影响变更当期,有关估计变更的影响应于当期确认。如果企业原来按应收账款余额的5%提取坏账准备,由于企业不能收回应收账款的比例已达10%,则企业应改按应收账款余额的10%提取坏账准备。这种会计估计的变更,只会影响变更当期。

如果会计估计的变更既影响变更当期又影响未来期间,有关估计变更的影响在当期及以后各期确认。比如,可计提折旧固定资产,其有效使用年限或预计净残值的估计所发生的变更,常常影响变更当期及资产以后使用年限内各个期间的折旧费用。因此,这类会计估计的变更,应于变更当期及以后各期确认。

会计估计变更的影响数,应计入变更当期与前期相同的项目中。为了保证不同期间的会计报表具有可比性,如果会计估计变更的影响数以前包括在企业日常经营活动的损益中,则以后也应包括在相应的损益类项目中;如果会计估计变更的影响数以前包括在特殊项目中,则以后也相应作为特殊项目反映。

6.会计估计变更应披露哪些事项

企业应当按照会计准则的规定,在会计报表附注中披露如下会计估计变更事项:

(1)会计估计变更的内容和理由,包括变更的内容、变更的日期,以及为什么要对会计估计进行变更。

(2)会计估计变更的影响数,包括会计估计变更对当期损益的影响金额,以及对其他各项目的影响金额。

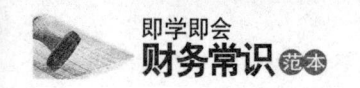

(3)会计估计变更的影响数不易确定的理由。

7.会计估计变更调账举例

【例10-2】B公司于2007年1月1日起计提折旧一台管理用设备,原始价值为84000元,估计使用年限为8年,预计净残值为4000元,按直线法计提折旧。到2011年年初,由于科学技术的进步等原因,需要对原估计的使用年限和净残值作出修正,修订后该设备的尚可使用年限为2年,净残值为2000元。采用未来适用法进行处理。

B公司对上述会计估计变更的处理有以下几个步骤:

(1)不调整以前各期折旧,也不计算累积影响数。

(2)变更日以后发生的经济业务改按新的估计提取折旧。

按原估计,每年折旧额为10000元[(84000-4000)÷8],已提折旧4年,共计40000元,固定资产账面净值为44000元。则第5年相关科目的期初余额如下:

固定资产　　　84000

减:累积折旧　　40000

固定资产账目价值　　44000

改变预计使用年限后,2011年起每年计提的折旧费用为21000元[(44000-2000)÷2]。2011年不必对以前年度已提折旧进行调整,只需按重新预计的尚可使用年限和净残值计算确定年折旧费用。处理如下:

借:管理费用　21000

　　贷:累计折旧　21000

(3)附注说明。本公司一台管理用设备,成本为84000元,原估计使用年限为8年,预计净残值4000元,按直线法计提折旧。由于科学技术的发展,该设备已不能按原估计使用年限计提折旧,本公司于2011年年初起变更该设备的使用年限为2年,预计净残值2000元,以便真实反映该设备的耐用年限和净残值。该项会计估计变更影响本年度净利润减少8250元[(21000-10000)×(1-25%)]。

常识 66　会计差错更正如何调账？

1.什么是会计差错

会计差错是指在会计核算中，发生于计量、确认、记录等方面的差错。也就是说，会计差错包括：在填制记账凭证时或登记账簿时数字有误、记账方向出错、会计科目的使用不正确等内容。

2.产生会计差错的原因

会计差错是由许多原因造成的，常见的有以下几种：

(1)违反法规、制度的差错

具体是指企业采用法律或会计准则等行政法规、规章所不允许的会计政策。比如，按照会计制度的规定，为购建固定资产而发生的借款费用，在固定资产尚未交付使用前发生的，应予资本化，计入所购建固定资产的成本，即发生利息支出时，借记"在建工程"科目，贷记"银行借款"科目；在固定资产交付使用后发生的，计入当期损益，发生利息支出时，借记"财务费用"科目，贷记"银行借款"。如果企业固定资产已交付使用并办理竣工结算后所发生的借款费用，也计入该项固定资产的价值，予以资本化，则属于采用法律或会计准则等所不允许的会计政策，应予以调整账目。

(2)账户分类及计算错误

比如，企业购入 5 年期国债，意图长期持有，但在记账时却记入了短期投资，导致账户分类上的错误，并导致在资产负债表上流动资产和长期投资的分类同时发生错误。

(3)会计估计错误

比如，企业在估计某项固定资产的预计使用年限时，多估或少估预计的使用年限，从而造成了会计估计错误。

(4)漏记已完成的交易

比如，企业销售一批商品，商品已经发出，开出增值税专用发票，商品销售收入确认条件已满足，但企业在期末时未将已实现的销售收入入账。

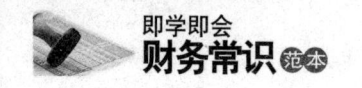

(5)对事实的忽视和误用

比如，企业对于某项建造合同应按建造合同规定的方法确认营业收入，但该企业却按确认商品销售收入的原则确认收入等等。

(6)资本性支出与收益性支出的划分有误

比如，工业企业发生的管理人员工资，一般作为收益性支出；而发生的在建工程人员工资，一般作为资本性支出。如果企业将发生的在建工程人员工资计入了当期损益，则属于资本性支出与收益性支出的划分出错。

3.会计差错更正的调账方法

为了保证经营活动的正常进行，企业应当建立健全内部稽核制度，保证会计资料的真实、合法和完整。但是，在日常会计核算中，有可能由于各种原因造成会计差错。当企业发现会计差错时，应当根据差错的性质及时纠正。

会计差错的更正，应按以下规定进行处理：

(1)如在本期发现属于本期的会计差错，应调整本期相关项目。

【例10-3】企业将本年度工程人员的工资计入管理费用时，应将计入管理费用的工程人员工资调整计入工程成本。而某企业在工资分配时，将从事在建工程项目人员的工资50000元计入了管理费用，原会计处理为借记"管理费用"50000元，贷记"应付工资"50000元；调整后会计处理应为借记"在建工程"50000元，贷记"管理费用"50000元。

(2)如在本期发现属于以前年度的会计差错，按以下规定处理：

①非重大会计差错，指不足以影响会计报表使用者对企业财务状况、经营成果和现金流量作出正确判断的会计差错。

对于前期的非重大会计差错，不调整会计报表相关项目的期初数，但应调整发现当期与前期相同的相关项目。属于影响损益的，应直接计入本期与上期相同的净损益项目；属于不影响损益的，应调整本期与前期相同的相关项目。

比如，某企业2009年发现2008年管理用设备的折旧费用少提了40000元，对于这一非重大会计差错，企业应将少提的40000元折旧费用，计入2009年的管理费用中，同时调整累计折旧的账面金额。会计处理为借记"管理费用40000"，贷记"累计折旧40000"。

②如果发生的是重大会计差错并影响到损益的,应将其对损益的影响数调整为发现当期的期初留存收益,会计报表其他相关项目的期初数也应一并调整。如果不影响损益,应调整会计报表相关项目的期初数。

【例10-4】某企业于2009年发现2008年应计入工程成本的利息费用100000元计入了2008年度的损益。发现该项差错后,企业应调整增加工程成本100000元;增加2008年度的利润总额100000元;增加2008年度净利润67000元[100000×(1-33%)];调整增加未分配利润67000元(假如不考虑提取盈余公积等因素);调整增加应交税金33000元。该企业应在2009年度的资产负债表中,调整未分配利润、应交税金、在建工程等项目的年初数。

(3)在编制比较会计报表时,对于比较会计报表期间的重大会计差错,应调整各项期间的净损益和其他相关项目,视同该差错在产生的当期已经更正。对于比较会计报表期间以前的重大会计差错,应调整比较会计报表最早期间的期初留存收益,会计报表其他相关项目的数字也应一并调整。

4.会计差错在会计报表附注中如何披露

对于会计差错,按《企业会计制度》有关规定,应在会计报表附注中披露以下事项:

(1)重大会计差错的内容,包括重大会计差错事项的陈述、原因以及更正方法。

(2)重大会计差错的更正金额,包括重大会计差错事项对净损益的影响金额,以及对其他项目的影响金额。

5.会计差错更正实务

(1)本期发现的与本期有关的会计差错如何更正。

【例10-5】××公司于2010年5月份发现本年1月份购入的一项管理用低值易耗品,价值1000元,误记为固定资产,并已提折旧100元。则××丰公司应于发现时进行更正,会计分录处理如下:

借:低值易耗品 1000
　　贷:固定资产 1000
借:累计折旧 100
　　贷:管理费用 100

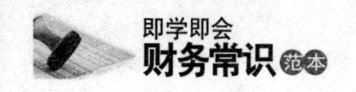

假如该低值易耗品已领用，并按规定摊销了 200 元，则会计分录处理如下：

借：待摊费用　　　1000

　　贷：低值易耗品　　1000

借：管理费用　　　200

　　贷：待摊费用　　　200

(2)本期发现与前期相关的非重大会计差错如何更正。

【例 10-6】××制衣厂在 2010 年发现 2009 年漏记了管理人员工资 2000 元，则 2010 年更正此差错的会计分录处理如下：

借：管理费用　　　2000

　　贷：应付工资　　　2000

(3)本期发现与前期相关的重大会计差错如何更正。

【例 10-7】××实业公司在 2010 年发现，2009 年公司漏记一项固定资产的折旧费用 150000 元，但在所得税申报表中扣除了该项折旧。假设 2009 年适用所得税税率为 33%，该公司所得税会计处理方法采用递延法，无其他纳税调整事项。该公司按净利润的 10% 提取法定盈余公积，按净利润的 5% 提取法定公益金。

其调整步骤如下：

①分析错误的后果：

2009 年少计折旧费用　　　150000

　　　少计累计折旧　　　150000

　　　多计所得税费用(150000×33%)=49500

　　　多计净利润　　　100500

　　　多计递延税款贷项(150000×33%)=49500

　　　多提法定盈余公积　　　10050

　　　多提法定公益金　　　5025

②账务处理：

补提折旧：

借：以前年度损益调整　　　150000

　　贷：累计折旧　　　150000

调整递延税款：

借：递延税款　　　49500

　　贷：以前年度损益调整　　　49500

将"以前年度损益调整"科目的余额转入到利润分配：

借：利润分配——未分配利润　　100500

　　贷：以前年度损益调整　　　100500

多调整利润分配有关的数字：

借：盈余公积　　　15075

　　贷：利润分配——未分配利润　　　15075

③报表调整：

××实业公司2010年度资产负债表的年初数、利润及利润分配表的上年数栏，分别按调整前和调整后的金额列出，2010年度资产负债表的期末数、利润及利润分配表的本年累计数栏的年初未分配利润，应以调整后的年初数为基础编制。

④附注说明：

本年度发现2009年漏记固定资产折旧150000元，在编制2009年与2010年可比的会计报表时，已对该项差错进行了更正。由于此项错误的影响，2009年虚增净利润及留存收益100500元，少计累计折旧150000元。

常识67　调整错账的更正方法是什么？

1.为什么要调整错账

调整错账，简称调账，是指审查人员一旦发现被审查单位在会计核算时发生错记、漏记账目或人为的舞弊行为，通过编制调整分录，通知被审查单位对其错、漏、弊等进行调整的一种方法。

调账的目的，在于使被审查单位的经济核算正确地反映其经济活动，公正地反映其财务状况、经营成果和现金流量，保护各方面的合法权益。

从某种意义来说，调整错账，是查账过程的继续，是实现查账目的的一种手段。

2.错账有哪些处理方法

一般情况下，如果在查账过程中发现错账，一经核实，应予以纠正、更正。具

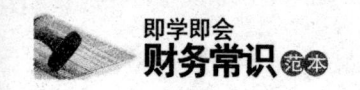

体操作时,可按以下几种情况分别处理:

(1)会计人员或审查人员在进行会计检查时所发现的错账,无论其金额多少,是否重要,一律都要进行调账。

(2)被查单位以外的审查主体在查账过程中发现的错账,应视其错弊对被审查单位财务状况的影响程度,根据会计重要性原则决定是否进行调账:如果影响不大,则只向被审查单位指明,而不必进行调账;若影响很大,则必须编制调整分录,通知(或建议)被审查单位调账。

(3)如果是年度内发现的错账,可通过编制与原错误分录相同的红字分录,对错账予以冲销,再编制正确的蓝字分录进行调整即可。但是,应注意其错误是否涉及现金和银行存款。如果涉及现金和银行存款,则不宜编制红字分录,而应根据其错误差额编制调整分录予以调账。

(4)如果是跨年度的错账,即使上年度决算已经报出。下年度发现其错误,对该错账的调整,一般要调整上年利润总额和利润分配,具体可通过"上年损益调整"科目来进行调整。如果某项开支经查明不能列为成本支出,则应从成本中剔除。如果在年度内调账,则只需要调成本账。如果在下年度内调账,就不能追溯成本的形成过程,不能调成本,而应该调整利润和所得税,即从后果上考虑是否调增上年利润总额和利润的分配。

3.调整错账的原则

(1)合规性原则

调整错账时,必须符合《企业会计准则》、《企业财务通则》、《企业会计制度》和分行业财务制度的规定,不能为所欲为,将错就错。企业更不能迎合别人的需要,名为调账,实为变相维持错误,损害国家或者其他方面的利益。

(2)科学性原则

调整错账,应符合会计原理和会计核算规程,正确反映错账的来龙去脉,清晰表达调整错账的思路。

(3)效果性原则

通过对错误账目的调整,应能正确反映被审查单位的财务状况、经营成果和资金变动,真正起到调账的效果。

(4)数量界限原则

外部审查人员在查账过程中,对于是否需要调整所发现的错账,既有一个数量上的限制,又有一个金额上的限制。所谓有一个数量界限,是指这一界限足以影响被审查单位财务状况的错账金额,当所查出的错账额单项或累计超过这一数量界限时,才予以调整。

4.调整错账应从哪入手

就错账而言,不仅有数字方面的错账,也有账户运用方面的错账;既有技术性的错误,也有歪曲被审查单位财务状况的错弊。

对于会计检查和审查人员来说,主要应注意调整那些影响被审查单位财务状况和经营成果方面的错账。一般来说,影响被查单位财务状况和经营成果的错账,无非是资产、收入、费用、负债、利润、税金和所有者权益等几个方面。

(1)资产方面的错账

资产方面的错账,主要表现在现金、银行存款、其他货币资金、应收及预付款项、材料和包装物等存货、对外投资、长期资产以及固定资产、无形资产和长期待摊费用等方面。

在现金方面,通过少记现金日记账的借方金额或多记现金日记账的贷方金额,降低库存现金数,从而贪污或挪用现金。在银行存款方面,于银行对账单上一收一付、一收多付、多收一付或多收多付,它们金额相等,又不在银行存款日记账上记录,进而贪污和挪用银行存款。

在应收账款方面,虚列应收账款或收回应收账款不入账,从而贪污货币资金。

在材料物资等存货方面,发生材料物资等存货发生盘盈、盘亏,材料等计价不正确,材料成本差异分配不当,材料丢失、毁损、账外材料、委托加工材料的错漏等错账。这些必然会影响资产负债表中与材料物资等存货有关的项目,同时也会影响损益表中的主营业务成本项目、利润项目,进而影响所得税项目。

在对外投资方面,不能划清长、短期投资的界限,对股票投资和债券投资的核算方法应用错误。

在其他资产方面,待摊费用未按规定期限摊销,摊销金额出错,应收票据、应收账款、坏账准备处理错误等。

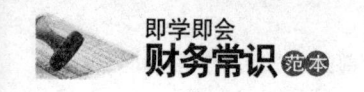

在固定资产方面，固定资产盘盈、盘亏、折旧计提范围错误、购置、报废固定资产处理错误等方面的错账，都会影响资产负债表中固定资产、累计折旧等项目和损益表中的主营业务成本、利润等项目。

上述内容的综合，可能不会正确、公允地反映企业财务状况和经营成果。因此，应根据具体情况，采取相应的措施，对错账进行调整。

(2)成本、费用方面的错账

成本、费用方面的错账，主要表现为不严格遵守国家规定的成本开支范围和费用开支标准，任意调节各期、各种产品的成本，任意提高或压低在产品的成本，从而调节库存商品成本，最终调节主营业务成本。

所有这些，都会影响资产负债表中的存货项目和损益表中的主营业务成本项目、利润项目、所得税项目等的正确性，都需要根据具体情况决定是否进行调账。

对有意进行营私舞弊、严重歪曲企业财务状况和经营成果的，必须坚决予以调账。

(3)负债方面的错账

企业的负债，分为流动负债和长期负债两种。流动负债又可分为短期借款、应付账款、应付票据、预收账款、其他应付款、应付工资、应付福利费、应交税金、应付利润、一年内到期的长期负债等；长期负债则包括长期借款、应付债券、长期应付款、其他长期负债等。

在进行账务处理时，企业可能没有正确划分流动负债和长期负债的界限，也有可能为了达到粉饰企业财务状况的目的而隐瞒负债，还有可能利用应付账款等负债账户进行贪污舞弊，而这些均会导致负债方面的错账。

上述情况，一经查出，应视具体情况采取相应的措施，对错账进行调整。

(4)所有者权益方面的错账

所有者权益类会计科目包括实收资本、资本公积、盈余公积、未分配利润等。在进行会计处理时，企业可能有随意增减资本的情况，或者将资本公积、盈余公积转为实收资本时不按《企业财务通则》规定进行结算等。

上述错误，都会影响资本负债表的正确表达，必须进行调账。

(5)利润和税金方面的错账

利润方面的错账,主要表现在以下几个方面:

①错误地核算主营业务收入和其他业务收入,任意提高或压低主营业务成本,从而影响资产负债表、损益表中各有关项目的正确表达,应视具体情况决定应采取的措施。

②其他应收未收、应付未付的收益和开支不正确入账,也会影响有关报表中相关项目的正确表达,也应进行调账。

③一些资产方面的错账,也会影响本年或上年的利润。例如,年终财产清查发现的盘盈、盘亏,都会影响上年度利润的高低,应根据具体情况进行调整。

在税金方面,尤其是实行增值税以后,有些单位不顾国家法纪,开具假增值税专用发票,多列进项税额,逃避增值税的上交;有的单位隐瞒利润,逃避所得税的上交;有的单位对产成品中自用的部分不缴纳消费税、资源税等。上述情况,都将影响损益表有关项目的正确表达,必须根据具体情况进行调账。

第四部分
财务控制常识篇

要想使企业有一个好的经营状态,那就必须掌握好财务控制这个有效的管理工具。从筹资阶段开始,就要明白自己需要什么样的钱,又该如何筹到这样的钱。在经营的开始阶段,要学会使用预算来实现资源的有效利用。在经营的过程中,要尽可能利用好手中的现金并最大程度地控制生产成本。

当一个经营者能够将财务有效控制的时候,也就使企业的管理处在了最佳的状态。

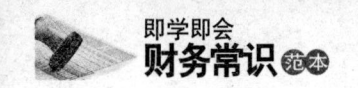

第11章 广泛筹资，为企业经营储备充足"粮草"

> 如果资金不充足，做生意就会非常困难。因此企业要想运营，就必须解决资金问题。是否要筹资，需要筹集多少资金，如何筹资等问题就成了企业首先要解决的重头戏。

常识68 筹资渠道你懂几种？

筹资渠道主要解决向谁筹资的问题，而筹资方式主要解决在筹资渠道既定的情况下，采用哪种最合理的手段来筹措资金。筹资渠道是企业筹措资金的来源和方向。筹资方式是企业筹集资金所采用的具体方式。这两者之间存在一定的对应关系。在一定情况下，某种筹资渠道只能采用特定的筹资方式，但在大多数情况下，一种筹资渠道的资金可以采用不同的筹资方式，而同一筹资方式也可能适用多种筹资渠道。具体如下：

1.国家财政资金

为了支持科技型企业的发展，改善企业筹资环境，自1999年开始，国务院批准设立科技型企业技术创新基金，由财政部每年拨款10亿元投入该项基金。该项基金从本质上而言是一种政府专项基金，其来源是中央财政拨款和银行存款利息。它不是以营利为目的，主要用于支持科技型企业技术创新项目。

2.银行信贷资金

目前，我国信贷资金的主要提供者是商业银行。我国的商业银行包括国有商业银行、其他商业银行以及区域性商业银行和外资银行等几种类型。其中，国有商业银行包括中国工商银行、中国农业银行、中国银行和中国建设银行；其他商业银行包括交通银行、中信银行、光大银行、华夏银行、招商银行、中国投资银行、中国民生银行等；区域性或地方性商业银行包括深圳发展银行、广东发展银行、浦东发展银行、上海银行等。银行信贷资金是银行对企业的各种贷款，它是目前我国企业最主要的资金来源。

3.非银行金融机构的资金

非银行金融机构的资金是指信托投资公司、保险公司、融资租赁公司、证券公司、企业集团所属的财务公司、典当行等为企业提供的信贷资金投放。如信托投资公司主要从事信托、委托、代理等融资业务；保险公司开办的金融业务主要是短期贷款、中长期投资、证券投资等；财务公司主要办理企业集团内部成员之间的存款、贷款、内部转账结算、票据贴现等融资业务；典当行是专门为企业（一般非国有企业较多）和个人提供短期融资服务的一种特殊金融机构。

4.其他企业资金

企业间的相互投资和商业信用的发生，也是企业资金的一项重要来源。如吸收直接投资、商业信用等。

5.民间资金

居民手中的节余货币，是游离于银行和非银行金融机构之外的个人资金，从而形成民间资金的渠道，为企业所用。如吸收直接投资、发行股票、发行债券等。

6.公司自留资金

公司自留资金是企业内部形成的资金，如计提固定资产折旧、无形资产摊销、产生留存收益等。

7.外商资金

外商资金是国外投资者以及我国香港、澳门、台湾等地区投资者投入的资金。

常识 69　不同发展阶段应采取什么不同的融资方式？

企业的融资方式是多种多样的，各个企业应根据企业所处的发展阶段和资金的需求状况，决定采用相应的融资方式。

我国中小企业发展周期可发为四个阶段：种子期、创业期、成长期、成熟期。在不同的发展阶段对资金的需求有不同特点，因此其资金的使用方式和资金的

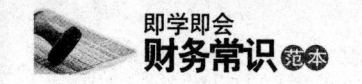

筹集方式也不同。

1. 种子期

在种子期内,企业的创业者们可能只有一个创意或一项尚停留在实验室还未完全成功的科研项目,创办企业也许是一种梦想。所以企业应该在种子期里突破技术上的难关,将构想中的产品开发出来,取得雏形产品。

此时,创业者需要投入相当的资金进行研究开发,或继续验证这个创意,好在此时所需的资金不太多。但如果这个创意或科研项目非常好,也许可以吸引一些在西方被称为"天使"的个人风险投资者。此外,创业者们还可以向政府寻求一些资助。

"天使"们通常是较为富有的人士,他们通过自己职业经历(常常是企业家或者高级咨询专家)积累了足够的财富,可以用于支持一些小型科研开发项目或创业项目。我们不应小视这些"天使",尽管他们提供的资金不多,但他们丰富的阅历和经验能够为创业者们提供很好的建议和勾勒未来的蓝图,这一点对于初出茅庐的创业者来说尤为重要。

可以说,"天使"融资方式带有十分强烈的感情色彩,创业者想要说服"天使"是得需要一定感情基础的,或者是志同道合的朋友,或者是有亲戚关系,或者得到了熟悉人士的介绍等等。

不过,这种融资的程序却非常简单。有时候,为了今后明晰产权的需要也会因此注册一个公司,但这个公司主要是作前期的研究开发工作。

种子期的主要成果是样机研制成功,同时形成完整的生产经营方案。

此时中小企业最需要的是能够长期使用的资金。主要依靠股权融资,以支付少量的流动资金和固定资金支出。这时中小企业当然希望得到各个方面的资金,但一般只会得到个人投资者的青睐,得到银行的资金支持相当困难。

2. 创业期

一旦产品研制成功,创业者为了实现产品的经济产业价值,着手筹建公司并进行试生产。在这一阶段,资金主要用于购买生产所必需的厂房、设备、生产材料、后续的研究开发和初期的销售,所需的资金是巨大的。靠创业者和"天使"们的资金也不能支持这些活动,需要的资金约是种子期的10倍,并且由于无过去的经营记录和信用,从银行申请贷款几乎是不可能的。

因此,在这一阶段的融资重点是创业者们需要向新的投资者或机构进行权益融资,这里吸引风险投资是非常关键的融资内容。因为此时面临的风险仍然非常巨大,是一般投资所不能容忍的。更为重要的是,由于风险投资机构投资的项目实在太多,一般不会直接干预企业的生产经营活动,因而特别强调未来的企业能严格按现代企业制度科学管理、规范运作,在产权上也要求非常明晰,这一点从长远来说对企业是非常有好处的,特别是对未来的成功上市融资。

由于风险投资机构的管理者是非常专业的投资专家,因此为尽量规避风险,制定了非常严格的投资程序。并对投资项目,特别是创业者及其管理团队的素质非常挑剔。创业者要想成功地融资必须作充分的准备工作,需要提醒的是,在选择风险投资时一定要考虑其实力,特别是在未来继续对企业投资的能力。

我国中小企业创业期的资金来源于创业风险投资、政府财政投资、中小企业投资公司投资、担保下的银行贷款,其融资形式以股权融资为主,信贷融资为辅。

3.成长期

经受了创业阶段的考验后,中小企业在生产、销售、服务方面基本上有了成功的把握。新产品的设计和制造方法已定型,企业具备了批量生产的能力。但比较完善的销售渠道还未建立,企业的品牌形象也需进一步巩固。

因此,企业在成长期需要扩大生产能力,组建自己的销售队伍,大力开拓国内、国际市场,牢固树立起企业的品牌形象。确立企业在业界的主导地位。

另外,由于高新技术产品更新换代的速度快,企业应在提高产品质量、降低成本的同时,着手研究开发第二代产品,以保证风险企业的持续发展。

与此同时,企业拥有了较为稳定的顾客和供应商以及较好的信用记录,取得银行贷款和利用信用融资相对来说比较容易。

但企业发展非常迅速,原有资产规模已不能满足需要。为此,企业必须增资扩股,注入新的资本金。原有的股东如果能出资当然最好,但通常情况是需要引入新的股东。此时,企业可选择的投资者相对比较多,比起创业期容易多了。需要提醒的是,这一阶段融资工作的出发点是为企业上市作好准备,针对上市所需的条件调整和改进,这次融资实际上是引进战略合作伙伴。

4.成熟期

成熟期的工作重点是完成企业上市的工作,企业成功上市如同鲤鱼跳龙门一般,会发生质的飞跃,企业融资已不再成为长期困扰企业发展的难题。因此,从融资的角度,上市成功应是企业成熟的标志。同时,企业上市也可使风险投资成功退出,使风险投资得以进入良性循环。

由于国内主板过高的门槛和向国有企业倾斜的政策,小企业最好在二板市场上市,这也和二板市场主要针对中小企业的市场定位是相符合的。目前来看,民营企业上二板市场比较多,但主要集中在美国的纳斯达克市场和香港的创业板市场。

常识 70　筹资所应遵循的原则有哪些?

企业筹资是一项重要而复杂的工作,一个企业的管理者在选择筹资方式和筹资渠道时,必须综合考虑筹资成本、筹资风险、筹资结构、资本市场状况等各个方面的因素,从企业的资本来源和资本结构出发,在不同阶段选择不同的筹资方式,以满足自身健康发展的需要。

虽然随着各种法规制度的不断完善,如今企业对筹资方式的选择也日益趋于理性化,筹资结构也朝着低风险、高稳定性的市场化方向不断发展。但是,作为一个管理者为了有效地筹集企业所需资金,必须遵循以下基本原则:

1.量力而行

可以说任何的筹资都是要付出一定代价的,这是市场经济等价交换原则的客观要求。也正由于此,企业在筹资过程中,筹措多少才算适宜,这是企业管理者必须慎重考虑的问题。筹资过多会造成浪费,增加成本,同时还可能因为过度负债到期无法偿还,增加企业经营风险;筹资不足又会影响计划中的正常业务发展。因此,在筹资过程中,必须要充分考虑需要与可能,做到量力而行。

2.筹资成本要低

筹资成本指企业为筹措资金而支出的一切费用,主要包括:筹资过程中的组织管理费用、筹资后的占用费用和筹资时支付的其他费用。

企业的筹资成本是决定其企业筹资效益的决定性因素,对于选择评价一个企业的筹资方式有着十分重要的意义。因此,企业在筹资时,就要充分考虑降低筹资成本的问题。

3.筹资风险要低

不同的筹资渠道其筹资风险的大小也是不一样的,企业在筹资时要仔细权衡。例如,企业采用可变利率计息筹资,当市场利率上升时,企业需支付的利息额也会相应增大;利用外资方式,汇率的波动可能使企业偿付更多的资金;有些出资人发生违约,不按合同注资或提前抽回资金,将会给企业造成重大损失。

因此,企业筹资必须选择风险小的方式,以减少风险损失。如目前利率较高,而预测不久的将来利率要下落,这时筹资应要求按浮动利率计息;如果预测结果相反,则应要求按固定利率计息。再如利用外资,应避免用硬通货币偿还本息,而争取以软货币偿付,避免由于汇率的上升,软货币贬值而带来的损失。

在筹资过程中,还应该要选择那些信誉良好、实力较强的出资人,以减少违约现象的发生。

4.要有利于企业竞争力的提高

进行合理筹资,能在一定程度上大大提高企业的竞争力,其主要表现在以下几个方面:首先,通过筹资,壮大了小企业的经济实力,增强了企业的支付能力和发展后劲,从而减少了企业的竞争对手;其次,通过筹资,提高了企业信誉,扩大了企业产品销路;然后,通过筹资,充分利用规模经济的优势,增加了本企业产品的占有率。企业竞争力的提高,同企业的筹集来的部分资金的使用效益有密切联系,是企业筹资时不能不考虑的因素。

5.要保持对企业的控制权

企业不论采用何种方式筹资时,一定要时刻保持自己对企业的控制权,不然难免得不偿失。有些企业为了筹资会让出部分企业原有资产的所有权、控制权,这样会在一定程度上影响企业生产经营活动的独立性,甚至引起企业利润外流,这对企业近期和长期效益都有较大的影响。有企业会采用发行债券和股票这两种方式来筹资,其实增发股票也会对原有股东对企业的控制权产生一定冲击,除非他再按相应比例购进新发股票;而债券融资则只会增加企业的债务,而不影响原有所有者对企业的控制权。

6.以用途决定筹资方式和数目

企业在筹措资金时,可以根据预定用途正确地选择是运用长期筹资方式还是运用短期筹资方式。如果筹集到的资金是用于流动资产的,根据流动资产周转快、易于变现、经营中所需补充的数额较小,占用时间较短等特点,可选择各种短期筹资方式,如商业信用、短期贷款等;如果筹集到的资金,是用于长期投资或购买固定资产的,由于这些运用方式要求数额大,占用时间长,应选择各种长期筹资方式,如发行债券、股票,企业内部积累,长期贷款,信托筹资,租赁筹资等。

常识 71 如何向银行贷款?

银行贷款作为企业资金的一项来源,一直在企业融资中发挥着重要的作用。在没有资本市场或资本市场不发达的时代,银行贷款几乎垄断着企业融资的来源。在资本市场日益发展的今天,尽管资本市场作为一种融资途径,正在发挥越来越大的作用,但在社会总资金来源上,银行还处于主导地位。尤其是对广大小企业来说,上市融资在我国毕竟还不现实,向银行贷款依然是最为现实和可行的途径。其贷款形式具体可以分为以下几种方法:

第一,抵押贷款。即指借款人向银行提供一定的财产作为信贷抵押的贷款方式。

第二,信用贷款。即银行仅凭对借款人资信的信任而发放的贷款,借款人无须向银行提供抵押物。

第三,担保贷款。即以担保人的信用为担保而发放的贷款。

第四,贴现贷款。即指借款人在急需资金时,以未到期的票据向银行申请贴现以便融通资金的一种贷款方式。

然而,可以说相对每一个企业主而言,银行信贷资金并不是"取之不尽"的。在一定期限内,银行能够用于发放贷款的资金毕竟是有限的。尽管一般而言,好的项目总能得到银行的优先支持,但银行显然不可能顾及每一个好的项目。在机会均等和其他条件相近的条件下,企业主可以动用一些借款的技巧。

1.培养良好的银企关系

与银行建立良好的关系并非一日之功,必须在平时就注意培养。企业管理者还应该在以下几个方面下足工夫：

(1)讲究信誉。

银行最为关心的是企业的经济效益,因为企业经济效益的好坏直接关系到银行信贷资金的安全与否。所以,企业在与银行交往中,首先要使银行对贷款的安全绝对放心,有了这个基础,其他事情就好办了。

(2)要有耐心。

无论企业与银行的关系多么融洽,企业要求银行办的事不可能每一件都很顺利。因为,许多事情能否办成,并不完全取决于银行,还取决于政策和其他机构部门的制约;另一些银行自己就完全能办的事,又因涉及银行内部的许多部门,不可能一下子办成。因此,企业办事一时受挫时,要有耐心,要理解对方的难处,避免一时冲动伤了和气。

(3)主动、热情地配合银行开展各项工作。

银企双方互相帮助、互相支持有利于双方友谊的加深。如主动配合银行检查企业贷款使用情况和资金使用情况,努力完成银行管理流动资金所提出的各项要求,配合银行开展事项调查,认真填写和报送企业财务报表等。

2.写好可行性研究报告

可行性研究报告是对建设项目在技术上、经济上是否可行的一种科学分析方法。一个好的可行性研究报告,对于争取项目和规模,以及银行贷款的优先支持,具有十分重要的作用。但实际情况是,一些可行性研究报告,往往由于问题讲不清,论据不充分,使一些本来可以得到银行贷款支持的好项目得不到有关部门的及时批准,因而也就得不到银行贷款的支持了。

3.突出项目的特点

企业在与银行商谈贷款事宜时，要学会善于实事求是地突出项目的特点。因为不同的项目都有各自内在的特性,根据这些特性,银行贷款也有相应的要求。例如基本建设项目,在向银行介绍项目情况时,首先应突出该项目在国家产业政策中所处的序列位置及其在国民经济中的地位和影响;其次要讲清楚项目建设对促进本地区经济增长和推动产品结构调整的重要意义;第三,要向银行如实反映拟建项目的产品市场供求状况;第四,项目建成投产后,单位产品的成

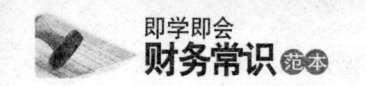

本与市场销售价格的比较,以突出项目的经济效益;第五,拟建项目的产品在其同类产品的经济寿命周期中所处的阶段和时期等。

4.多跑几家银行

各家银行的资金状况是各不相同的,有的银行资金一时紧张一些,有的银行资金则可能一时相对宽裕。因此,企业拟贷款时如果多跑几家银行,往往能够获得圆满的解决,所谓"东边不亮西边亮"就是这个道理。实际上,多跑几家银行对企业有很大的好处:如果企业所上项目的资金需要量大,一家银行由于各种原因,不可能独家解决,这时候商请有关银行采取银团贷款的方式予以解决;为企业下一步的生产经营发展所需资金争取银行支持早做安排。

5.选择适宜的借款时机

选择适宜的借款时机,既有利于保证企业所需资金的及时到位,又便于银行调剂安排信贷资金、调度信贷规模的关系。银行信贷规模是年初一次下达,分季度安排使用,不允许擅自突破的。因此一般来说,企业如欲申请较大金额的贷款,不宜安排在年初、年末和每季季末,以避免银行在信贷规模和信贷资金安排上的被动。应该指出,企业对有关银行信贷资金和信贷规模方面的情况不可能事先预测并掌握,因此,企业在借款时机的选择上应尽量与银行有关工作人员密切配合,并将本企业的用款安排意图告诉银行,以便银行安排与调度。

常识 72 企业筹资需要做好哪些风险防范?

筹资的内因和外因的相互联系和相互作用,共同诱发筹资风险。为了有效地防范筹资风险,企业管理者一般可以从以下四个方面来加以防范:

1.确定合理的负债结构,减轻偿债压力负债比例的合理性

通常来说,主要控制四个方面的负债结构:

(1)资产负债率在 50% 以下。

(2)流动比率在 100% 以上,并高于行业的平均水平。

(3)速动比率在 75% 以上,并高于行业的平均水平。

(4)销售利息率在 2% 左右。

2.提高企业的赢利能力和现金获取能力,确保到期偿还债务

总资产报酬率反映了企业全部资产综合运用效率的水平。当该指标的期望值高于银行贷款利率时,说明企业的综合效益不仅能够负担借款的压力,而且还有利可图,在这种情况下可适当借款。但若等于或低于银行贷款利息时,说明无力抵偿借款就不宜负债经营。

当企业现金净流量和经营活动现金净流量都大于零时,说明企业到期偿还本息的能力较强,可以负债经营。

3.适度举债经营,降低财务风险

企业应从经营规模的大小、经营收入的稳定、赢利能力的高低、获取现金能力的强弱、资本结构的合理、财务拮据的可能、代理成本的提高等7个方面来确定负债经营的"度",以避免过度举债经营而给企业带来的财务危机。具体如下:

(1)经营规模

一般来说,公司经营规模越大,所具备的抗风险能力就越强,可以适度增加负债;反之,则减少负债。

(2)经营收入

如果公司的经营收入稳定,就会增强偿债能力,降低其风险;如果经营收入易变,会削弱偿债能力,增加其风险。

(3)赢利能力

一个公司的赢利能力往往是其偿债能力的保证条件。赢利能力较强的企业,具有较高的信誉,筹资能力也较强。

(4)获取现金能力

由于债务的利息和本金必须以现金支付,企业获取现金能力越强,现金流量越多,举债经营的能力就越强。

(5)资本结构

资本结构就是权益资本与债务资本的比例。如果一味追求获取财务杠杆利益或降低综合资本成本,便会增大负债经营的比例,从而增加财务风险。

(6)财务拮据成本

如果公司负债越多,所需支付的固定利息越高,就越难实现财务上的稳定,

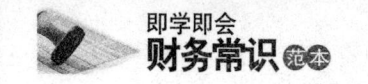

发生财务拮据的可能性就越大。财务拮据成本是企业出现危机时支付的成本。在负债较低时,财务拮据成本的增长就较为缓慢;但当负债达到一定限度后,财务拮据成本就会加速上升。

(7)代理成本

债权人由于享有固定利息收入的权利,就不能参与企业经营决策。所以,当贷款放到企业后,企业经营者或股东就有可能改变契约规定的贷款用途进行高风险投资,从而使债权人承担了契约之外的附加风险,但没有得到相应的风险报酬补偿。因此,债权人需要通过各种保护性合同来约定贷款的用途,并采取一系列措施来监督用款过程,以保护其利益。增加保护条款和实施监督会发生相应的代理成本,债权人一般以提高贷款利率等方式将代理成本转嫁给公司,而且代理成本会随公司借款规模的扩大而上升。

4.研究利率走势,合理安排筹资

当利率处于高水平时,企业管理者尽量少筹资或只筹措经营急需的短期资金。当利率处于由高向低过渡时期,也应尽量少筹资;对于不得不需要筹措的资金,应尽量采取浮动利率的计息方式。当利率处于低水平时,筹资较为有利,但应避免由投资过热引发筹资过度。当利率处于由低向高过渡时期,企业的管理者应该根据资金需求量筹措长期资金,尽量采用固定利率的计息方式。

第12章　企业资源合理使用的指导书
——财务预算

> 老百姓经常说一句话：吃不穷，花不穷，算计不到就受穷。我们的老祖宗也给我们立下忠告：凡事预则立，不立则废。由此可见，预算的作用不可小觑。

常识73　我们为何要开展预算工作？

企业经营总是会面临不断变化的环境，既然未来的情况我们难以确定，又怎么能作出有效预算呢？想要明白预算的重要，就得从预算的功能说起，预算虽不能对未来情况作出最准确的判断，但它却可以让管理者有效支配自己手中的资源，并对未来情况作出最充分的准备。预算是计划的一种表现形式，它具有以下六大功能：

1.规划功能

相对于企业的追求和目标而言，企业的资源总是稀缺和有限的。对于一个企业的经营管理，必须要先进行全面地分析，然后再做出全盘的安排，不能够只是跟着感觉走，"脚踩西瓜皮，滑到哪里算哪里"，这样是难以取得理想的经营效果的。计划的节约是最大的节约，计划的浪费是最大的浪费。预算可以帮助企业统筹使用资源，合理安排未来。

2.协调功能

企业作为一种组织形式发展到今天，其规模和结构已经极为庞大、复杂，内部各单位和部门无论是在利益上还是在业务上都具有某种程度的独立性。例如，为了争取较多的部门利益，销售部门可能会接受超过企业生产能力的大量订货；生产部门则可能生产出超过市场需要的过多产品；而供应部门则可能不顾生产需要和支付能力而过早过多地购入大量原材料等。

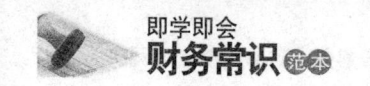

如果各部门、各单位各吹各的号,各唱各的调,各说各的理,各走各的道,则企业的总体目标很难实现。预算的编制可以协调、避免各部门和单位在资源分配时的冲突,可以引导他们心往一处想,劲往一处使,拧成一股绳,下成一盘棋,以确保企业最终目标的实现。

3. 控制功能

员工作为组织中的个人,其思想意志并不是自然就能够实现统一的。每个部门、每名员工应该做什么、不应该做什么,应该怎么做、不能怎么做,要实现何种效果、不允许出现何种结果,企业应该予以明确、规范、引导和控制。

预算不但为各项具体的工作规定了目标和指标,也为各项经济活动的管理控制提供了"一揽子"的参照标准。这样"一揽子"的控制标准,能极大地降低管理成本,尤其是能减轻高层管理者的管理负担。有了这样"一揽子"的控制标准,高层管理者就可以从容授权,而不必事事把关、单单签字,就可以把自己从烦琐的日常事务中解脱出来,腾出更多的时间、精力去思考关系到公司生存发展的重大问题。

4. 沟通功能

计划和预算不同于命令和指令,计划、预算的编制过程是上级提出目标、下级提出措施,自上而下、自下而上的反复沟通过程。经由预算的编制过程,管理者可以更好地了解员工的需求和意见,员工也可以更好地明白管理者对他的期望与要求。

5. 激励功能

预算具有激励功能包括两个方面的含义:一是员工参与编制过程本身所形成的激励。预算编制过程扩大了员工参与的层级和范围,能加强员工对公司决策的认同感以及自身工作的自主感,这本身就构成激励。二是预算提供了考绩、奖惩的标准,因而可以作为激励的手段。预算将企业的各项目标分解为各个部门的责任和指标,这些细分的责任和指标可以作为衡量各部门工作业绩的具体标准,考核的结果则为员工加薪、晋升提供了重要的依据,因而预算具有重要的激励功能。

6. 开发功能

很多管理者不明白一个道理:无论管理多么完美的公司,它的预算都不可能达到百分之百的准确。但这丝毫不能否认预算的作用。正如管理大师彼得·德鲁克所说："包括预算在内的经营指标当然不是列车时刻表，它可以被比作是轮船航行用的罗盘。罗盘是准确的，但是在实际航行中，轮船可以偏离航线很多英里。然而如果没有罗盘，航船既找不到它的港口，也不可能估算出到达港口所需要的时间。"

预算之所以有偏差，是因为预算是建立在分析和预测基础之上的。而人类对于未来的认知手段和认知能力是有限的，因而预测与现实总是有差距的，所以预算总是有偏差的。

尽管预测不一定十分的准确，但是编制预算时的大量分析预测工作却完全可以引导全员上下积极感知企业外部经营环境的变化，并在此基础上不断培养全体员工预测环境变化、把握环境变化的能力。

常识 74　全面预算的内容是什么？

西方企业的规划，通常包括两个部分：一部分是用文字加以说明的，叫作"计划"；另一部分则是用数字和表格加以反映的，叫作"预算"。因此，预算就是计划的数量说明（不只是金额的反映），计划是预算的文字说明。如果把企业全部经济活动过程的正式计划用数量和表格形式反映出来，就叫作"全面预算"。换句话说，全面预算就是企业总体规划的数量说明。

全面预算的"全面"主要体现在两个方面：一是内容全面。它以企业的发展战略、中长期规划及年度经营计划为基础，贯穿企业业务活动的全部过程，涵盖了生产经营的所有方面。二是人员全面。它需要企业上下所有员工的共同参与。不仅财会人员要参与，企业中凡是涉及资金、成本、费用、收入的各个部门都要参与。

对于全面预算管理，著名管理学家戴维·奥利有一个评价：全面预算管理是为数不多的几个能把组织的所有关键问题融合于一个体系之中的管理控制方法之一。我们认为，预算管理是推进企业日常财务管理工作的一个有效"抓手"，是提升企业绩效的高效"助推器"。

全面预算作为管理手段和管理方法，其内容并没有一致的口径，不同的企业全面预算的内容并不一定完全一致。全面预算的内容一般包括经营预算、财务预算和专门决策预算三个部分。

1.经营预算

经营预算或称业务预算、营业预算,是指与公司日常业务直接相关、具有实质性的基本活动的预算。主要包括销售预算、生产预算、成本预算、费用预算等。这些预算以实物量指标和价值量指标分别反映公司收入与费用的构成情况。

2.财务预算

财务预算是指与公司现金收支、经营成果和财务状况有关的各项预算,主要包括现金收支预算、预计损益表、预计资产负债表、预计现金流量表等。这些预算以价值量指标总括反映经营预算和资本支出预算的结果。

3.专门决策预算

专门决策预算是指企业为不经常发生的长期投资决策项目或一次性专门业务所编制的预算。专门决策预算大体上又可分为以下两类:一是资本支出预算。资本支出预算也称投资预算,是企业购置固定资产、无形资产等长期资产或者进行长期对外投资等资本性支出的预算。二是一次性专门业务预算。财务部门在日常理财活动中会发生资金筹措、资金投放以及其他财务决策等一次性的专门业务,为了配合财务预算的编制,以便控制和监督以上这些一次专门业务,也需要编制预算。

全面预算是由一系列预算构成的体系,各项预算之间相互联系,关系比较复杂,很难用一个简单的办法准确描述。从总体上看,财务预算的编制建立在业务预算的编制基础之上。

具体说来,企业首先应根据长期市场预测以及公司战略编制长期销售预算,再依据企业的生产能力和财力确定长期资本支出预算。销售预算是年度预算的编制起点,年度销售预算可以依据长期销售预算加以确定。有了年度销售预算便可以根据"以销定产"的原则确定生产预算,根据生产预算可以进一步确定直接材料、直接人工和制造费用预算。产品成本预算和现金预算是有关预算的汇总,预计损益表、资产负债表和现金流量表则是全部预算的综合。

常识 75 有效预算应按哪八个步骤来进行?

一个考虑全面,并且又能够产生良好效用的预算,在制定时应该遵循如下步骤:

1.明确目标,制订计划

没有计划,企业就丧失了前进的方向;没有方向,那预算就成了痴人说梦。制订一个良好的预算计划可谓是首要的问题。不过,计划的制订一定得建立在明确的目标基础之上,作为计划的一部分,明确目标是预算程序中合理的、必不可少的一步。

2.建立合理的假设

建立合理的假设,可谓是预算的关键。在进行假设时,费用预算应按各个分项的合理组成部分来计算。可变费用可能因销售活动而改变,管理费用可按某个合理模式计算。应该摒弃那种粗糙的预算基础,即:将费用按一定比例增加,并平摊到全年中去,这样做对本年度晚些时候可能要做的分析毫无帮助。

3.进行销售预测

由于商业和营业计划是建立在对不断扩展变化的市场假设基础上的,所以应该要在成本和费用预算前先确定好销售额。

4.制定预算

成本及费用预算是建立在按各自特征形成的合理假设基础上的。除此以外,预算也直接受到销售水平和时机的影响。现金流量的预测很重要,但在预算过程中却常常被忽视。完成销售预测和成本及费用预算后,应马上进行现金流量的预测,这也是检验计划是否行得通的一部分。

5.每月进行总结

此步骤是将实际结果和预算结果加以比较。总结内容应包括销售预测、成本和费用预算以及现金流量的预测。不进行每月总结,就根本不是在做预算,而仅仅是将所做努力付之东流。只有通过检查各项数字才能看出计划是否合理。

6.解释差额

解释预算差额会给每个人带来很多麻烦,因为在许多情况下,预算并没有一个合乎逻辑的假设基础。对高出预算的费用应如何解释呢?

真正的解释应建立在对实际支出(或收入)的各个组成部分与假设基础的各个组成部分进行对照分析。运用这种方法可以简捷迅速地找出产生差额的准确原因。如果以此为基点的原因清楚明了,那么,采取行动也就相对容易多了。

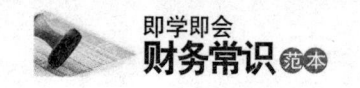

7.差额调查并采取措施

在有些情况下,预算总结不能解释差额产生的原因,因为进行总结的人员和部门(通常是财会方面的)并不知道问题的真正答案。此时,就需开展调查。也许将问题交给一个部门就可以了,也许必须请每位老板逐一检查各自的预算假设以便找出产生差额的具体原因。公司上下都讨厌调查,没人愿意负责解释差额或为此进行调查。这种不利情况的后果,往往就是财务部最后负责预算报告的大部分工作。

在调查结束之后,就要立刻采取相应的措施。如果某项费用超出合理预算水平,那么就应该对此费用进行控制。通常来说,如果问题只是出在某一两个部门的情况下,那修正措施的工作就很简单,可若涉及整个公司,到那时就难以解决了。

8.进行效果评估

一旦发现了问题并采取修正措施后,就进入评估阶段。这是一项长年累月、需要坚持不懈、随时进行的工作。这项工作应成为每日工作重点,并成为日常工作。预算的监测常被作为占用时间、令人不快、造成不便的工作分派下去,这种情况司空见惯,令人遗憾。不要把控制和评估过程看成是摆弄表格中的数据,而应该将它视为总结经验,改善经营的一项难得契机和重要任务。

常识 76　预算有哪几种管理模式?

预算管理一头连着市场,一头连着企业内部,对于不同的市场环境和企业规模组织,其预算管理模式必然不同。根据产品生命周期理论,可以将预算管理分为四大模式。

1.初创期的企业预算管理模式——以资本预算为起点

在创业初期时,企业往往面临着极大的经营风险,它通常来自两个方面:一方面是大量资本支出与现金支出,使得企业净现金流量为绝对负数;另一方面是新产品开发的成败及未来现金流量的大小具有较大的不确定性,投资风险大。投资的高风险性,使得新产品开发及其相关资本投入都需要特别慎重地进行决策,这时的预算管理可以说是以资本预算为重点。这里的资本预算概念不同于传统的项目决策与选择过程,它具有更为广泛的含义,包括:

(1)投资项目的总预算,即从资本需要量方面对拟投资项目的总支出进行规划。

(2)项目的可行性分析与决策过程,即从决策理性角度对项目的优劣进行取舍,从而确定哪些项目上,哪些项目不上,它需要借助于未来预期现金流量及规划,属于项目预算。

(3)在时间序列上考虑多项目资本支出的时间序列后,即从时间维度上进行资本支出的现金流量规划。

(4)在考虑总预算、项目预算及时间序列后,结合企业的筹资方式进行筹资预算,以保证已上项目的资本支出需要,此为项目筹资预算。

(5)从机制与制度设计上确定资本预算的程序与预算方式,包括:由谁来对项目可行性进行最终决策;由谁来编制项目预算、总预算、各时间序列下资本支出预算及最终的筹资预算;由谁来评审预算本身的合理性与可操作性;由谁负责资本预算的执行并由谁对其资本支出过程进行必需的监督;最终由谁对资本预算进行全面评价,对全部结果负最终责任。

所有这些问题,都最终以预算制度和预算表格的方式在资本支出过程中表现出来,由预算制度和预算表格指挥着人们的行动,替代日常管理,人人参与,人人有责,而且人人明确自己在做什么。这就是资本预算管理模式。

2.增长期企业预算管理——以销售为起点

该模式下预算编制思想是:

(1)以市场为依托,基于销售预测而编制销售预算。

(2)以"以销定产"为原则,编制生产、费用等各职能预算。

(3)以各职能预算为基础,编制综合财务预算。

从预算机制角度,该预算模式下的管理以营销管理为中心。具体地说,销售预测需由营销等职能部门全面参与,在市场预测的基础上确定各营销网络的销售预算,上报企业预算管理中心(简称预算中心,下同),由预算中心结合企业发展战略及区域定位来调整各网络的销售预算,防止偷懒行为,在预算中心与各网络就销售预算进行讨价还价并最终达到一致后,预算中心下达各网络的销售指令,从而形成各网络的硬预算约束;同时,对于非销售的其他辅助管理部门,

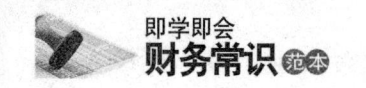

它们在本质上都属于销售预算管理的支持与辅助部门。

预算中心要通过测定调整各职能预算，确定并下达各职能部门的预算责任，预算责任成为各部门工作的标准和管理依据，成为自我控制与自我管理行为的指挥棒。它表明，预算已使得各职能部门变被动接受上级管理为主动进行自我管理，预算管理是过程管理、机制管理。

3.市场成熟期预算管理——以成本控制为起点

以成本为起点的预算管理模式，强调成本管理是企业管理的核心与主线，它以企业期望收益为依据、以市场价格为已知变量来规划企业总预算成本，它以预算总成本为基础，分解到涉及成本发生的所有管理部门或单位，形成约束各预算单位管理行为的分预算成本。不论是总预算成本还是分预算成本，都不是传统意义上的标准成本(标准成本的最大缺陷就在于，它是与标准产量而不是与市场可接受的需要量相联系的，完全标准成本并不等于企业实现利润目标，而预算成本直接与市场相对接，从而能在制度上保证，实现预算成本就意味着实现目标利润)。

4.衰退期预算管理——以现金流量为起点

这一时期的预算管理模式只能是过渡式的，衰退期经营特征和财务特征昭示我们，采用现金流量为起点的预算管理模式可能是最合适的。这是因为：在经营上，该时期企业所拥有的市场份额稳定但市场总量下降，销售出现负增长；在财务上，大量应收账款在本期收回，而潜在投资项目并未确定，因此，自由现金流量大量闲置。如何针对上述特点，做到监控现金有效收回并保证其有效利用等，均应成为其管理的重点，以现金流量为起点的预算管理，以现金流入流出控制为核心，也就具有必然性。

以现金流量为起点的预算管理模式，必须借助于现金预算，它旨在解释企业及其各部门的现金是从哪里得来的？又用到何处去了？在某一时点上能被用以周转使用的余额是多少？企业将在未来何时需要现金？如何筹资以用于到期的现金支付？现金支出的合理程度有多大？如何通过预算方式避免不合理的现金支出？如何通过现金预算来抑制自由现金流量被滥用？与预算管理相对应的，企业应采用何种现金管理模式，是现金收支两条线、还是采用备用金制度？是采用现金的内部结算周转信用制度还是采用集团内的财务公开制度等等。所有这些问题都与现金预算管理模式相关,离开了预算管理,企业财务管理就失去了管理的依据和管理重心。

按产品生命周期及企业生命周期理论来解释预算管理模式,只是一种理论上的抽象,它适用于单一产品的生产企业,但是,这种抽象并不意味着对于多产品生产企业乃至多企业的集团公司不具有指导意义。因为,不论是多产品企业还是多企业的集团公司,其管理对象都最终要落实在某一产品中,企业内部的分工与管理对象的细划,往往使得某一、二级管理主体(如某产品分部)只针对一种或少数类别的产品实施管理。

这样,上述预算模式即可用于二级管理主体,总部的任务并不损害预算管理主线及其管理的权威性本身。尤其对于集团公司,总部完全可以按照分部或下属子公司的产品本身,根据上述思想所设定的不同的预算起点,制定不同的预算战略与管理体系。

常识 77 如何选择合适的预算方法?

在财务预算编制活动中,选择合适有效的财务预算方法是提高财务管理绩效的重要因素。在财务预算过程中要根据不同的企业选择不同的预算方法。常见的预算编制方法有固定预算、弹性预算、零基预算、滚动预算。

1. 固定预算

固定预算方法适用于财务经济活动比较稳定的企业。企业在编制销售预算、成本预算、利润预算时,都可以使用固定预算法。企业根据预算期内某一既定业务量的水平编制财务预算,将预算的实际执行结果与按预算期内计划规定的某一业务量水平所确定的预算数进行比较和分析,并据此进行业绩评价和考核。

这种方法不考虑预算期内生产经营和财务活动可能发生的变动情况,故又称静态预算。固定预算只以某一确定的业务量水平为基础预计相应的数额,不考虑预算期内业务量水平可能发生的变动。这种预算如果用来衡量业务量经常变动的企业的耗费与经营成果,特别是当实际的业务量水平与预算确定的业务量水平相差太远时,通常很难正确地考核和评价企业的预算执行情况。

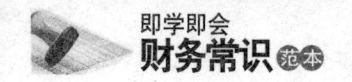

2.弹性预算

弹性预算是根据计划或可预见的多种不同的业务量水平，分别计算其相应的预算额，以反映在不同的业务量水平下所发生的费用和收入水平的财务预算编制方法。用弹性预算的方法来编制成本预算时，其关键在于把所有的成本划分为变动成本与固定成本两大部分。变动成本主要根据单位业务量来控制，固定成本则按总额控制。

弹性预算仅以某个"相关范围"为编制基础，而不是以某个单一业务水准为基础。弹性预算的编制可适应任何业务要求，甚至在期间结束后也可使用。也就是说，财务主管可视该期间所达到的业务要求编制弹性预算，以确定在该业务要求下"应有"的成本是多少。弹性预算的优点在于：一方面，能够适应不同经营活动情况的变化，扩大了预算的范围，更好地发挥预算的控制作用，避免了实际情况发生变化时对预算做频繁的修改；另一方面，能够使预算对实际执行情况的评价与考核，建立在更加客观的基础之上。

3.零基预算

零基预算是指在编制预算时，排除过去和现实中存在的而又可以避免的种种消极因素的影响，把各项生产经营业务视为从头开始的新工作加以安排，客观考虑其获取收入、发生开支和实现利润的可能性。

零基预算不同于传统预算。在传统预算方法中，通常是在过去预算的基础上，参照和结合实际对未来情况的估计，并根据新定的目标和要求进行调整。这样，制定的预算往往掩盖了过去工作中的缺点和问题，并将听任其在今后的生产经营中继续存在下去。同时，编制预算的人员则可能会倾向于按管理者意志和陈规办事，而较少主动考虑未来时期的新情况，不敢发掘开展业务的新机会，因而使预算管理流于形式而无实效。零基预算作为一种预算模式，能提高费用使用效益，它确定每项费用数额的大小要依据成本——效益分析确定，这就要求合理分配资金，充分发挥每项费用的使用效益；根据企业个体情况，对企业或企业某个部门或某项活动，灵活采用零基预算的制度，调动各级管理人员的积极性，零基预算不受原有开支水平的限制，没有框架，需要各级管理人员充分发挥主观能动性和创造性，根据具体情况制订方案。但是，其缺点也是不容忽视的，由于一切支出均以零为起点进行分析、研究,因而编制预算的工作量较大,其所花费的时间和代价远远高于传统预算,有时甚至得不偿失。有的企业每隔若干年进行一次零基预算,以后几年内略作适当调整,这样既简化了预算编制的工作量,又能适当控制费用。

4.滚动预算

滚动预算又称"永续预算"或"延续预算",其特点是始终保持一定的有效预算期(如一个季度、一个年度、五个年度等),故可适用于短期预算和长期预算的编制。以年度预算为例,就是每过一个月份或一个季度(这时,实际的预算期已缩短为十一个月或三个季度),即在原预算的基础上向后延伸而增列一个月份或一个季度的预算,并在必要时对原预算的剩余部分作适当调整和修改,以适应对未来情况的最新预测。

滚动预算方法的理论根据是:第一,根据企业会计中持续经营的时间观,企业的生产经营活动是延续不断的,因此,企业的预算也应该全面地反映这一延续不断的过程,使预算方法与生产经营过程相适应;第二,企业的生产经营活动是复杂的,随着时间的推移,它将产生各种难以预料的变化,再说人们对未来客观事物的认识也是由粗到细,由简单到具体的过程,而滚动预算能帮助财务人员克服预算的盲目性,避免预算与实际有较大的出入。当然,采用滚动预算的方法,预算编制工作比较繁重。所以,可以采用按季度滚动来编制预算,而在执行预算的那个季度里,再按月份具体地编制各月的预算,这样可以适当简化预算的编制工作。总之,预算的编制是按月份滚动还是按季度滚动,应视实际需要而定。

传统预算的编制,其预算期是固定的,因而将会随着预算的执行而不断缩短。滚动预算的优点在于能克服传统预算的缺点,使企业管理层对未来一年的经营活动进行持续不断地计划,并在预算中保持稳定,而不至于等到原有预算执行快结束时仓促编制新预算,有利于保证企业的经营管理工作稳定有序地进行。

采用滚动预算,必须有一个与之相适应的外部条件,如上级下达的生产指标、材料供应的时间等。如果这些外部条件仍是以自然年为基础,一年一安排,则企业要编制滚动预算是有困难的。

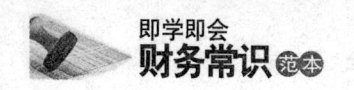

第13章 做好现金管理,让企业"血脉"时刻保持流通

> 现金是企业成长过程中不可或缺的东西,但是,这并不意味着持有现金越多,对企业越有利;相反,这样甚至会危及企业安全。因此,能否管理好现金,使现金流量顺畅,直接决定着企业的生死存亡。

常识 78 利润与现金有什么差异?

从时间角度出发,现金是个短期概念,利润则是一个中长期的概念。前者是基础,关系到生存的问题;后者是延续,关系到发展问题。因为事情的发展是循序渐进的,世界上不存在什么所谓的"空中楼阁"。也就是说,中长期是建立在短期基础上的,只有短期的存在得到保证,才会有中长期存在的可能。要发展首先要生存,这个道理很清楚。所以,现金至关重要,它是一个企业的命,如果命都没有了,还谈什么发展?

众所周知,国内很多外企在很长时间内都处于亏损状态,当年家乐福入驻北京时,亏损时间长达几年,但是他们并没有关门,因为他们有充足的现金。而互联网的例子却给了我们相反的启示:网络兴起时,其点击率奇高,使用网络的人呈几何数增长,但大多数网络公司并不像人们想象的那样前景美好,而是在短暂的时间内惨淡收场,金融市场上的网络泡沫也随之消失殆尽。因为,很少有人为其支付现金,网络公司因为没有充足的现金而必然倒闭。

在国内,很多企业缺乏对现金的重视,一味追求利润,追求市场,结果是由于摊子铺得太大,现金在需要时周转不过来,导致企业倒闭。巨人就是这样"轰然倒塌"的。

一个企业账面上显示有很高的利润,并不能说明这家企业就没有倒闭的危险,因为利润=收入−费用,而现金=收钱−付钱。因为有赊销行为的存在,收入可能不等于收钱,费用也可能不等于付钱。利润是"算"出来的,现金是实实在在的。根据不同的算法可以有截然不同的利润水平;但现金却只有一种算法,那就是有一分加一分,有一元加一元,没办法掺假。

企业价值源于什么?它源于资产的综合使用效率,源于管理水平等等,但这些都最终表现为现金流,即现有资产创造未来现金流量大小的能力。现金流量大小因此成为评价一个企业是否有价值的主要标准。这就是标准的财务理论。

常识 79　手里的现金是不是越多越好?

现金可以满足企业支付、偿债、投机的需要,如果持有现金数额过少,可能损坏企业信誉,危及企业安全,丧失发展机遇。用财务管理学术语表达就是,企业可能要付出转换成本甚至短缺成本。

现金的转换成本是企业用现金购入有价证券以及转让有价证券换取现金时所付出的交易费用。转换成本与证券变现次数呈线性关系,即转换成本总额=证券变现次数×每次的转换成本。证券转换成本与现金持有量的关系是:在现金需要量既定的前提下,现金持有量越少,进行证券变现的次数越多,相应的转换成本就越大;反之,现金持有量越多,证券变现的次数就越少,需要的转换成本也就越小。

现金的短缺成本是在现金持有量不足,又无法及时通过有价证券变现等方式加以补充,而给企业造成的损失。短缺成本主要包括信用损失和得到折扣好处的成本、丧失购买能力以至影响正常生产的成本、丧失偿债能力的成本等三个方面的成本。现金的短缺成本随现金持有量的增加而下降,随现金持有量的减少而上升,即与现金持有量呈负相关。

但另一方面,现金是赢利性最差的资产,持有数额过多会导致企业赢利水平下降,同时还要付出管理成本和机会成本。因此,企业持有现金也不是越多越好。

首先,企业持有过多现金必然要付出管理成本。现金的管理成本是企业因持有一定数量的现金而发生的管理费用,如管理人员工资及必要的安全措施费。这部分费用在一定范围内与现金持有量的多少关系不大,一般属于固定成本。

更重要的是企业持有现金,要付出机会成本。现金的机会成本是企业因持

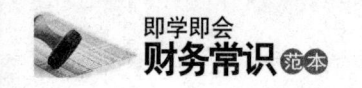

有一定数量的现金而丧失的再投资收益。由于现金属于非营利性资产,保留现金必然丧失再投资的机会及相应的投资收益,从而形成持有现金的机会成本。这种成本在数额上等同于资金的投资收益。现金持有量越大,机会成本就越高;反之,机会成本就越小。

现金是流动性最强的资产,它对于企业的生存和发展有着特殊的意义;同时,现金也是赢利性最差的资产,它本身基本上不能给企业带来任何收益。如何平衡流动性与赢利性的矛盾,是企业现金管理的核心命题。

常识 80　如何确定最佳现金持有量?

确定最佳货币资金存量,一般是指在货币资金定性管理的基础上,通过建立数学模型计算最佳的货币资金存量。确定最佳货币资金存量,对于挖掘资金潜力,加速资金周转,提高资金流动和获利性具有重要的意义。确定货币资金最佳存量的常用模式有:周期模式、成本分析模式、存货模式及米勒—欧尔模型。下面分别介绍几种常见的最佳现金持有量模式。

1.货币资金的周期模式

货币资金的周期模式是指根据企业货币资金的周转速度来确定货币资金存量的方法。使用这种方法是基于以下假设:

现金流出的时间发生在应付款支付的时间;

一定时期的现金流入量等于现金流出量;

企业的生产经营状况比较稳定;

没有随机、不确定因素影响企业货币资金存量。

确定企业最佳货币资金持有的模型如下:

$$最佳货币资金持有量 = \frac{一定时期货币资金总需求量}{货币资金周转率}$$

货币资金周转率是一年中货币资金的周转次数,即:

$$货币资金周转率 = \frac{360}{货币资金周转期}$$

上式中的货币资金周转期是指企业从购买储备存货、支付货币资金开始至

销售商品取得货币资金的天数,即购货付款时现金流出至销售收回应收款现金流入这段时间,用公式表示:

$$货币资金周转率 = \frac{360}{平均存货天数 + 平均应收账款天数 - 平均应付款天数}$$

确定最佳货币资金的周期模式反映了货币资金持有量与其周转率呈反比例变动,在货币资金需求一定的情况下,货币资金周转速度越快,货币持有量就越少。

2.成本分析模式

这种模式适用于现金流入流出均匀发生,成本费用管理严格,没有不确定因素影响货币收支的企业。成本分析模式的步骤是:先分析持有货币资金的三种成本,即机会成本、管理费用和短缺成本,然后求最小总成本下的货币资金存量,以达到最佳货币资金持有量。

成本分析模式认为:现金成本包括管理费用、机会成本、短缺成本三部分,即:

现金总成本=管理费用+机会成本+短缺成本

三者与现金持有量之间存在以下关系:

管理费用相对固定,视为与现金持有量大小无关;

机会成本与现金持有量之间存在正比例关系;

短缺成本与现金持有量呈相反方向的变化,现金越多,短缺成本越少。

由于各种成本同现金持有量之间的变动关系不同,使总成本呈抛物线形,抛物线最低点对应的现金持有量即是最佳现金持有量,此时持有现金的成本最低。

3.存货模式

企业持有货币资金和备置存货一样,都是为了应付经营之需。因此,在确定性情况下,可以采用存货管理中的最佳存货批量方法来计算最佳现金持有量。

采用存货模式方法是基于以下假定:

企业以稳定而能够预测的速率收支货币资金,即货币资金支出均匀分布;

支出的数额确切可知。

企业在出售有价证券或借入资金时,需要负担经纪成本或现金转化成本。持有现金余额要负担两种成本:

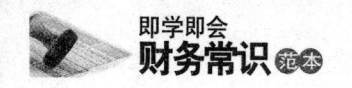

(1)货币资金的持有成本,即持有现金所放弃的报酬,通常用有价证券的利息率来衡量。

(2)现金转化成本,包括经纪人费用、捐税以及其他的管理成本。这种成本与交易的次数相关,与现金余额的总量无关。

持有货币资金的总成本是这两种成本之和,持有成本随货币资金存量的增加而增加,交易成本随货币资金存量增加而减少,总成本最低的货币资金存量为最佳存量。

最佳现金持有量随机会成本的增加而减少,随交易费用和交易总值的增加而增加。这种方法可以精确地计算出最佳现金余额和变现次数,对加强企业的财务管理有一定的作用,但是只有在现金支出均匀发生的时候才比较有效。

4.米勒—欧尔模型

米勒—欧尔模型简称 MO 模型,又称随机模型,因为企业持有的现金数量往往是变化的,不均衡的,所以这种方法在工作中更实用一些。这种方法需要根据历史资料来测算出控制范围,即制定现金存量的上下限,努力把现金存量控制在设定的范围内是公司现金管理的重心。这种想法是基于:公司内部每日的货币现金流出量和流入量的变化是随机的、不稳定的,当现金余额变化接近正态分布时,最佳的现金余额就处于正态分布的中间。也就是说,现金流动过大过小都不好,趋于中间的现金余额即是最好的。

常识 81 如何做好现金流预算?

现金预算控制是指公司根据预先编制的现金预算,即现金收支计划,控制现金的回收和支出。现金预算是现金审批、报销及收取程序中所有相关人员包括经办人、业务部门、财务部门、公司经理办理现金业务的重要依据,将公司所有的现金收支业务都纳入现金预算中予以执行,可以很容易发现现金收支中存在的问题,促使相关部门积极采取措施予以解决。

现金预算控制流程是先制订现金收支计划,即现金预算,并以此控制日常的现金收支业务,包括两方面内容:控制现金支出和控制现金收入。

现金预算控制制度的具体内容如下:

1. 分析反馈制度

现金预算分析主要是指对现金实际收支情况与现金收支计划（现金预算）的差异进行分析的过程和方式。现金预算分析应贯穿于现金预算执行的全过程，其步骤主要包括比较预算与实际、确定差异及对差异进行分析处理。预算差异分析是对预算执行者业绩评价的依据。

2. 激励考评制度

考评制度对于保证现金预算中各项收支很好地得以执行具有积极的作用。考评制度是对公司负责收支的责任部门或个人执行现金预算的结果进行考核和评价的制度。现金预算考评具有以下两个层次的含义。

(1) 对整个现金预算控制系统及制度的考评，是完善并优化整个现金预算管理系统的有效措施。

(2) 对现金预算执行者的考核和业绩评价，是实现预算约束与激励作用的必要措施。

预算考评制度的激励机制，以现金预算为标准，通过实际与预算的比较差异分析，确认其责任归属，并根据奖惩制度的规定，使考评结果与责任人的利益挂钩，以激发、引导执行者完成预算的积极性。

3. 预算控制方法

控制方法原则上依金额进行管理，同时运用项目管理、数量管理等方法。

(1) 金额管理，从预算的金额方面进行管理。

(2) 项目管理，以预算的项目进行管理。

(3) 数量管理，对一些预算项目除进行金额管理外，还从预算的数量方面进行管理。

常识 82　日常现金管理的技巧有哪些？

企业在确定了最佳现金持有余额后，还应加强现金日常管理，其目的是防止现金闲置与流失，保障其安全完整，并且有效地发挥作用。

1. 现金回收管理技巧

现金回收管理的症结所在是回收时间。如何缩短收现时间，加速资金周转

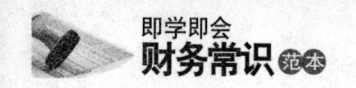

是现金回收管理要解决的问题。为了加速现金的回收速度，可以采用以下方法：

(1)锁箱法

锁箱法是通过承租多个邮政系统，以缩短从收到顾客付款到存入当地银行的时间的一种管理办法。采用锁箱法的具体做法是：

①在业务比较集中的地方租用当地加锁的专用邮政信箱。

②通知顾客把付款邮寄至指定的信箱。

③授权公司邮政信箱所在地开户银行，每天数次收取邮政信箱的汇款并存入公司账户，扣除补偿余额后连同附带资料定期送往总部。

采用锁箱法大大缩短了公司办理收款、储存手续的时间，公司从收到支票到这些支票完全存入银行之间的时间消除了，银行收到支票后可以直接转账。但是，锁箱法管理成本很高，邮箱管理会增加劳务费。当企业平均汇款数额较小时，采用锁箱系统不一定有利。

(2)银行业务集中法

该方法是企业在主要的业务城市设立收款中心来代替通常在公司总部设立的单一收款中心，并指定一家开户行为集中银行，集中办理收款业务，从而加速账款回收。其目的是缩短从顾客寄出账款到现金收入企业账户这一过程的时间。具体做法是：

①企业以销售地区账单数量为依据，设立若干收款中心，并指定一个收款中心的账户为集中银行。

②通知客户将货款送至最近的收款中心。

③收款中心将每天收到的货款存到当地银行，将多余现金从地方银行汇入集中银行。

设立集中银行不仅可以缩短账单、汇款的邮寄时间，还可以缩短支票兑现的时间，加速收款过程。但是在多处设立收款中心，相关的费用也会增加。同时，收款中心的银行会要求一定的补偿余额。补偿余额是一种闲置的不能使用的资金。开设的中心越多，补偿余额越多，闲置资金也越多。在决定采用这种方法时，切记千万不能忽略它带来的成本的增加。

2.现金支出管理技巧

现金支出管理的症结在于其支出时间。站在支付方的角度而言,企业当然是越晚支出现金越好,但其前提是不能有损企业的声誉。现金支出管理的重心在于如何延缓付款时间。一般说来,有以下几种方法:

(1)推迟支付应收账款

一般情况下,对方收款时会给企业一定的信用期限,企业可以在不影响信誉的前提下推迟支付时间。如:支付条件是:"2/10,N/45",企业可以安排在发票开出后第10天付款,从而可以最大限度地利用现金又不丧失现金折扣。

采用汇票付款。汇票支付结算方式存在承付期,企业可以充分利用这段承付期延缓付款时间。

(2)合理利用"浮游量"

现金浮游量是企业现金账户与银行存款账户之间的差额。这是账款回收程序中的时间差造成的,即企业已经开出了支票,而客户还没来得及到银行兑现。因此,在这段时间差内,企业仍然可以动用活期存款账户上的资金。企业管理者应该合理预测现金浮游量,有效利用时间差,以提高现金利用效率。

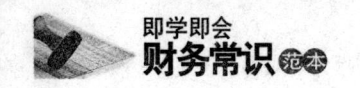

第14章 把关成本管理,节省手中每一分钱

> 成本管理学家喜欢说这么一句话:成本就像海绵里的水,只要愿意挤,总还能挤出水来。成本管理就是隐藏于企业内部的一座"金矿",为了使企业利益最大化,就要管好这座"金矿",把好"成本管理"这道关。

常识83 成本管理具有哪些意义?

企业进行成本管理是为了充分动员和组织企业全体人员,在保证产品质量的前提下,对企业生产经营过程的各个环节进行科学合理的管理,力求以最少生产耗费取得最大的生产成果。

第一,成本管理涉及公司的竞争能力。公司要在成本领先和产品新奇之间作出权衡。无论采取什么战略,成本一旦无法控制,公司也就失去了竞争优势。

第二,成本管理是公司增加赢利的根本途径,直接服务于公司的经营目的。在任何情况下,降低成本都可以增加利润。

第三,成本管理是抵抗内外压力,求得生存的主要保障。公司在经营过程中,外有同业竞争、政府课税和经济环境逆转等压力,内有职工改善待遇和股东要求分红的压力,经常遭受内外夹攻。公司用以抵抗内外压力的武器,主要是降低成本、提高产品质量、创新产品设计和增加产销量。其中,降低成本是最主要的。

第四,成本管理是公司发展的基础。把成本控制在同类公司的先进水平上,是公司迅速发展的基础。许多公司陷入困境的重要原因之一,是在成本失去控制的情况下盲目发展,一味在促销和开发新产品上冒险,一旦市场萎缩或决策失误,公司可能很快就会倒闭。

目前,公司间的竞争逐渐由产品质量竞争过渡到价格竞争,降低成本获得竞争优势成了每个公司的主题。

常识 84　企业成本有哪些？

成本按产品与产量的变动关系，可以分为固定成本、变动成本和半变动成本。

1.固定成本

固定成本是指在一定产量范围内与产量增减变化没有直接联系的费用。其特点是：

（1）在相关范围内，成本总额不受产量增减变动的影响。

（2）但从单位产品分摊的固定成本看，它却随着产量的增加而相应地减少，如厂房、机器设备的折旧等。

固定成本又可分为酌量性固定成本与约束性固定成本两大类。

酌量性固定成本是指企业根据经营方针由高层领导确定一定期间的预算额而形成的固定成本，主要包括研究开发费、广告宣传费、职工培训费等项。

约束性固定成本主要是属于经营能力成本，它是和整个企业经营能力的形成及其正常维护直接相联系的，如厂房、机器设备的折旧、保险费、财产税等。企业的经营能力一经形成，在短期内难以作重大改变，因而与此相联系的成本也将在较长期内继续存在。

2.变动成本

变动成本是指随着产量的增减变动，其总额也将发生相应的成正比例的变动的成本。如直接材料费、直接人工工资等。

变动成本的主要特点是：

（1）其成本总额随着产量的增减成比例增减。

（2）从产品的单位成本看，它不受产量变动的影响，其数额始终保持在某一特定的水平上。

必须注意，在实际工作中，有些行业（例如化工行业）的变动成本总额与产量之间的依存关系存在着一定的相关范围。也就是说，在相关的范围之内，变动成本总额与产量之间保持着严格的、完全的线性联系，也就是正比例的增减变动关系，但在相关的范围之外，它们之间很可能是非线性联系。

3.半变动成本

半变动成本是指总成本虽然受产量变动的影响,但是其变动的幅度随不同产量的变化保持严格的比例。这类成本由于同时包括固定成本与变动成本两种因素,所以,实际上是属于混合成本。它通常有两种表现形式:

(1)半变动成本有一个初始量,它类似固定成本,在这基础上,产量增加,成本也增加;它又类似变动成本,如机器设备的维护保养费。

(2)半变动成本随产量的增长而呈阶梯式增长,称为阶梯式成本。其特点是:产量在一定范围内增长,其发生额不变;当产量增长超过一定限度,其发生额会突然跳跃上升,然后在产量增长的一定限度内又保持不变,如化验员、检验员的工资。

常识 85 如何才能找出可以节省的成本?

20世纪90年代,西方经济步入衰退期,而一家不怎么起眼的小型航空公司却在一片萧条的气氛中异军突起,并在1992年取得营业收入增长25%的骄人业绩,利润达数千万美元,它就是西南航空公司。

西南航空公司采用各种措施实行低成本运营,做到任何一家大型航空公司都无法做到的低成本运营。在机型的选择上,该公司全部采用低能耗的波音-737型,这样,既节省了油钱,而且又可以使公司在人员培训、零部件购买、维修保养上均执行同一标准,从而大大减少了培训费、飞机维修费用。在顾客服务上,公司针对航程短的特点,只为顾客提供花生米及饮料,而不提供用餐。事实上,这也并没有降低顾客的满意度。登机卡全部采用塑料卡。一般,航空公司的登机卡都是纸,只能一次性使用,而西南航空公司的登机卡却能反复使用,从而又节省了大量的费用。西南航空公司的低成本运营战略战无不胜,几乎找不到竞争对手。

事实上,许多组织都采用措施控制成本。生产成本、销售成本、直接成本、间接成本等等人所共知的概念我们毋庸多言,这里主要介绍几个不易为人注意的成本:

1.隐藏着的成本

许多大项目的成本都在"杂支"的栏目中隐藏下来了,或者分别列在不同的账目中。举例说,如包装费、仓储费、搬动费、运输费等,这类支出加起来可以是一大笔钱,这些支出常常分别列在各种账目中,而且有隐藏起来的趋势。在大多数工厂中,多数训练有素的工程师都关注制造成本,但是,我们在上面提及的那些项目,比起制造成本,更急需做出降低成本的努力。在这些领域里,如果认真检查,降低成本是大有可为的,事实上,在这些领域降低成本的可能性比起降低通常为大多数工程师所关注的制造成本要大得多。

2.不工作的成本

如果一台机器闲置在那里一段时间,那么这台机器的所有费用,包括为这台机器提供的昂贵的服务费都得由这台机器减产后的产品去分摊,当然,由于减产而造成的利润损失实际上也是成本的一部分。

3.决策的成本

"决策"在成本核算中也许是个陌生的词,但是,它的确关系到大笔的钱,例如,视察和检查工作可以消耗许多钱,倘若有选择地只检查有代表性的项目,则可以使这一数字变小。由此可见,切合实际的管理制度可以节省一大笔钱。

4.失去机会的成本

"失去机会的成本"是一个重要的方面。例如一架喷气客机空余的机座未卖出去,一艘货船由于货物装卸不能令人满意而在码头停泊了许多天,一艘货船空返航。这些都是"失去机会的成本"的例子。

5.购买便宜货的成本

有些企业迷恋于购买便宜货,殊不知最便宜的东西常常是最贵的东西。在计算成本时,并不光是价钱起作用,还包括产品的可靠程度,能否买到合适的零配件和原材料对设备的损坏率有很大的关系。虽然误事、恼火、神经紧张不能用经济形式来计算,但这些都是很重要的因素,如果能用计算机计算的话,加起来也许是一笔很大数目的钱。一旦某台机器损坏,由于不能生产而造成的亏损该有多大,这些后果都要计算在内,所以当你采购时,要全面考虑这些问题。

常识86　了解成本的计算步骤？

成本计算的基本步骤为：

第一，对所发生的成本进行审核区分，确定哪些成本是属于生产经营成本，同时，区分正常的生产经营成本与非正常的生产经营成本。并判定正常的生产成本是属于产品成本（直接成本、间接成本）又或是期间成本，因为其计入成本的方式不同。

备注：在ERP（企业资源规划）系统中，录入相关费用单据时，都可以指定此笔费用是否计入成本及分配的规则。对于非正常的生产经验成本、投资筹资的支出，一般都不计入生产成本中去。

第二，将应计入产品成本的各项成本，区分为应计入本月的产品成本与应当由其他月份产品负担的成本，通过待摊、预提进行调整。

第三，将本月应计入产品成本的生产成本，区分为直接成本与间接成本，直接成本直接记录产品成本，间接成本要先记录成本中心，然后按一定规则在产品中进行分配。

第四，把直接成本、间接成本、期间成本进行相加，就是所需要的生产成本。

在生产阶段，在产品生产完工后，需要计算产品的制造成本。按照一定对象和一定程序，归集和分配公司在产品生产阶段中发生的各项费用，最终计算出各种生产完工的产成品的总成本和单位成本。

常识87　如何才能做到保本经营？

确定"保本点"属于保本分析的内容。保本分析是本量利分析的一个基本内容，亦称盈亏临界分析或损益平衡分析。它主要研究如何确定盈亏临界点、有关因素变动对盈亏临界点的影响等问题，它可以为决策提供在何种业务量下企业将赢利，在何种业务量下会出现亏损等信息。下面对盈亏临界点的确定做详细论述。

盈亏临界点是指企业收入和成本相等的经营状态，即边际贡献等于固定成本时企业所处的既不赢利又不亏损的状态，通常以一定的业务量来表示这种状态。

1.盈亏临界点销售量

就单一产品企业来说,盈亏临界点的计算并不困难。由于计算利润的公式为:

利润=单价×销量-单位变动成本×销量-固定成本

令利润等于零,此时的销量为盈亏临界点销售量:

0=单价×盈亏临界点销售量-单位变动成本×盈亏临界点销售量-固定成本

$$盈亏临界点销售量 = \frac{固定成本}{单价-单位变动成本}$$

又由于:

单价-单位变动成本=单位边际贡献

所以,上式又可写成:

$$盈亏临界点销售量 = \frac{固定成本}{单位边际贡献}$$

【例 14-1】某企业生产一种产品,单价 10 元,单位变动成本 8 元,每月固定成本 8000 元,求盈亏临界点销售量。

盈亏临界点销售量=8000÷(10-8)=4000(件)

2.盈亏临界点销售额

由于不同产品的产销量不能简单相加,一般用销售额来表示多品种的盈亏临界点。

由于利润计算的公式为:

利润=销售额×边际贡献率-固定成本

令利润为零,则此时的销售额为盈亏临界点销售额。再经变形可得:

$$盈亏临界点销售额 = \frac{固定成本}{边际贡献率}$$

3.盈亏临界点作业率

盈亏临界点作业率,是指盈亏临界点销售量占企业正常销售量的比重。所谓正常销售量,是指正常市场和正常开工情况下的销售数量。

$$盈亏临界点作业率 = \frac{盈亏临界点销售量}{正常销售量} \times 100\%$$

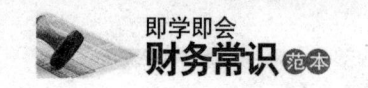

它既可以说明企业保本业务量在正常业务量中所占的比重,又可说明企业在保本状态下生产经营能力的利用程度。

根据【例14-2】中的资料,若正常销售量为10000件,则:

盈亏临界点作业率=4000÷10000×100%=40%

它表明企业的作业率必须达到正常作业的40%以上才可取得赢利,否则就会发生亏损。

常识88　如何做好企业的费用控制?

企业经营的目的是实现股东财富最大化,而通过公式"利润=收入-费用",我们可以毫不犹豫地说出增加利润的两条基本途径:一是提高收入;二是减少费用。下面,我们将介绍几种控制费用的好方法。

1.建立费用预算制度——防患于未然

事后控制不如事中控制,事中控制不如事前控制,可惜大多数的事业经营者均未能体会到这一点,等到错误的决策造成了重大的损失才寻求弥补,即使请来了名气很大的"空降兵",结果也于事无补。

企业总经理可以充分利用公司财务部门所提供的历史财务数据,结合企业本年度的发展目标和计划,再根据实际情况,特别是本企业、本部门的业务特点,建立一套费用预算体系。通过定期采集数据,制定各项费用的预算定额,编制费用预算报表,特别要将各项预算指标通知给各部门,使所有职工了解和明确本期费用开支计划,通过上下员工一起努力,最终达到事前控制费用的目的。

事前控制还包含产品功能的价值分析,在产品投产前,要通过对成本费用与功能关系的分析研究,选择最佳方案,制定目标管理,一般来说,由于产品的功能决定着产品的结构、零部件的数量、材料的种类及消耗定额、产品的制造工艺流程等,因此产品功能的确定,大体决定了产品成本费用水平。如果企业不对产品进行必要的功能分析,不注重客户的要求,忽视产品价值的关键点,就会出现以下两种情况:第一种情况是虽然产品功能很高,但某些功能并非用户所需要,形成功能过剩或功能偏差;第二种情况是产品功能达不到用户的需要,形成功能不足。这两种情况都会造成各项费用的浪费,导致企业利润率水平较低,从而严重影响企业经济效益的提高。为此,企业要根据市场信息和客户要求,组织有关人员和专家及时进行研究,设计调整产品功能方案,把技术管理与经济效益有机结合起来,力求实现降低成本费用和提高经济效益的目标。

通过建立费用预算制度和进行产品有效功能分析,可以明确各期的费用目标,削减不必要的制造费用,降低发生损失的可能性,从而达到防微杜渐的管理目的。

2.日常管理——事中控制

企业的各项费用不是集中一次性发生的,而是不均匀地分散在各个期间内,日日、时时地不断发生的。因此,加强对费用的日常管理就显得尤为重要。在这个阶段,通常对实际发生的各种费用进行控制、指导和监督,以保证原定费用目标得以实现。我们认为进行事中控制的最佳途径是建立标准成本费用制度,即通过精确的调查分析与专业测定制定的,用来评价实际成本费用、衡量工作效率的一种预定的成本费用。在标准成本费用中,基本上排除了不该发生的"浪费",因此被认为是一种"应该成本",它体现了企业的目标和要求,也可作为评价业绩的尺度,以此来督促职工去努力实现目标,具有激励性。

标准费用制度具有过程控制功能,它可以将实际成本费用脱离标准成本费用的差异在有关账户中加以反映,在平时的核算中,可以随时发现偏差,以此为线索进行分析研究,可以掌握差异形成的原因和责任者,并及时采取有关措施把不利差异消灭在萌芽状态,及时追究当事者的责任,保证成本费用目标的实现。

3.亡羊补牢——事后控制

事后控制是上一个会计期间内费用事后控制的总结,又是下一个会计期间费用控制的开始。经过了费用的事前控制和事中控制,进行事后控制可以找出在这一工作流程中采取的哪些措施是有效的,哪些措施存在着不足,从而为下一个工作流程的开始总结经验教训,并提出更有效的措施和方法,为提高企业经济效益服务。由于成本费用大部分是在事前控制(设计阶段)和事中控制(执行阶段)形成的,因此我们应该建立完整的费用控制系统,把重点放在事前控制和事中控制上,把事后控制作为事前控制和事中控制的必要总结和补充。

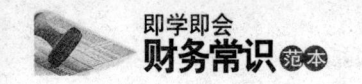

4.严格奖惩,强化激励

费用控制要落到实处,必须建立一套切实可行的奖惩考核办法,明确规定各种考核指标及办法,使费用指标真正同职工切身利益挂起钩来。有了指标就有了责任,该罚的一定要罚,对超额完成指标者,该奖的一定要奖,不能随意改变考核奖惩办法。只有这样,才能保证费用指标的完成,才能把费用控制落到实处。

第五部分
税务缴纳常识篇

　　一提到税务,很多人都会感到头疼,各种各样的税种和核算规则,常常会让人感到眼花缭乱。

　　但是,税务却是每一个人都不可回避的事情。税务是企业应该承担的责任,更是我们经营过程中所必须考虑的重要因素,这就要求我们必须对税收知识有一个全面的概括认识。

　　对于税务的了解,不仅会对企业经营产生有利的促进作用,还可以给经营者提供有利的税收筹划空间,这对于经营者,是一件更重要的事情。

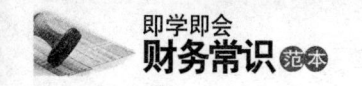

第15章 依法纳税，认清企业的责任与义务

> 作为中华人民共和国的公民，每个人都有义务按照国家的规定依法纳税。企业也是如此，依法纳税是每个企业在经营过程中必须承担的义务，这就要求我们对纳税的注意事项有一个透彻的了解。

常识89 税收及其基本特征？

税收是国家为了实现其职能，凭借政治权力，按照法律预先规定的标准强制地、无偿地征收实物或货币，参与国民收入分配与再分配所形成的特定分配关系。税收又称租税、捐税，它是国家出现以后的产物，具有强制性、无偿性、固定性。

强制性，指国家征税是以法律、法令形成规定的带有强制性的征收，税收法律和法令是国家法律的组成部分。只要税法明确规定应该纳税的任何单位和个人，都必须依法纳税，否则就属违法，就要受到法律制裁。

无偿性，指国家对纳税人征税是无偿的。税款为国家所有，不再直接返还纳税人。

固定性，指国家在征税之前，预先以法律形式规定了课税对象及每一单位课税对象的征收比例或征收数额，国家和纳税人都要按照预定标准征收或缴纳，双方都不得随意改变。当然，国家由于客观经济形势的变化，或实行某项政策的需要，可以修订税法，提高或者降低某种税以至某些税的征收标准；纳税人由于经营上或者其他客观因素导致的纳税困难，可以向税务机关申请减半或者免征某种税收。这都是因客观条件的变化，变动征收标准，而不是取消征收标准。税收的固定性还体现在缴纳时间上。在税法中规定了纳税人的缴纳期限，必须在规定期限内纳税，否则要加收滞纳金；这样就保证了国家及时取得财政收入。

税收的强制性、固定性和无偿性缺一不可,是税收区别于其他财政收入的基本特征。

常识 90　纳税人有哪些权利?

我国法律规定,纳税义务人是税收法律关系中享有权利和承担义务的当事人之一,是税收法律关系的权利主体之一。在税收法律关系中,权利主体双方的法律地位是平等的。只是因为主体双方是行政管理者与被管理者的关系,因此,双方的权利与义务并不对等,这与一般民事法律关系中主体双方权利与义务平等有所不同。作为纳税义务人,应该熟悉自己有哪些权利,充分享受法律、法规赋予自己的权利。但是,税收法律关系的保护,对权利主体双方应是对等的,不能只对一方保护,而对另一方不予保护。对权利享有者的保护,就是对义务承担者的制约。根据从1993年起实行的《中华人民共和国税收征收管理法》及其实施细则可以看出,我国纳税人、扣缴义务人的权利主要有:

1.延期申报和延期缴纳税款权

纳税人、扣缴义务人不能按期办理纳税申报或者报送代扣代缴、代收代缴税款报告表的,经税务机关核准,可以延期申报。纳税人因有特殊困难,不能按期缴纳税款的,经省、自治区、直辖市国家税务局、地方税务局批准,可以延期缴纳税款,但是最长不得超过三个月。

2.委托税务代理权

纳税人、扣缴义务人可以委托注册税务师代为办理税务事宜。作为税务代理人,必须是经国家税务总局及其省、自治区、直辖市国家税务局批准,从事税务代理的专门人员——注册税务师及其工作机构——税务师事务所等。实行税务代理制度,可以大大减轻纳税人自行办理纳税事宜的工作量,可以提高办税质量和效率,减少核算过程中的差错,使纳税人的纳税申报、申请、申诉得到及时办理。

3.依法申请减税、免税权

纳税人可以依照有关法律、法规的规定,按照规定的要求和程序,有权向主管税务机关书面申请减税或免税,税务机关应按规定予以办理。

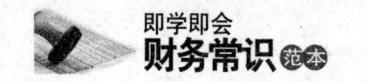

4.多缴税款申请退还权

纳税人超过应纳税额缴纳的税款,税务机关发现后应当立即退还;纳税人自结算缴纳税款之日起三年内发现的,可以向税务机关要求退还多缴的税款并加算银行同期存款利息,税务机关及时查实后应当立即退还;涉及从国库中退库的,依照法律、行政法规有关国库管理的规定退还。

5.保密权

纳税人、扣缴义务人有权要求税务机关为纳税人、扣缴义务人的情况保密。税务机关应当依法为纳税人、扣缴义务人的情况保密。

6.申请复议和提起诉讼权

纳税人、扣缴义务人、纳税担保人同税务机关在纳税时发生争议,或对税务机关的处罚决定、强制执行措施、税收保全措施不服的,可以按照规定的期限、程序,向上级税务机关申请复议或向人民法院提起行政诉讼。根据行政诉讼法和行政复议条例的规定,在申请复议或提起诉讼中,还可以就其合法权益遭受的损失,要求税务机关承担赔偿责任。

7.索取收据或清单权

税务机关扣押商品、货物、其他财产时,必须开具收据;查封商品、货物、其他财产时,必须开具清单。纳税人因故受税务机关扣押、查封商品、货物、其他财产的处理时,有权索取收据或查封清单。因为这一方面证明自己的商品、货物、其他财产受到了法律限制,另一方面又说明自己已经遵守了国家法律。因此,如税务机关不开具有关凭据,纳税人有权拒绝合作或不履行相关义务。

8.要求承担赔偿责任权

如果税务机关采取扣押、查封纳税人商品、货物或冻结纳税人的银行存款等税收保全措施不当,或者纳税人在限期内已缴纳税款,但税务机关并未立即解除税收保全措施,而使纳税人的合法权益遭受损失的,纳税人有权要求税务机关承担赔偿责任。

9.索取完税凭证权

税收机关征收税款和扣缴义务人代扣、代收税款时,必须给纳税人开具完税凭证。纳税人缴纳税款后,税务机关必须依法为纳税人开具完税凭证,作为缴纳税款的法律凭证,交给纳税人保存备查;纳税人也有权依法索取完税凭证,以证明自己已经履行了纳税义务,使自己的合法权益不受侵犯。

10.对违法行为的检举权

纳税人、扣缴义务人有权检举违反税收法律、财政法规的行为。税务机关应当为检举人保密,并按照规定给予奖励。

11.拒查权

税务机关派出的人员进行税务检查时,应当出示税务检查证和税务检查通知书,并有责任为被检查人保守秘密;未出示税务检查证和税务检查通知书的,被检查人有权拒绝检查。

12.拒付权

纳税人违反了税法需进行罚款处理时,税收机关必须开具收据。纳税人付了罚款并收到罚款收据时,证明自己已经接受惩罚,承担法律责任。若税务机关实施上述行为并未开具收据,纳税人则有权拒绝履行或合作,借以约束税务人员的执法行为。

常识91　纳税人有哪些义务?

我国宪法第五十六条规定:"中华人民共和国公民有依照法律纳税的义务。"结合征管法和其他税收法规,我国纳税人主要有以下义务:

1.依法办理税务登记的义务

公民、法人在发生纳税事宜时有义务在纳税期限内办理税务登记;工商企业在分设、合并、迁移、转移、歇业、破产等税务登记内容发生变化时,有义务在工商行政管理机关申请办理变更、注销登记之日起30日内或在工商管理机关申请办理注销登记之前,持有关证件,到税务机关申报办理变更或注销登记。纳税人不履行这一义务,税务机关有权责令其限期改正和给予罚款处理。

2.接受账簿、凭证管理的义务

纳税人应按照有关法律、行政法规和国务院财政、税务主管部门的规定设置账簿,根据合法、有效凭证记账,进行核算。从事生产、经营的纳税人的财务、会计制度或者财务、会计处理办法和会计核算软件,应当报送税务机关备案。如

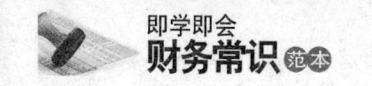

果纳税人的财务、会计制度或者财务、会计处理办法与国务院或者国务院财政、税务主管部门有关税收的规定相抵触,应该依照国务院或者国务院财政、税务主管部门有关税收的规定计算应纳税款、代扣代缴和代收代缴税款。从事生产、经营的纳税人必须按照国务院财政、税务主管部门规定的保管期限保管账簿、记账凭证、完税凭证及其他有关资料。账簿、记账凭证、完税凭证及其他有关资料不得伪造、变造或者擅自损毁。

3.纳税申报义务

依法办理纳税申报,是纳税人履行纳税义务的法定手续,也是税务机关确定应征税款、开具纳税凭证、纳税人限期纳税的主要依据。纳税人有义务依税法规定的期限办理纳税申报,报送纳税申报表、财务会计报表以及税务机关根据实际需要要求纳税人报送的其他资料。扣缴义务人也应在规定的申报期内报送代扣、代缴、代征税款报表以及其他需要报送的资料。为了履行这一义务,纳税人应忠实履行,如实申报,并按规定期限足额缴纳税款。对漏报、不报或拒绝申报的,不按规定期限预缴和清缴税款的,均要被依法处以数额不等的罚款或罚金,情节严重构成犯罪的,还要追究刑事责任。

4.按时纳税的义务

纳税人理所当然有义务按时足额纳税。我国的税法对每一税种都规定了纳税的最后期限,纳税人一旦超过纳税期限,税务机关应从滞纳税款之日起,按日加收滞纳税款万分之五的滞纳金并责令限期缴纳,限期过后仍不缴纳的,则应依法予以重罚。纳税人因有特殊困难,不能按期缴纳税款的,经省、自治区、直辖市国家税务局、地方税务局批准,可以延期缴纳税款,但最长不得超过三个月。

5.配合税务部门检查的义务

与税务机关的税务检查权相对应,纳税人还有依法接受税务检查的义务。纳税人应主动配合税务部门按法定程序进行税务检查,如实地向税务机关反映自己的生产经营情况和执行财务会计制度情况,并按有关规定提供报表和资料,不得隐瞒和弄虚作假,不能阻挠、刁难税务机关及其工作人员的检查和监督。

6.及时提供有关税务信息的义务

纳税人除通过税务登记和纳税申报向税务部门提供与纳税有关的信息外,

还应及时提供其他信息,如纳税人有歇业、经营规模扩大、遭受各种灾害等特殊情况的,应及时向税务机关说明,以便税务部门依法处理。

纳税人的基本权利和义务,各国差异并不太大,但在基本权利和义务基础上延伸的权利和义务,则会随着国家包括税法在内的法制建设的不断完善和健全而有所差异。一般说,凡是法制比较健全、市场经济比较成熟的国家,其纳税人的权利和义务较具体。对同一个国家来说,不同历史时期,其纳税人的权利和义务也会有所不同。

常识 92 我国的税种有哪些?

在现代市场经济条件下,税收具有组织财政收入、调节经济和调节收入分配的基本职能。目前,我国税种共有 19 个,其中 16 个税种由税务部门负责征收。固定资产投资方向调节税由国务院决定从 2000 年起暂停征收。关税和船舶吨税由海关征收,另外,进口货物的增值税、消费税由海关部门代征。

1.增值税:对在我国境内销售货物或提供加工、修理修配劳务及进口货物的单位和个人征收。

2.消费税:对在我国境内生产或销售、委托加工和进口应税消费品的单位和个人征收。

3.营业税:对有偿提供应税劳务(包括交通运输业、建筑业、金融保险业等七个税目)、转让无形资产和销售不动产的单位和个人征收。

4.企业所得税:对在我国境内的一切企业和其他取得收入的组织(不包括个人独资企业、合伙企业),就其生产经营所得和其他所得依法征收。

5.个人所得税:对个人(自然人)取得的各项应税所得(包括个人的工资、薪金所得,个体工商户的生产、经营所得等 11 个应税项目)征收。

6.资源税:对各种应税自然资源征收。(参见本刊今年第 4 期 23 页)

7.城镇土地使用税:以在城市、县城、建制镇和工矿区范围内的土地为征税对象,以纳税人实际占用的土地面积为计税依据,按规定税额对使用土地的单位和个人征收。

8.土地增值税:在我国境内转让国有土地使用权、地上建筑物(包括地上、地

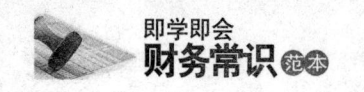

下的各种附属设施）及其附着物并取得收入的单位和个人,对其转让所取得的增值额征收。

9.房产税:以城市、县城、建制镇和工矿区范围内的房屋为征税对象,按房产原值一次减除 10%~30%后的余值或租金收入向房产所有人或经营使用人征收。

10.城市维护建设税:以纳税人实际缴纳的增值税、消费税和营业税税额为计税依据征收。

11.车辆购置税:对购置汽车、摩托车、电车、挂车、农用运输车等应税车辆的单位和个人征收。

12.车船税:以在我国境内依法应当到车船管理部门登记的车辆、船舶为征税对象,向车辆、船舶的所有人或管理人征收。

13.印花税:对经济活动和经济交往中书立、领受应税经济凭证征收。

14.契税:以在我国境内转移的土地、房屋权属为征税对象,向取得土地使用权、房屋所有权的承受人征收。

15.耕地占用税:对在我国境内占用耕地建房或从事非农业建设的单位和个人,就其实际占用的耕地面积征收。

16.烟叶税:对收购烟叶(包括晾晒烟叶、烤烟叶)的单位,按照收购金额的一定比率征收。

17.关税:以进出境的货物和物品为课税对象征收。

18.船舶吨税:对在中国港口行驶的外国籍船舶和外商租用的中国籍船舶,以及中外合营企业使用的中外籍船舶(包括在港内行驶的上述船舶)征收。

19.固定资产投资方向调节税(国务院决定从 2000 年起暂停征收)。

常识 93 如何申报纳税？

纳税申报是纳税人为正确履行纳税义务,就纳税有关事项向税务机关提出的书面申报。它是税务管理的一项重要制度。

1.纳税申报的内容

主要是在各种税的纳税报表和代扣代缴、代收代缴税款报告中予以确定和反应的,还有一部分是随纳税申报时报的财务报表和有关纳税资料。纳税申报的主要内容有:税种、税目、应纳税项目或者应代扣、代收税项目,适用税率或者单位税额,计税依据,扣除项目及标准,应纳税额或者应代扣、代收税额,税款所属期限等。纳税人办理纳税申报时,应如实填写纳税申报表,并附送有关资料。

纳税申报表和扣缴报告表是公司等纳税人和扣缴义务人依照税收法规,计算应纳税款或代扣、代收税款以及缴纳或扣缴税款的主要凭证,同时也是税务机关审核计算应征税款或缴库税款,开具完税凭证的重要依据。一般地说,各税种的纳税申报表所包括的内容是:纳税人名称、税种款所属期限、应税项目、扣除项目、适用税率、计税依据、应纳税额、缴库日期、代收税项目、代扣代收税额等。

2.纳税申报的方法

纳税申报的方法是指公司等纳税人和扣缴人在发生纳税义务和代扣代缴、代收代缴义务后,在其申报期限内,依照税收法规,到指定的税务机关,或通过邮寄形式办理的纳税申报。纳税人应报送纳税报表,财务会计报表以及税务机关要求报送的其他纳税资料,扣缴义务人应报送代扣代缴、代收代缴税款报款报告表以及税务机关要求返送的其他有关资料。对于纳税人到税务机关办理纳税申报有困难的,经税务机关批准,也可采取邮寄申报。邮寄申报的,以邮出地的邮戳日期为实际申报日期。享受减税、免税待遇的纳税人,在减免税期间也应按规定办理纳税申报,并按税务机关的规定报送减免税金的统计报告。公司等纳税人和扣缴义务人,无论有无应税收入和所得等,无论有无代扣代收税等,都必须在申报期限前纳税申报。

常识 94 如何缴纳税款?

税款征收是税务部门依照税收法规定将纳税人依法应纳的税款,通过一定的方式征集收缴入库的执法过程或工作。税款征收的方式主要有:

1.自核自缴方式

又称"三自"纳税。这是对财务会计制度比较健全,能够及时进行正确核算,办税人员认真负责的国有和集体企业等,经税务机关批准,纳税人可以根据税法规定,自行计算应纳税额、自行填写缴款书、自行按期到银行缴纳税款的一种

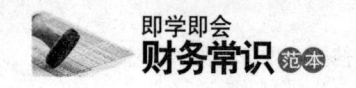

纳税方式。

2.自报核缴方式

对于按照国务院、财政、税务主管部门的规定设置账簿，根据合法、有效凭证来进行核算的纳税人，一般采用查账征收方式。纳税人应在规定的纳税期限内，根据自己的财政报表或经营成果，向税务机关申报应纳税额或所得额应纳税额。纳税人的会计核算应真实准确，资料齐全，可以作为计税的依据，这是大多数企业与团体法人及部分公民申报纳税的主要方式。

3.查验征收方式

查验征收方式指税务机关对某些难以进行源泉控制的征税对象，通过查验证、照和实物，据以征税而采取的一种征收方式。

4.民主评定征收方式

税务机关对经营规模小、会计记录很不完备的工商业户、组织业主及有关部门建立各级评议组织，选定具有代表性的典型户，进行深入调查和民主协商，得出标准销售收入或经营额、标准收益率或标准毛利率及其所得额，然后结合所有业户的经营情况，确定每个纳税人一定时期内的应纳税额，最后由税务机关核定征收，年终不进行税款结算的征收方式。

5.代扣代缴

代扣代缴是指按照税法规定，负有扣缴税款的义务的法定义务人，负责对纳税人应纳的税款进行代扣代缴的方式。

6.代收代缴

代收代缴是指按照税法规定，负有收缴税款义务的法定义务人，负责对纳税人应纳的税款进行代收代缴的方式。

7.委托代征

委托代征是指受委托的有关单位按照税务机关核发的代征证书的要求，以税务机关的名义向纳税人征收一些零散税款的方式。

8.代征

代征是特指国家法律、行政法规明文规定委托其他行政机关代行税务机关部分行政权的行政行为。如海关的进口产品的增值税、消费税就是代征。

9.邮寄申报纳税

邮寄申报纳税是指纳税人在邮寄纳税申报表的同时，经税务机关审核、汇寄并解缴应纳税款的一种征收方式。

常识 95　如何区分合理避税与偷、骗、抗、欠税的区别？

在西方发达国家,纳税人对合理避税已耳熟能详,而在我国,人们对它的认识尚处于一个刚刚认识并逐步接纳的阶段。

合理避税在我国虽是"小荷才露尖尖角",但人们对合理避税的热情却一直在升温,"合理避税"这个词越来越受到媒体的关注,"野蛮者抗税、愚昧者偷税、糊涂者漏税、精明者合理避税"的说法,令人们对合理避税产生了诸多遐想。

随着中国加入WTO,关税的逐步下调,国内市场上民族企业和跨国企业一起在竞争,而跨国企业经过几十年的磨炼,尤其是在合理避税方面已经领先一步,这就要求国内不论中、小企业还是大企业,都要尽快掌握合理避税方面的技能,以达到降低企业运营成本、提高自身竞争力的目的。

回顾跨国企业的发展历程,一开始为地方性小企业,经营范围小、经营地点固定,人员少、业务量也相对较小,逐渐发展壮大为地区性企业、区域性企业、全国性企业和跨国企业,这时,经营范围由少变多,分支机构遍布全国乃至世界各地,销售收入屡屡登上新的数量级。企业的发展过程,必然会遇到税收问题,而且税收问题随着企业的发展越来越复杂。

一般来说,小企业是从与一个地区的一个税务机构打交道,逐渐发展成与不同地区的税务机构就税收的方方面面进行沟通,最后发展成为跨国企业时,要与不同国家,不同地区的税务机构接触。这就需要企业进行合理避税,把税收放到一个不可小视的地位。

新建立的企业往往一开始只是考虑产品的市场问题,而把税收问题放在一边,当运作一段时间后,每次预缴所得税时才发现要把一部分利润上缴国家,这时才真正意识到合理避税筹划的重要性,每个企业都会经历这样一个过程。现在跨国企业一般有税务顾问或自己企业的税务经理,负责企业的税务事宜,为企业提供避税筹划。

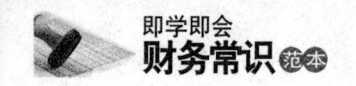

企业的自身发展也需要不断加深对合理避税的认识。现在,跨国公司投资时,不仅考虑当地的税收环境,而且更多地研究该行业的税收变化和国家或地区的税收政策变化趋势,以期达到一种动态管理的目的;同时在研究适合于该地区或国家的税法精神下的企业经营战略,比如怎样构建自己的组织系统(分支机构),产品链各环节的定价等等。

所以,对于企业而言,应该加深对合理避税筹划的认识,在企业经营中,逐步把企业合理避税筹划提升到一定的地位,尤其是我国加入 WTO 后,企业参与国际竞争更有必要重视,并开展合理避税筹划工作。

纳税人追求财富最大化是一种天然本性,在不违法的前提下,通过事前筹划,尽可能地避掉一些税收是天经地义的。但是,一提到避税,很多人就会想当然的把它与偷、骗、抗、欠税联系在一起。其实不然,合理避税是纳税人的一种合理、合法优化税收的活动,它与偷、骗、抗、欠税有着本质的区别。

1. 偷税

偷税是违法的,税收违法活动中偷税影响很坏、现象最多。由于税收是对纳税人利益的剥夺,尽量少缴或不缴税是纳税人的朴素愿望,因此,偷税是各国普遍存在的现象,即使在发达国家,税收征收管理比较完善,纳税人纳税意识普遍较高的情况下,偷税也是屡禁不止的痼疾。

我国税收规定:"纳税人伪造、变造、隐匿、擅自销毁账簿、记账凭证,或者在账簿上多列支出或者不列、少列收入,或者经税务机关通知申报而拒不申报或者进行虚假的纳税申报,不缴或者少缴应纳税款的,是偷税。对纳税人偷税的,由税务机关追缴其不缴或者少缴的税款、滞纳金,并处不缴或者少缴的税款 50%以上 5 倍以下的罚款;构成犯罪的,依法追究刑事责任。"

偷税行为人主要是通过以下三种手段进行偷税:

(1)伪造、变造、隐匿和擅自销毁账簿、记账凭证。

其中,伪造是指行为人依照真账簿、真凭证的式样制作虚假的账簿和记账凭证,以假充真的行为,俗称造假账、两本账;变造是指行为人对账簿、记账凭证进行挖补、涂改、拼接等方式,制作假账、假凭证,以假乱真的行为;隐匿是指行为人将账簿、记账凭证故意隐藏起来,使税务机关难以查实计税依据的行为;擅自销毁是指在法定的保存期内,未经税务主管机关批准而擅自将正在使用或尚未过期的账簿、记账凭证销毁处理的行为。

(2)在账簿上多列支出或者不列、少列收入。

多列支出是指在账簿上大量填写超出实际支出的数额以冲抵或者减少实际应税收入的数额。虚增成本,乱摊费用,缩小利润数额等行为;不列、少列收入是指纳税人账外经营、取得应税收入不通过销售账户,直接转为利润或者专项基金,或者挂在往来账户不结转等行为。

(3)经税务机关通知申报而拒不申报或进行虚假的纳税申报。

其中,经税务机关通知而拒不申报,是指应依法办理纳税申报的纳税人,不按照法律、行政法规的规定办理纳税申报,经税务机关通知后,仍拒不申报的行为;进行虚假的纳税申报是指在纳税人进行纳税申报的过程中,制造虚假情况,如不如实填写或者提供纳税申报表、财务会计报表以及其他的纳税资料等,少报、隐瞒应税项目、销售收入和经营利润等行为。

根据《刑法》规定,偷税数额占应纳税额的10%以上不满30%并且偷税数额在1万元以上不满10万元的,或者因偷税被税务机关给予两次行政处罚又偷税的,处3年以下有期徒刑或者拘役,并处偷税数额1倍以上5倍以下罚金。偷税数额占应纳税额30%以上,并且偷税数额在10万元以上的,处3年以上最高刑期为7年有期徒刑。

应当注意的是,偷税数额占应纳税额的比例和实际偷税的数额这两种数额必须都达到刑法规定的标准,才构成偷税罪。

2.骗税

骗税主要针对出口退税而言。我国实行的出口退税制度,是一项鼓励企业出口创汇,参与国际竞争,拓宽国际市场,符合国际惯例的有效政策。但是,有一些不法企业和个人利用该项税收优惠政策骗取出口退税,这样不仅导致国家税款的大量流失,而且扰乱了市场经济秩序,影响了公平竞争环境的形成。

我国税法规定,以假报出口或者其他欺骗手段骗取国家出口退税款,由税务机关追缴其骗取的退税款,并处以骗取税款1倍以上5倍以下的罚款;构成犯罪的,依法追究刑事责任,一般分成三档:第一档是数额较大的,处以5年以

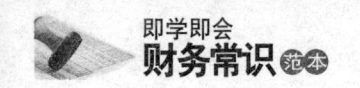

下有期徒刑或者拘役,并处骗取税款1倍以上5倍以下罚金;第二档是数额巨大或者有其他严重情节的,处以5年以上10年以下有期徒刑,并处骗取税款1倍以上5倍以下罚金;第三档为数额特别巨大或者有其他特别严重情节的,处以10年以上有期徒刑或者无期徒刑,并处骗取税款1倍以上5倍以下罚金或者没收财产。对骗取国家出口退税款的,税务机关可以在规定期间内停止为其办理出口退税。

出口退税是国家鼓励企业出口的一种国际通行的政策,通过出口退税,商品以不含税的价格进入国际市场,可以提高产品的竞争力,促进企业发展,但是对违反国家法律,采取假报出口或其他欺骗手段骗取国家出口退税款的,税务机关可以取消其出口退税的资格,并且在一定期限内停止为其办理出口退税,使其在经济上受损失,从而起到制裁的作用。

3. 抗税

抗税是一种明目张胆地对抗国家法律的行为,它是所有未按照规定缴纳税款的行为中手段最恶劣、情节最严重、影响最坏的一种行为,它不仅严重妨碍了国家税务人员依法执行公务,扰乱了正常的税收秩序和社会秩序,影响了国家税收收入的实现,而且给税务人员的人身安全带来了威胁。特别是那些以暴力方法对税务人员进行人身伤害的抗税行为,所侵害的客体不只是国家税收,而且指向税务人员的人身健康和生命权利。

我国税法明确规定:以暴力、威胁方法拒不缴纳税款的,是抗税,除由税务机关追缴其拒缴的税款、滞纳金外,依法追究刑事责任。情节轻微,未构成犯罪的,由税务机关追缴其拒缴的税款、滞纳金,处拒缴税款1倍以上5倍以下的罚款。以暴力、威胁方法拒不缴纳税款的,处以3年以下有期徒刑或者拘役,并处拒缴税款1倍以上5倍以下罚金;情节严重的,处以3年以上7年以下有期徒刑,并处拒缴税款1倍以上5倍以下罚金。

以暴力方法拒不缴纳税款,是指行为人对税务人员采用暴力方法,包括殴打、推搡、伤害、强行禁闭以及为阻碍征税而砸毁税务人员使用的交通工具、聚众冲击打砸税务机关等直接侵害人身安全的暴力方法;以威胁方法拒不缴纳税款,是指纳税人采用威胁的方法拒不缴纳税款,如扬言以拼命的威胁方法拒缴税款,或以对税务人员及其亲属的人身、财产的安全采取伤害、破坏相要挟,使其放弃执行自己的征税公务,达到拒缴税款的目的。

以威胁方法拒不缴纳税款的行为特征为:

(1)当事人侵害的对象是正在依法执行征税公务的税务人员。

(2)采取阻碍的方式,通常是以暴力、威胁方法迫使税务人员放弃执行公务。

(3)实施这种行为的主体既可以是纳税人、扣缴义务人,也可以是其他人。

因此,构成抗税行为的关键特征是对税务机关和税务人员实施暴力和威胁,抗税行为成立与否并不决定于抗拒缴纳税款的数额大小。只要是以暴力、威胁方法拒不缴纳税款,不管税款多少,都可构成抗税。

4.欠税

欠税,是指超过税务机关核定的纳税期限,没有按时缴纳税款、拖欠税款的行为。这里的纳税期限是指税法中规定的纳税期限。欠缴税款既影响国家税款的及时入库,又占用了国家税款,破坏了税法的严肃性,因此应该承担法律责任。

对不按期缴纳或者解缴的,税务机关应当责令其限期缴纳或者解缴。在现实中,纳税人未按照规定期限缴纳或者解缴税款的可以分为故意的和非故意的两种情况。对于故意的,一般是纳税人或者扣缴义务人出于一定的目的占用税款,不按期缴纳或者解缴,对于这种情况,不论是否是故意的,税务机关都要责令其限期缴纳,如果过期仍不缴纳,也没有提出申请,或者提出申请,税务机关没有批准,对纳税人及扣缴义务人上述行为给予一定的处罚,避免其无偿占用国家税款。对于非故意的,一般是纳税人或扣缴义务人不知道应该纳税,或者是知道但由于各种原因不能按期缴纳或者解缴。

我国税法规定,纳税人欠缴应纳税款,采取转移或者隐匿财产的手段,妨碍税务机关追缴欠缴的税款的,由税务机关追缴欠缴的税款、滞纳金,并处欠缴税款50%以上5倍以下的罚款;构成犯罪的,依法追究刑事责任。对于违反法律、行政法规的规定提前、延缓征收或摊派税款的,由其上级机关或者行政监察部门责令改正,对直接负责的主管人员和其他直接人员依法给予行政处分。

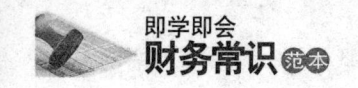

常识96 税收筹划存在哪些认识误区?

纳税筹划,就是纳税人在国家政策、法律许可的范围内,通过对纳税人的经营活动、应税义务的事先安排,以达到经济利益的最大化或延期纳税的目的。但在实际工作中,纳税人对税收筹划还存在一些认识上的误区。

1.认为税收筹划就是和税务局兜圈子,就是想尽办法将税收减少到最低

【例15-1】某从事生产加工业务的增值税一般纳税人,按照17%的税率计算缴纳增值税,其厂前有一商店(独立核算)从事购销业务,属小规模纳税人,适用4%的征收率。该商店的销售收入中有一部分是销售企业自己生产的产品所得。企业向商店提供产品,已构成销售,其销售收入应按17%缴纳增值税,但是企业却按照商店4%征收率缴纳了税款,这样从低税率缴税,造成了国家税款流失。

企业有意识地利用收入划分不清,违反税收政策,以达到少纳税的目的,这种方法不叫税收筹划,而是虚假的纳税申报。如今,大部分纳税人对偷税和合理避税的概念模糊,加之税务执法水平相对不高的影响,造成一些纳税人不重视税收筹划,使得税收筹划从起步开始就步履维艰。

2.纳税筹划是会计人员做账的事情,与经营无关

有的纳税人认为,税收和经营是两个相互独立的概念,只要请一个好会计,通过账目间的相互运作,就能够少纳税。纳税人更多的看重管理会计,看重会计核算,而对与之密切联系的税收筹划会计却是不以为然。这也是对税收筹划的错误认识,因为税收是国家调节经济的重要杠杆,与经营息息相关。利用国家的税收优惠政策可以适当调整企业的经营方向,把经营项目放在国家鼓励的产业上,既有利于企业的微观发展,又达到了降低税负的目的,这才是税收筹划的根本所在。我们欢迎这样的税收筹划,也希望通过税收筹划,尽量减少纳税人的纳税成本,提高纳税人的经营管理水平,希望纳税人走出税收筹划误区,尽快提高纳税水平。

3.借纳税筹划之名,行虚假筹划之实

一些纳税人为了达到减轻税负的目的,采取了一些有悖于税收政策的手段进行所谓的筹划,结果不仅背上了偷逃税款的罪名,还要受到经济处罚和刑事处罚,结果是节税不成,损失惨重,真是得不偿失。

【例15-2】2009年度的所得税减免申报期到了,某地税局税政科的陈科长收到了一份某福利厂的减免税报告,这着实让陈科长觉得有些不对劲,由18名残疾职工和6名健康职工再加上5名行管人员,一年生产出200多万元产品,实现销售2120万元,利润高达280万元,纳税人申报应纳税所得额310万元,申请减免企业所得税102.3万元。从提供的手续来看,资料完整、齐全,按说,应该没有什么问题,但仔细分析一下,这可能吗?是什么产品有如此高的利润,而且仅有24名职工!陈科长决定亲自来一次实地调查。

调查结果表明,此福利厂利用税收优惠政策进行了一次失败的税收筹划。

这个福利厂是由当地镇政府于2005年底投资新办,经查明,此福利厂的投资主体是一家大型的食品有限公司,该食品公司将资本金交给政府,再由政府财政划拨举办福利厂,财务上实行独立核算。

近几年来,随着食品公司不断地扩大规模,效益一天比一天好,每年上缴的企业所得税都在100多万元。为了达到少缴税款的目的,该食品公司的经理就建议投资新办福利厂,这样,公司的一部分利润就分流到福利厂,可以起到抵税的目的。应该说,这是税收法律允许的,也是值得提倡和鼓励的。

但是,该食品公司的经理认为,好不容易批了一个福利企业,就应该把福利企业的税收优惠政策"用足、用活"。在经理的授意下,财务人员人为地将公司生产的产品,以及发生的销售全部记入福利厂的账下,结果还是让精明的陈科长查了出来。

于是,福利厂没有通过所得税减免申报,申请减免的税只得如数上缴,随后,此福利厂也被取消了民政福利企业的资格。

4.纳税筹划等于税负最低的策划

目前,社会各界对纳税筹划概念的激烈探讨,使得部分人对税收筹划的认识进入一个误区,认为节税就是纳税筹划的唯一目的。然而忽略筹划成本的税收筹划,结果往往得不偿失。在实际操作中,许多筹划研究人士和纳税人都不约而同地把税收负担最低化作为税收筹划的最终目的。

千万不要为了筹划而筹划,捡了芝麻,丢了西瓜。只有让纳税筹划真正服务

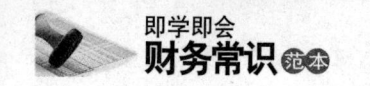

于企业的经济利益大局，能够推动企业向前发展，哪怕是选择税负较大，甚至最大的纳税方案，也不失为一项成功的税收筹划。

我们认为，纳税筹划作为企业理财学的一个重要组成部分，应归属于企业财务成本管理的范畴。财务成本管理的目标是实现企业的价值和股东财富的最大化。很多纳税筹划方案，虽然理论上可以少缴税或降低部分税负，却往往不能达到理想的预期效果，这就与纳税筹划中忽略筹划成本有关。

还有一些人认为的纳税筹划是税负最低方案的策划，即不管在什么情况下，要使选择的税负方案越低越好。这是一种静止的、片面的纳税筹划。

在实际工作中，对企业某一经济事项的纳税筹划，不仅要考虑所产生的税负如何，而且要考虑各种方案下，企业的现金流量变化情况。如果某种方案即使税负最低，但使企业的现金流出量不是最低，那么这个方案也不可选。

我们在进行纳税筹划时，应充分考虑所要策划的这一经济事项的具体实际情况，应考虑企业的整体经济效益。只有这样，才能达到税收筹划的真正目的，而绝不是不顾实际，一味强调纳税筹划全是税负最低的策划。

纳税筹划绝不是一件简单的事，作为纳税人应该认真研究，在财税专家的指点下早日走出税务筹划的这片误区。

第 16 章　增值税的核算与筹划

> 增值税是我国流转税中的核心税种,在我国税收体系中占有十分重要的地位。由于增值税涉及范围广,注意事项多,所以对增值税核算与筹划的学习就显得尤为必要。

常识 97　什么是增值税?

1917 年,美国耶鲁大学教授托马斯·S.亚当斯提出增值税的设想。1921 年,德国学者西蒙斯正式提出增值税并对其加以详细阐述,但在当时却没有被政府所重视。直到 1954 年,在莫里斯·劳莱的努力下,法国政府率先开征增值税。随后,欧共体各成员国纷纷效仿,到目前为止,全球已有 100 多个国家和地区征收增值税。增值税以其特有的优势,成为世界税收史上最耀眼的一颗新星。

1993 年,我国开始试行增值税。同年的 12 月 13 日,国务院发布了《中华人民共和国增值税暂行条例》;12 月 25 日,财政部发布了《中华人民共和国增值税暂行条例实施细则》。上述条例和细则均自 1994 年 1 月 1 日开始实施。2008 年 11 月 15 日,国务院第二次对上述条例进行了修订,并于 2009 年 1 月 1 日在全国范围内实施。

1.增值税的概念

增值税是指以商品在流转过程中产生的增值额为征税对象而征收的一种流转税。从理论上讲,增值额是生产经营过程中新创造的那部分价值。即商品价值(C+V+M)扣除在生产过程消耗的生产资料转移的价值(C)之后的余额(V+M)。即:纳税人在生产经营活动中新创造的价值额。

由于各国的经济和税收法律制度不同,因而,各国税法规定的扣除项目也不尽一致。这样一来,增值额在不同的税收法律制度下也不一致。故增值额一般

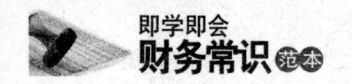

为法定增值额。

我国现行增值税暂行条例规定:增值税是对在我国境内销售与进口货物以及提供加工、修理修配劳务的单位和个人依照增值税暂行条例缴纳的一种流转税。

2.增值税的特点

(1)征收的普遍性。

凡在我国境内销售货物、提供劳务以及进口货物的单位和个人,都必须依法缴纳增值税。增值税不像传统的流转税那样"全额计征",而是只对增值额部分进行征税。

(2)避免重复征税。

增值税以增值额作为计税依据,只对销售额中本企业所创造的、未征过税的价值征税。所以,在理论上不存在重复征税的问题。但各国由于选择的增值税类型不同,因此,在实务操作中,重复征税的现象还是难以避免的。

(3)具有税收中性特征。

增值税允许纳税人抵扣购买货物和劳务时已经支付的增值税款,避免了可能造成的重复征税的弊端,使同一商品或劳务的税收负担具有一致性;不会对纳税人的生产、经营活动或消费者的消费选择产生影响,具有中性特征,从而使增值税对经济活动有较强的适应性。

(4)收入的稳定性。

增值税征收范围广,税基合理,税源有保障,而且增值税实行道道征收和税款抵扣制度,有效控制了税款减免及偷、漏税情况的发生,从而保证了税收收入。

3.我国增值税的特征

(1)实行消费型增值税,企业新购进设备所含进项税额不再采用退税办法,而是采取规范的抵扣办法。

(2)实行三档税率。即基本税率17%、低税率13%和零税率。

(3)实行价外税。即增值税税金不包含在销售价格内,将税款同价格分开。

(4)划分一般纳税人和小规模纳税人。对一般纳税人,凭购进货物的增值税专用发票所注明的税款予以抵扣;对小规模纳税人采用简易征收办法,不准抵扣进项税额。

(5)实行税款抵扣制。即实行凭注明税款的专用发票进行抵扣的办法。专用发票分别标明货物价款和税金,纳税人在本环节销售货物时,要注明增值税税款,下个环节凭购进货物专用发票注明的税款予以扣除。

(6)减免税项目比较少,而且,大多放在最后的消费环节,且减免权限高度集中在国务院。

常识 98　增值税的征税范围有哪些?

所谓增值税的征税范围,就是指纳税人的哪些行为应该征收增值税。具体包括:

1.销售或进口货物

销售货物,指有偿转让货物的所有权。货物是指有形动产,包括电力、热力、气体在内,但不包括无形资产和不动产。进口货物,指申报进入我国海关境内的货物。确定一项货物是否属于进口货物,必须看其是否办理了报关进口手续。只要是报关进口的应税货物,均属于增值税征税范围,在进口环节缴纳增值税。

2.提供加工、修理修配劳务

加工是指受托加工货物,即委托方提供原料及主要材料,受托方按照委托方的要求制造货物并收取加工费的业务。修理修配是指受托对损伤和丧失功能的货物进行修复,使其恢复原状和功能的业务。上述劳务是指有偿提供加工修理修配劳务,包括从委托方取得货币、货物或其他经济利益,但单位或个体经营者聘用的员工为本单位或雇主提供加工、修理修配劳务不包括在内。

3.视同销售货物

(1)销售代销货物。

(2)委托他人代销货物。

(3)设有两个以上机构并实行统一核算的纳税人,将货物从一个机构移送其他机构用于销售,但相关机构设在同一县(市)的除外。

(4)将自产或委托加工的货物用于不征增值税的项目或固定资产建设项目。

(5)将自产、委托加工或购买的货物作为投资,提供给其他单位或个体经营者。

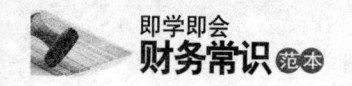

(6)将自产、委托加工或购买的货物分配给股东或投资者。

(7)将自产、委托加工的货物用于集体福利或个人消费。

(8)将自产、委托加工或购买的货物无偿转让给其他单位或个人,但纳税人为推销货物,将少量货物作为商品样品提供给其他纳税人作为展览、试用的除外。

4.混合销售行为

从事货物的生产、批发或零售的企业、企业性单位及个体经营者发生混合销售行为,视为销售货物,应当征收增值税。

5.兼营非应税劳务行为

增值税纳税人兼营非应税劳务,如果不分别核算或者不能准确核算货物或应税劳务的销售额和非应税劳务的营业额的,其非应税劳务应与货物或应税劳务一并征收增值税。

6.代购货物行为

如果代购货物同时具备以下几个条件,那么只用对收取的手续费缴纳营业税,否则,都应缴纳增值税。

(1)受托方不垫付资金;

(2)销售方给委托方开予发票,并由受托方将该项发票转交给委托方;

(3)受托方按照销售方实际收取的销售额和增值税额与委托方结算货款,另外收取手续费。

7.减免税

属于下列情况的,可以享受减免税的政策:

(1)农业生产者销售的自产农产品;

(2)避孕药品和用具;

(3)古旧的图书;

(4)直接用于科学研究、科学试验和教学的进口仪器和设备;

(5)外国政府、国际组织无偿援助的进口物资和设备;

(6)由残疾人组织直接进口的专供残疾人使用的物品;

(7)销售自己使用过的物品。

常识 99　增值税纳税人如何认定？

1.纳税人的范围划定

增值税的纳税人是在我国境内销售货物或提供加工、修理修配劳务以及进口货物的单位和个人。

(1)单位

一切从事销售商品、提供应税劳务以及进口货物的单位，都是增值税纳税人。这里的"单位"是指国有企业、集体企业、股份制企业、外商投资企业、外国企业、其他企业和行政单位、事业单位、军事单位、社会团体和其他单位。

(2)个人

凡从事销售商品、提供应税劳务以及进口货物的个人，都是增值税的纳税人。这里的"个人"是指个体经营者及其他个人。

(3)承租人和承包人

企业采用租赁或者承包方式经营的，以承租人或承包人为纳税人。

(4)扣缴义务人

境外机构或个人在境内销售货物或提供应税劳务，在境内未设机构、场所的，其代理人为扣缴义务人；没有代理人的，购买人为扣缴义务人。

2.一般纳税人和小规模纳税人的认定

我国为了便于增值税的征收管理并简化计算，将增值税纳税人划分为一般纳税人和小规模纳税人。

(1)小规模纳税人的认定

小规模纳税人是指年销售额在规定标准以下，会计核算不健全、不能按规定报送有关纳税资料的纳税人。所谓会计核算不健全是指不能按会计制度规定设置账户，进行日常的会计核算，不能准确提供进项税额、销项税额及应纳税额的信息。

根据《增值税暂行条例实施细则》的规定，小规模纳税人的认定标准是：

①从事货物生产或提供应税劳务的纳税人，以及以从事货物生产或提供应税劳务为主并兼营货物批发或零售的纳税人，年应税销售额在 50 万元以下的；

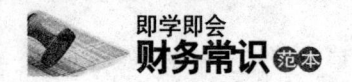

②从事货物批发或零售的纳税人,年应税销售额在 80 万元以下的;

③年应税销售额超过小规模纳税人标准的个人、非企业性单位、不经常发生应税行为的企业,视同小规模纳税人。

(2)一般纳税人的认定

下列纳税人可申请认定为增值税一般纳税人:

①在一个公历年度内,应税销售额超过小规模纳税人标准的企业、企业性单位;

②年应税销售额未达到上述标准的小规模工业企业,如果会计核算比较健全,且应税销售额不低于 30 万元。但是,凡应税销售额达不到规定标准的小规模商业企业,无论会计核算是否健全,一律不得认定为增值税一般纳税人;

③已经开业的小规模企业,其年应税销售额超过小规模纳税人标准的,应在次年 1 月 31 日之前申请办理增值税一般纳税人认定手续;

④经常发生增值税应税行为,且年应税销售额超过小规模纳税人标准的非企业性单位;

⑤纳税人总、分支机构不在同一征收分局,但实行统一核算,其总机构已认定为增值税一般纳税人的,分支机构年应税销售额即使未超过小规模纳税人标准的,也可申请办理一般纳税人认定手续;

⑥个体经营者符合增值税一般纳税人条件的,经国家税务总局直属分局批准,可以认定为增值税一般纳税人;

⑦从 2002 年 1 月 1 日起,从事成品油销售的加油站,一律认定为增值税一般纳税人。

3.不予办理增值税一般纳税人标准的企业

下列纳税人不予办理增值税一般纳税人标准的企业:

(1)年应税销售额未超过小规模纳税人标准的企业。

(2)个人。

(3)非企业性单位。

(4)不经常发生增值税应税行为的企业、企业性单位。

(5)经审查测算年应税销售额达不到增值税一般纳税人标准的新办企业,

在当年内不办理认定手续。

(6)全部销售免税货物的企业。

一般纳税人和小规模纳税人的身份,由县级以上国家税务机关依法认定。一般纳税人身份认定时,纳税人应向县级以上国家税务机关提出申请,并提供有关证件资料,负责审批的税务机关应在收到该表30个工作日内审核完毕。符合一般纳税人条件的,在其《税务登记副本》上方加盖"增值税一般纳税人"专用章,作为领购增值税专用发票的证件。

常识100 企业增值税如何计算?

增值税税率分为三档:一般纳税人:17%、13%;

小规模纳税人:6%或4%;

出口货物:适用零税率。

增值税应纳税额的计算,依据纳税人销售货物或提供应税劳务的计税依据为其销售额,进口货物的计税依据为规定的组成计税价格。

1.一般纳税人

(1)应纳税额=当期销项税额-当期进项税额。

(2)销项税额的计算:

①销项税额:是指纳税人销售货物或者提供应税劳务,按照销售额和适用税率计算并向购买方收取的增值税额,为销项税额。

②计算公式:销项税额=销售额(不含税)×税率

a.销售额是指纳税人销售货物或者应税劳务向购买方收取的全部价款和价外费用,但是不包括收取的销项税额。价外费用,是指价款外向购买方收取的手续费等各种性质的价外收费(手续费、运输费等)。

b.含税销售额换算成不含税销售额(价税分离公式)的换算公式为:

$$销售额 = \frac{含税销售额}{1+增值税税率}$$

c.对视同销售货物征税而无销售额的,应按下列顺序确定销售额:

第一,按纳税人当月同类货物的平均销售价格确定;

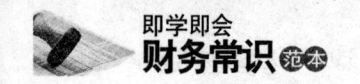

第二,按纳税人最近时期同类货物的平均销售价格确定;

第三,按组成计税价格确定。组成计税价格的公式为:组成计税价格=成本×(1+成本利润率)。

(3)进项税额的计算:进项税额是指纳税人购进货物或者接受应税劳务所支付或者负担的增值税额为进项税额(购买方取得的增值税专业发票上注明的税额即为其进项税额)。

根据税法的规定,准予从销项税额中抵扣的进项税额,限于下列增值税扣税凭证上注明的增值税额:

①纳税人购买货物和应税劳务,从销售方取得的增值税专用发票上注明的增值税额;

②纳税人进口货物,从海关取得的完税凭证上注明的增值税额。

2.小规模纳税人

$$应纳税额=销售额×征收率=\frac{含税销售额}{1+增值税税率}×征收率$$

3.进口货物

应纳税额=(关税完税价格+关税+消费税)×税率

常识101　增值税的节税措施有哪些?

1.选择纳税人身份的纳税筹划

我国增值税将纳税人按照其生产经营规模和会计核算健全与否划分为一般纳税人和小规模纳税人。一般来说,小规模纳税人是指年销售额在规定标准以下,而且会计核算不健全,不能准确申报缴纳增值税的企业,这是相对一般纳税人而言的。

其实,这里最重要的是会计核算健全程度。即使年销售额不够,只要会计核算健全,企业也能被认定为一般纳税人。但是这种标准不够量化,因此税法中又以年销售额作为标准。一般来说,年销售额越大,会计核算便有可能越健全,但这也不是绝对的。

小规模纳税人的年销售额标准为:从事货物生产或提供劳务的纳税人,以及以从事货物生产或提供劳务为主,并兼营货物批发或零售的纳税人,年应税销售额在 100 万元以下的;从事货物批发或零售的纳税人,年应税销售额在 180 万元以下的。

一般纳税人与小规模纳税人的区分标准很重要的一条便是年销售额,而这与企业的规模有着直接联系。通常,企业合并的直接效果便是企业规模的扩大,企业如果在合并前属于小规模纳税人,则很可能在合并之后因为规模达到一定要求而符合一般纳税人条件。这时企业便应该认真考虑两种不同身份的纳税负担各是多少,然后再决定是否进行合并。如果合并后的整体税负因此而大大提高,甚至完全抵消掉因合并而增加的经济效益,就没有合并的必要了。反之,如果针对某些具体纳税人而言,小规模纳税人的税收负担较一般纳税人为高,则企业可以考虑利用企业合并实现税负的减轻。根据这个原理,企业也可以在适当的时候选择企业分立方式以实现自己纳税人身份的转换。

这两类纳税人在税款计算方法、使用税率以及管理办法上都有所不同:对一般纳税人实行凭发票扣税的办法;对小规模纳税人规定简便易行的计算和征收管理办法。在选择纳税人类别时,除了要比较税收负担外,以下几个方面也是要注意的:

第一,一般纳税人的经营规模往往比小规模纳税人大。

第二,一般纳税人的信誉往往要比小规模纳税人的信誉好。

第三,从一般纳税人那里购货可以获得进项税额的抵扣,而从小规模纳税人那里购货却不能抵扣进项税额,因此会使一般纳税人有更多的顾客。

但是,一般纳税人要有健全的会计核算制度,要建立健全的账簿,培养或聘用会计人员,将增加会计成本;一般纳税人的增值税征收管理制度比较复杂,需要投入的人力、财力和物力也多,会增加纳税人的纳税成本等。这些都是想要转为一般纳税人的小规模纳税人必须考虑的。

2.兼营销售的纳税筹划

税法中的兼营行为有 3 种情况:一是纳税人在同一个税种中兼营不同税率的项目,如在增值税中存在着适用不同税率的征税项目,有适用17%税率的征税项目,也有适用13%税率的征税项目;二是纳税人经营项目适用不同的税种

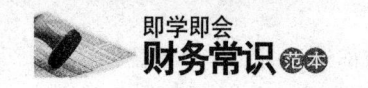

和不同的税率,如作为一个纳税人在其进行税务登记时,其经营范围比较广泛,既存在销售货物而应纳增值税的行为,又存在提供劳务服务而应纳营业税的行为;三是在同一税种中兼营应税项目和免税项目。对应不同的兼营情况税法上有不同的税务处理办法。

(1)在同一税种中兼营不同税率的项目。

增值税实行的是产品差别比例税率,即不同的产品规定了不同的税率,有的产品适用17%的税率,有的产品适用13%的税率,个别的产品还适用6%的税率。如果一个纳税者同时经营不同税率的产品,按照我国税法规定,应当分别核算不同税率货物或者应税劳务的销售额。没有分别核算销售额的,从高适用税率。在销售额相同的情况下,税率不同,其缴纳的税额肯定不同。所以,作为经营不同税率产品的增值税纳税人,在其生产经营过程中不论发生何种情况,绝不能发生适用不同税率的货物销售不分别核算的现象。

(2)同一纳税人兼营项目不同,适用税种不同。

在纳税人销售货物的同时,可能还存在着兼营非应税劳务的现象,即兼营营业税中的各种劳务,如建材商店有销售建材的业务,也有为顾客提供装饰服务的劳务。按增值税法的规定,纳税人兼营非应税劳务应该分别核算货物、应税劳务的销售额和非应税劳务的营业额,并按各自适用的税种和税率缴纳税款;没有分别核算的,由税务机关核定后缴纳增值税。是分别核算时纳税人缴纳的税款少还是一并缴纳增值税时税收负担轻,这一问题不能从现象上看,即不能以名义税率的高低确认税收负担的轻重。

(3)兼营应税项目和免税项目。

增值税法中规定了一些货物的销售属于免征增值税的范畴。同一个纳税人生产的产品不同,就可能出现有应税项目和免税项目的情况。按税法的规定,应税项目和免税项目应该分别核算,如果不能分别核算的,不能免征增值税,而应该就全部销售额缴纳增值税。

【例16-1】某钢材厂属于增值税一般纳税人。某月销售钢材1800万元,同时又经营农机收入200万元。前项经营的增值税税率为17%,后项经营的增值税税率为13%。该厂对两种经营统一进行核算。

在未分别核算的情况下,该厂应纳增值税为(1800+200)÷(1+17%)×17%=290.6万元。由于两种经营的税率不同,分别核算对企业有利,建议该企业对两种经营活动分别核算。这样,该厂应纳增值税为1800÷(1+17%)×17%+200÷(1+13%)×13%=284.6万元。分别核算和未分别核算之差为:290.6-284.6=6万元。由此可见,分别核算可以为该钢材厂减轻增值税税负6万元。

3.混合销售的纳税筹划

混合销售行为,就是指一项销售行为既涉及增值税应税货物又涉及非应税劳务。通常来说,混合销售行为是不可能分别核算的。因为出现混合销售行为,涉及的货物和非应税劳务是直接为销售一批货物而做出的,两者之间是紧密相连的从属关系。它与一般既从事这个税的应税项目,又从事那个税的应税项目,两者之间都没有直接从属关系的兼营行为,是完全不同的。

要利用混合销售来进行税务筹划,就要充分地理解税法对混合销售的处理规定,从中找到税务筹划的税法漏点。

(1)发生混合销售行为的纳税企业,应看自己是否属于从事货物生产、批发或零售的企业、企业性单位。如果不是,则只缴纳营业税。如果发生混合销售行为的企业或企业性单位同时兼营非应税劳务,应看非应税劳务年销售额是否超过总销售额的50%,如果非应税劳务年销售额大于总销售额的50%时,则该混合销售行为不纳增值税;如果年销售额小于总销售额的50%时,则该混合销售行为应纳增值税。

(2)从事货物的生产、批发或零售的企业、企业性单位及个体经营者,从事货物的生产、批发或零售为主,并兼营非应税劳务的企业、企业性单位及个体经营者,发生上述混合销售行为,视为销售货物,征收增值税;但其他单位和个人的混合销售行为,视为销售非应税劳务,不征收增值税。"以从事货物的生产、批发或零售为主,并兼营非应税劳务",是指纳税人年货物销售额与非应税劳务营业额的合计数中,年货物销售额超过50%,非应税劳务营业额不到50%。

4.销售折扣中的纳税筹划

销售折扣是指企业在销售货物或提供应税劳务的行为发生后,为了尽快收回资金而给予债务方一定的价格优惠的形式。销售折扣通常采用3/10、1/20、N/

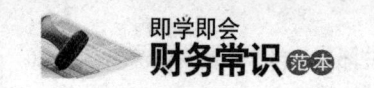

30等符号。这三种符号的含义是:如果债务方在10天内付清款项,则折扣额为3%;如果在20天内付清款项,则折扣额为1%;如果在30天内付清款项,则应全额支付。

由于销售折扣发生在销售货物之后,本身并不属于销售行为,而为一种融资性的理财行为,因此销售折扣不得从销售额中减除,企业应当按照全部销售额计缴增值税。从企业税负角度考虑,折扣销售方式优于销售折扣方式。如果企业面对的是一个信誉良好的客户,销售货款回收的风险较小,那么企业可以考虑通过修改合同,将销售折扣方式改为折扣销售方式。

【例16-2】企业与客户签订的合同金额为10万元,合同中约定的付款期为40天。如果对方可以在20天内付款,将给予对方3%的销售折扣,即3000元。由于企业采取的是销售折扣方式,折扣额不能从销售额中扣除,企业应按照10万元的销售额计算增值税销项税额。这样,增值税销项税额为:100 000×17%=17000元。

该企业可以用两种方法实现纳税筹划:

方案:企业在承诺给予对方3%的折扣的同时,将合同中约定的付款期缩短为20天,这样就可以在给对方开具增值税专用发票时,将以上折扣额与销售额开在同一张发票上,使企业按照折扣后的销售额计算销项增值税,增值税销项税额为:100000×(1-3%)×17%=16490元。这样,企业收入没有降低,但节省了510元的增值税。

5.巧用起征点合理筹划

关于修改《中华人民共和国增值税暂行条例实施细则》和《中华人民共和国营业税暂行条例实施细则》的决定(财政部令第65号2011年10月28日)将《中华人民共和国增值税暂行条例实施细则》第三十七条第二款修改为:"增值税起征点的幅度规定如下:

(1)销售货物的,为月销售额5000~20000元。

(2)销售应税劳务的,为月销售额5000~20000元。

(3)按次纳税的,为每次(日)销售额300~500元。

◎ 第17章　消费税的核算与筹划 ◎

> 为了调节产品结构，引导消费方向，保证国家财政收入，国家在对货物普遍征收增值税的基础上，另外对少数消费品又征收了消费税。消费税是一种特殊的税种，了解消费税的征税对象，如何对消费税进行核算与筹划也是做好会计工作不可或缺的重要内容。

常识102　消费税的概念是什么？

消费税是对我国境内从事生产、委托加工和进口应税消费品的单位和个人，以及国务院确定的销售消费税条例规定的消费品的其他单位和个人征收的一种流转税。

1983年为了适应商品经济发展的需要，充分发挥税收调控消费的作用，对彩色电视机和小轿车开征了特种消费税。同时，为了适应经济发展的需要，调节我国的消费结构，正确引导消费方向，抑制超前消费，国务院于1993年12月13日发布了《中华人民共和国消费税暂行条例》及实施细则，于1994年1月1日实施。2006年4月起，我国对消费税税目、税率及相关政策进行了调整，目的是贯彻落实科学发展观、建设节约型社会，调整后，消费税税目由原来的11个增加到14个。2008年11月5日国务院第34次常务会议修订了《中华人民共和国消费税暂行条例》，2008年12月15日财政部和国家税务总局颁布了《中华人民共和国消费税暂行条例实施细则》，上述条例及实施细则于2009年1月1日起实施。

我国现行的消费税是1994年税制改革中新设置的一个税种，与过去相同或类似的税种相比，无论外延上还是内涵上都有很大的区别。

1.征收范围具有选择性

我国实行的是有选择的消费税，是非中性税收。开征消费税的主要目的是

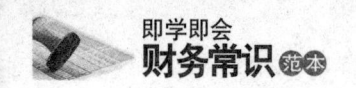

配合国家的宏观经济政策,发挥税收特殊的调节作用。所以,在征税范围上只能是有选择地对部分消费品征税。在我国,应税消费品采取列举税目的方式课征,仅选择了烟、酒、化妆品等14类消费品课税,课征范围具有选择性。

2.征税环节具有单一性

为了加强税源控制,防止税款流失,消费税的纳税环节一般选择在出厂销售环节或进口环节,对制造商或进口商征收。消费品在出厂销售环节或进口节征税之后,在其他环节一般不再征收(个别商品除外),这样既可减少纳税人的数量,降低税收成本和税源流失风险,又可以防止重复征税。所以,我国现行的消费税一般只选择在生产、委托加工和进口环节征收消费税。

3.征税收入具有稳定性

消费税一般选择税源较大的商品,按销售收入和销售数量计税,实行从价定率和从量定额征收办法,税率通常较高,税金包含在商品价格中,这就保证了财政收入,并且不受成本升降的影响。

4.税负具有转嫁性

我国现行的消费税实行价内税,是商品价格的组成部分,一旦商品售出,商品价格中的税金也转嫁给购买者,消费者成为税金的最终负担者,体现了税负可以转嫁的特点。

5.减免权高度集中在国务院

由于消费税征收范围具有选择性,故除特殊情况,一般不予减免。现行条例规定,对纳税人出口的应税消费品(不含国家限制出口的产品),可以免征消费税,未经国务院批准,任何单位和个人都不得减免消费税。

常识103 消费税的征税范围如何划定?

消费税征收范围主要是根据我国目前经济发展现状和消费政策、消费水平及消费结构,并借鉴国外成功经验和通行做法确定的,具体包括以下几方面:

第一,对人类身体健康、社会秩序、生态环境有危害性的特殊消费品,如烟、酒及酒精、鞭炮、焰火等。

第二,不可再生和替代的石油类消费品,如汽油、柴油。

第三,具有财政意义的消费品,如汽车轮胎。

第四,高能耗及高档消费品,如摩托车、小汽车。

第五,奢侈品及非生活必需品,如贵重首饰及珠宝玉石、化妆品。

第六,出于环保和节能的需要,如实木地板和木制一次性筷子。

消费税属于价内税,并实行单一环节征收,一般在应税消费品的生产、委托加工和进口环节缴纳,在以后的批发、零售等环节中,由于价款中已包含消费税,就不再缴纳消费税。

从1995年1月1日起,金银首饰由生产销售环节征税改为零售环节征税；从2002年1月1日起,钻石及钻石饰品由生产销售、进口环节改为零售环节征税。另外,从2009年4月份开始,甲类烟在批发环节再征收5%的消费税。

常识104　如何确定消费税的纳税人？

消费税的纳税人是我国境内生产、委托加工、零售和进口《中华人民共和国消费税暂行条例》规定的应税消费品的单位和个人。

消费税的纳税人具体包括：在我国境内生产、委托加工、零售和进口应税消费品的国有企业、集体企业、私有企业、股份制企业、其他企业、行政单位、事业单位、军事单位、社会团体和其他单位、个体经营者及其他个人。

根据《国务院关于外商投资企业和外国企业适用增值税、消费税、营业税等税收暂行条例有关问题的通知》规定,在我国境内生产、委托加工、零售和进口应税消费品的外商投资企业和外国企业,也是消费税的纳税人。

消费税是国家为体现消费政策,对生产、委托加工、零售和进口的应税消费品征收的一种税。

常识105　应如何计算消费税的应纳税额？

我国消费税的征收有"从价定率"、"从量定额"和"从价定率"与"从量定额"相结合的复合计税三种方法。

1."从价定率"是以征税对象的数量与单价的乘积为计税依据。我国对应税范围中大多数产品都实行这一征税方法,其计算公式为:

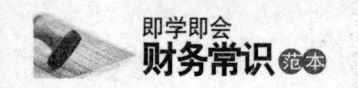

应纳税额=应税消费品的销售额(计税价格)×适用税率

2."从量定额"是以征税对象的实物量为计税依据,该项实物量以税法规定的计量标准计算。对黄酒、啤酒、汽油、柴油等消费品多实行此种征税方法,其计算公式为:

应纳税额=应税消费品的销售数量×单位税额

3.在现代消费税征收范围中,只有对卷烟(不包括雪茄烟)、白酒实行"从价定率"与"从量定额"相结合的复合计税方法。其基本计算公式为:

应纳税额=销售数量×定额税率+销售额×比例税率

(1)实行复合税办法计算纳税的组成计税价格的计算公式为:

$$自产自用应税消费品的组成计税价格=\frac{成本+利润+自产自用数量×定额税率}{1-消费税税率}$$

(2)委托加工的应税消费品的组成计税价格的计算公式为:

$$组成计税价格=\frac{材料成本+加工费+委托加工数量×定额税率}{1-消费税税率}$$

(3)进口的应税消费品的组成计税价格的计算公式为:

$$组成计税价格=\frac{关税完税价格+关税+进口数量×消费税定额税率}{1-消费税税率}$$

常识 106　消费税的节税措施有哪些?

1.利用消费税优惠政策进行税务筹划

(1)对照税法条款,尽可能享受税收优惠。

按规定,对生产销售达到低污染排放限值的小轿车、越野车和小客车从2000年1月1日起减征30%消费税。计算公式为:

减征税额=按法定税率计算的消费税额×30%

应征税额=按法定税率计算的消费税额-减征税额

具体到每一辆车来说,减征30%消费税数额并不大。

【例17-1】一辆厂家以10万元销售的小轿车,适用5%的税率,减征前应纳消费税5000元,减征后应纳消费税3500元,减征额为1500元。但是对于汽车厂家来说,就是一个非常大的优惠。

因此,如何充分利用这一优惠政策,对降低汽车生产企业税负至关重要。按照税法规定,汽车生产企业要获得优惠必须把握好以下几个方面:

第一,生产销售的小汽车要达到低污染排放限值,即符合我国《轻型汽车污染物排放限值及测试方法(Ⅱ)》确定的标准,也就是人们常说的"欧Ⅱ标准"。

第二,小汽车必须属于以下范围:国家经贸委以公告形式发布的《车辆生产企业及产品》和原国家机械工业局发布的《2000年全国汽车、民用改装车和摩托车生产企业及产品目录》、《2000年全国汽车、民用改装车和摩托车生产企业及产品目录》、《2000年全国汽车、民用改装车和摩托车生产企业及产品目录》中所列的小轿车、越野车和小客车(最大总质量不超过3500千克)。

(2)通过产品检验及生产一致性审查,其包括样品检验、生产一致性审查、生产一致性监督3部分。

对于样品检验,财政部、国家税务总局、国家经贸委、国家环境保护总局认定国家轿车质量监督检验中心、国家汽车质量监督检验中心、国家汽车质量监督检查中心3家为小汽车低污染排放限值质量检验机构,汽车生产企业可在上述3家检验机构中自愿选择一家不存在关联关系的检验机构进行样品检验,否则,检验机构出具的样品检验合格报告无效。存在关联关系是指,汽车质量检验机构与汽车生产企业在资金、经营、购销等方面存在直接、间接拥有或控制关系,或者存在直接、间接地同为第三者所拥有或控制关系,或存在其他利益上具有相关联关系。

产品检验合格的企业,可以向国家经贸委提出生产一致性审查的申请。企业申请时应当提供以下材料:检验机构出具的样品检验报告;与试验车辆有关的资料;产品同一型式的分类说明;产品排放的生产一致性保证计划;质量体系认证等其他需要说明的内容。生产一致性审查由国家经贸委会同国家环境保护总局组织有资质的机构承担,审查人员包括质量体系审核专家和汽车排放技术专家。

(3)履行申报审批程序。

符合上述条件的汽车生产企业,可以直接向财政部和国家税务总局申请减

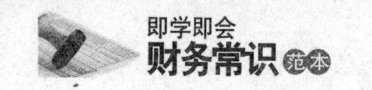

征消费税,同时抄报国家经贸委和国家环境保护总局,由财政部和国家税务总局会同国家经贸委和国家环境保护总局进行审核认定。对经审核确认达到低污染排放限值的车型,由财政部、国家税务总局联合下发执行文件。这样企业就可以享受优惠政策了。

同时,企业申请减征消费税必须提交书面申请报告、汽车质量检验机构出具的汽车样品达到低污染排放的检验报告、国家汽车行业主管部门会同国家环境保护总局认定的汽车企业达到低污染排放限值生产一致性合格报告以及财政部和国家税务总局根据具体情况,要求企业增报的其他材料。

企业在享受这项优惠时,应单独核算批准减征消费税车型的销售数量和销售额。否则,税务机关不予减征消费税。已批准减征消费税的车型,企业不得擅自更改可能影响污染物排放的部件;如有更改,必须重新申报。

2.利用生产制作环节纳税的规定进行纳税筹划

我国税法规定,生产应税消费品的,于销售时纳税,但企业可以通过降低商品价值,通过"物物交换"进行纳税筹划,也可以改变和选择某种对企业有利的结算方式推迟纳税时间,获得资金使用利益。

我国的消费税除金银首饰改在零售环节课税以外,其他应税消费基本在生产制作环节课税。这样的规定主要是从方便征管的角度考虑的,因为在生产制作环节纳税人数量较少,征管对象明确,便于控制税源,降低征管成本。由于生产制作环节不是商品实现消费以前的最后一个流转环节,在这个环节之后还存在批发、零售等若干个流转环节,这就为纳税人进行纳税筹划提供了空间。纳税人可以用分设独立核算的经销部、销售公司,以较低的价格向它们供货,再以正常价格对外销售,由于消费税主要在生产制作环节征收,纳税人的税收负担会因此减轻许多。

以较低的销售价格将应税消费品销售给其独立核算的销售分公司,由于处在销售环节,只缴纳增值税不缴纳消费税,可使纳税人的整体消费税税负下降,但这种方法并不影响纳税人的增值税税负。

目前,这种在纳税环节进行的纳税筹划在生产化妆品、烟、酒、摩托车、小汽车的行业里得到了较为普遍的应用。但是,应当指出的是:首先,根据《消费税暂行条例》第10条的规定,纳税人应税消费品的计税价格明显偏低又无正当理由的,由主管税务机关核定其计税价格。因此,生产厂家向销售分公司出售应税消费品时,只能适度压低价格,如果压低的幅度过大,就构成了《消费税暂行条例》中所称的"价格明显偏低"的情况,税务机关可以行使价格调整权。其次,这种行为有避税的嫌疑,国家有可能出台相关的税收法规来防止纳税人采用这种方式进行纳税筹划。

【例17-2】国家税务总局对中国第一汽车集团公司及上海大众汽车有限公司等大型汽车生产企业的消费税征收环节进行了调整,由在生产环节对纳税人征税,改为推延至经销环节征税。这样,该纳税人就无法采取这种方式进行纳税筹划了,但是对于广大中小纳税人而言,这种纳税筹划方法仍然具有广泛的实用价值。

某化妆品生产厂家生产的化妆品,假设正常生产环节的售价为每套400元,适用消费税税率为30%,则该厂应纳消费税为:400×30%=120元。假设生产成本为X,则该企业税前利润为:400-120-X=280-X元。请提出该厂的纳税筹划方案。

倘若该厂经过纳税筹划,设立一个独立核算的分公司负责对外销售,向该分公司供货时价格定为每套200元,则该厂在转移产品时须缴纳消费税为:200×30%=60元。该厂向分公司转移价格200元。该分公司对外零售商品时不需要缴纳消费税,没有消费税负担。假设生产成本为X,则该企业(包括分公司)税前利润为:400-60-X=340-X元。

通过这种纳税筹划,该企业每套商品少纳消费税60元。

可见,以较低的销售价格将应税消费品销售给其独立核算的销售分公司,由于处在销售环节,只缴纳增值税不缴纳消费税,可使纳税人的整体消费税税负下降,但这种方法并不影响纳税人的增值税税负。目前,这种在纳税环节进行的纳税筹划在生产化妆品、烟、酒、摩托车、小汽车的行业里得到了较为普遍的应用。

3.对自产自用的应税消费品的税务筹划

纳税人自产自用的消费品,主要包括两个方面:一是用于连续生产应税消费品,二是用于生产非应税消费品和建筑工程、管理部门、非生产机构、提供劳

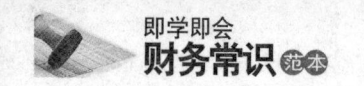

务以及用于捐赠、赞助、集资、广告、样品、职工福利、奖励等方面。

如果用于连续生产应税消费品,根据我国的《消费税暂行条例实施细则》第六条规定,"纳税人自产自用应税消费品,用于连续生产应税消费品的,是指作为生产最终应税消费品的直接材料,并构成产品实体的应税消费品"。

【例17-3】酒厂将自产的酒精用于连续生产白酒,酒精和白酒都属于应税消费品,在用酒精连续生产的白酒中,酒精既属于白酒的直接材料计入白酒的生产成本,又构成了白酒的实体。对于纳税人将自产的应税消费品又连续生产应税消费品的情况,不视为发生了应税行为,不征收消费税。

如果纳税人将自产的应税消费品用于其他方面,在移送使用时即发生了应税行为,应按规定的税率计算征收消费税。例如,炼油企业将自产的汽油用于本企业运输队,尽管运输队是为本企业生产服务的,但运输所用汽油应当征收消费税。

我国税法规定,纳税人自产自用的应税消费品计税依据为同类产品的销售价格。适用从量计征的应税消费品,自产自用应税消费品的销售数量,为应税消费品的移送使用数量。

"同类消费品的销售价格",是指纳税人当月销售的同类消费品的销售价格,如果当月同类消费品各期销售价格高低不同,应按销售数量加权平均计算。

但销售的应税消费品有下列情况之一的,不得列入加权平均计算:

(1)销售价格明显偏低又无正当理由的。

(2)无销售价格的。如果当月无销售,应按照同类消费品上月或最近月份的销售价格计算纳税。

如果没有同类应税消费品销售价格的,按照组成计税价格计算纳税:

$$组成计税价格 = \frac{成本 + 利润}{1 - 消费税税率}$$

"成本"是指应税消费品的产品生产成本;"利润"是指根据应税消费品的全国平均成本利润率计算的利润。应税消费品的全国平均成本利润率由国家税务总局确定。

【例17-4】某摩托车生产企业只生产一种品牌的摩托车,某月将100辆摩托车作为职工年终奖发放给职工,当月生产的摩托车的销售价格为5000元,当月,该企业按照5000元的价格销售了400辆,按照5500元的价格销售了400辆。

生产摩托车的成本为4500元/辆。成本利润率为6%。消费税税率为10%。请计算100辆摩托车应当缴纳多少消费税,并给出纳税筹划方案。

筹划方案:如果该企业能够准确提供该批摩托车的销售价格,则按照销售价格确定消费税的税基。应纳消费税为:5000×100×10%=50000元。

如果不能准确提供该批摩托车的销售价格,即该批摩托车有两种销售价格,则应按销售数量加权平均计算。

应纳消费税为:(400×5000+400×5500)÷800×100×10%=52500元。如果没有"同类消费品的销售价格",则应当按照组成计税价格计算纳税。应纳消费税为:4500×(1+6%)÷(1-10%)×100×10%=53000元。由此可以看出,按照同类商品的销售价格计算税负最轻,这就要求该企业健全会计核算制度,准确计算该批摩托车的销售价格。

4.利用进出口消费品进行税务筹划

(1)进口消费品消费税的税务筹划技巧

根据国务院颁布的《消费税暂行条例》的有关规定,从1994年1月1日起,对进口货物征收增值税、消费税。进口应税消费品的收货人或办理报关手续的单位和个人,为进口应税消费品消费税的纳税义务人。1993年12月,国家税务总局、海关总署联合颁发了《关于对进口货物征收增值税、消费税有关问题的通知》,进口应税消费品消费税税目、税率,依照《消费税暂行条例》所附的《消费税税目税率表》执行。消费税高达50%的分类分项差别税率,决定了其在企业的税务筹划策划中占有重要的地位。特别是随着改革开放的深入发展,人民生活水平有了很大的提高,消费层次趋向国际化,因此对进口消费品的需求日益扩大,这就为我们进行有效地税务筹划提供了必要条件。

我们进口应税消费品消费税的应纳税额的计算公式如下:

$$组成计税价格 = \frac{关税完税价格 + 关税}{1 - 消费税税率}$$

应纳税额=组成计税价格×消费税税率

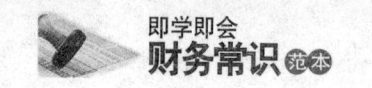

如果我们从少交税款的动机去进行税务筹划的话,由于消费税税率对于具体进口消费品是一定的,只能对计算公式中的分子进行税务筹划。说到底就是对关税的完税价格进行税务筹划。所以,我们只要能够减少分子,就可以减少组成计税价格,进而减少应纳税额,达到税务筹划的目的。

另外,根据税法规定,如果存在下列情况,应使用高额税率:

①纳税人如将应税消费品与非应税消费品,以及适用不同税率的应税消费品组成成套消费品出售的,应根据组合产品的销售金额按应税消费品的最高税率征税。

②纳税人兼营不同税率的应税消费品,即进口生产销售两种税率以上的应税消费品时,应当分别核算不同税率应税进口消费品的进口额(销售额)或销售数量;未能分别核算的,按最高税率征税。

(2)出口消费品消费税的税务筹划技巧

出口商品退税制度是我国海关税收的一个重要内容,主要是指在出口环节免征或退还在国内已缴纳消费税,从而避免了国际间双重征税,体现了公平税负,且增强了本国商品的竞争力,巩固和扩大国际销售市场,还可以扩大出口,增加创汇。因此,可以说,出口退税制度具有重要的经济意义。而能否有效地进行消费税的出口退税的税务筹划,对每一家有出口业务的公司来说,具有很大的吸引力。

对出口应税消费品退(免)税进行税务筹划,应当强调的是:

①纳税人直接出口的应税消费品办理退税后,发生退关或国外退货进口时已予以免税的,经所在地主管税务机关批准,可暂不办理补税,待其转为国内销售时,再向其主管税务机关申报补缴消费税。

②适用出口免税并退税政策的,是有出口经营权的外贸企业购进应税消费品直接出口,以及外贸企业受其他外贸企业委托代理出口应税消费品。外贸企业只有受其他外贸企业委托,代理出口应税消费品才可办理退税,外贸企业受其他企业(主要是非生产性的商贸企业)委托,代理出口应税消费品是不予退(免)税的。

③企业应将不同消费税税率的出口应税消费品分开核算和申报,凡划分不

清适用税率的,一律从低适用税率计算应退消费税税额。故企业应注意将不同消费税税率的出口应税消费品分开核算和申报。

5.包装物的纳税筹划

在一般产品销售活动中,包装物随产品销售是很普遍的,从其形式看,可以分成如下三种类型:

(1)随同产品出售不单独计价的包装物。

(2)随同产品出售单独计价的包装物。

(3)出租或出借给购买产品的单位使用的包装物。

在出租、出借这种形式下,还可以有具体的分类:一是包装物不作价随同产品出售,只是单纯收取押金;二是既作价随同产品出售,同时又另外收取押金;三是不作价随同产品出售,在收取租金的基础上,又收取包装物押金。

【例17-5】如某啤酒厂,在销售啤酒的过程中,对周转箱不作价销售,只是收取押金,这属于第一种情况。如果该啤酒厂以较低的价格对周转箱作价,计入销售额之中,另外又规定归还包装物的时间,并收取了押金,这属于第二种情况。如果周转箱未作价销售,而是借给购货方使用,该酒厂对周转箱按实际使用期限收取租金。此外,为了保证包装物的完好,又另外收取部分押金,这就属于第三种情况。

根据消费税暂行条例实施细则的规定,实行从价定率办法计算应纳税额的应税消费品连同包装物销售的,要区分不同情况计算应纳税额:

第一,包装物作价销售又收取押金,此项押金暂不并入销售额征税,只对作价销售的包装物征收消费税。

第二,包装物不作价销售而是收取押金,此项押金则不并入应税消费品的销售额计征消费税。

第三,包装物随同应税消费品作价出售,无论包装物是否单独计价,也不论在会计上如何核算,均应并入应税消费品的销售额中按其所包装消费品的适用税率征收消费税。

第四,对因逾期未收回包装物而不再退还的和已收取一年以上的押金,应并入应税消费品的销售额计征消费税;对包装物既作价随同应税消费品销售,

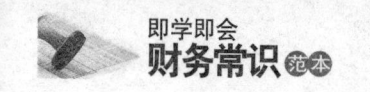

又另外收取押金并在规定的期限内未予退还的押金,应并入应税消费品的销售额,按照应税消费品的适用税率征收消费税。

包装物的租金应视为价外费用。对增值税一般纳税人向购买方收取的价外费用和逾期未归还包装物的押金,应视为含税收入,在计征消费税时应首先换算成不含税收入,再并入销售额计税。

【例17-6】焰火厂生产一批焰火共10000箱,每箱价值200元,其中包含包装物价值15元,该月销售额为:200×10000=2000000元,焰火的消费税税率为15%。请计算该厂该月应当缴纳的消费税,并提出纳税筹划方案。

筹划方案:根据《消费税暂行条例实施细则》的规定,该月应纳消费税税额为:200×15%=30万元。

根据《消费税暂行条例实施细则》第13条的规定,如果包装物不作价随同产品销售,而是收取押金,此项押金则不应并入应税消费品的销售额中征税。

但对因逾期未收回的包装物不再退还的和已收取1年以上的押金,应并入应税消费品的销售额,按照应税消费品的适用税率征收消费税。

通过纳税筹划,该焰火厂以每箱185元的价格销售,并收取15元押金,并规定,包装物如有损坏则从押金中扣除相应修理费用直至全部扣除押金(这种规定与直接销售包装物大体相当);这样,该厂应纳消费税降低为:10000×185×15%=277500元。

1年以后,如果该批包装物的押金没有退回,则该企业应当补缴消费税为:10000×15×15%=22500元,对于企业来讲,相当于获得了22500元的1年无息贷款。

◎ 第18章　营业税的核算与筹划 ◎

> 我国流转税制中的另一个主要税种就是营业税，也是会计工作中经常涉及的一个税种。因此，了解营业税的征税范围、纳税人、税率、应纳税额的计算及会计核算等问题，也是会计工作的重中之重。

常识107　如何理解营业税？

我国现行营业税的基本法律规范是1993年12月13日中华人民共和国国务院令第136号发布，2008年11月5日国务院第34次常务会议修订通过的《中华人民共和国营业税暂行条例》和2008年12月15日财政部公布的《中华人民共和国营业税暂行条例实施细则》，于2009年1月1日起同时施行。

营业税是指对在我国境内提供应税劳务、转让无形资产或者销售不动产的单位和个人，就其所取得的营业收入额为计税依据而征收的一种税。

我国现行的营业税具有征收范围广，税源普遍；按行业设计税目、税率；税收负担轻、税负均衡；计算简单，征收方便等特点。

纳税人开展经济活动除征收增值税的范围外，其他的一般都要征收营业税。营业税的征税范围主要是指国民经济中的第三产业，这一领域十分广泛，因此，营业税具有征税的广泛性和普遍性。营业税根据各行业之间赢利水平的高低，以及不同经营项目的性质和特点，设计税目、税率。即同一行业，同一税率；不同行业，不同税率，较好地体现了公平税负的原则。营业税设置3%、5%两档税率为基本税率，体现了营业税薄赋的特点，且税率接近，税负均衡。营业税在计税依据上统一按营业额计征，使营业税的计算征收比较简便。

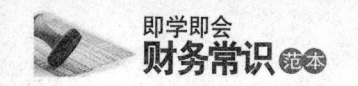

常识 108　营业税的纳税义务人和扣缴义务人如何认定？

1.营业税的纳税人

营业税的纳税人,是指在中华人民共和国境内提供应税劳务、转让无形资产或者销售不动产的单位和个人。单位包括独立核算的单位和不独立核算的经营单位。个人包括个体经营者、中国公民和居住在中国的外国公民。

对某些特殊企业,法律明确规定其纳税人:中央铁路运营业务的纳税人为铁道部;合资铁路运营业务的纳税人为合资铁路公司;地方铁路运营业务的纳税人为地方铁路管理机构;基建临管线运营业务的纳税人为基建临管线管理机构;从事水路运输、航空运输、管道运输或其他陆路运输业务并负有营业税纳税义务的单位为从事运输业务并计算盈亏的单位;业务租赁或承包给他人经营的,以承租人或承包人为纳税义务人。

2.营业税的扣缴义务人

为了加强营业税的征收管理,对部分应税项目实行源泉征收的办法,由扣缴义务人代扣代缴税款。具体规定有:

第一,委托金融机构发放贷款的,以受托发放贷款的金融机构为扣缴义务人。

第二,建筑安装业务实行分包或者转包的,以总承包人为扣缴义务人。

第三,中华人民共和国境外的单位或者个人在境内提供应税劳务、转让无形资产或者销售不动产,在境内未设有经营机构的,以其境内代理人为扣缴义务人;在境内没有代理人的,以受让方或者购买方为扣缴义务人。

第四,单位或者个人进行演出由他人售票的,其应纳税款以售票者为扣缴义务人,演出经纪人为个人的,其办理演出业务的应纳税款以售票者为扣缴义务人。

第五,个人转让除土地使用权以外的其他无形资产的,其应纳税款以受让者为扣缴义务人。

第六,财政部规定的其他扣缴义务人。

常识 109　企业营业税的税目及税率有哪些？

现行营业税的税目按照行业、类别的不同分别设置，共设置了9个税目。按照行业、类别的不同分别采用了不同的比例税率。

1.建筑业

建筑业是指建筑安装工程作业等，包括建筑、安装、修缮、装饰和其他工程作业5项内容。需要注意的是：它还包括与建筑物相连的各种设备或支柱、操作平台的安装或装设的工程作业，以及各种窑炉和金属结构工程作业在内；包括与设备相连的工作台、梯子、栏杆的装设工程作业和被安装设备的绝缘、防腐、保温、油漆等工程作业。

建筑业统一执行3%的税率。

2.交通运输业

交通运输业包括陆路运输、水路运输、航空运输、管道运输和装卸搬运5大类。需要注意的是：尽管打捞不是运输业务，但与水路运输有着密切的关系，所以打捞也可以比照水路运输的办法征税。与航空直接有关的通用航空业务、航空地面服务业务也按照航空运输业务征税。

交通运输业统一执行3%的税率。

3.文化体育业

文化体育业是指经营文化、体育活动的业务，包括文化业和体育业。文化业是指经营文化活动的业务，包括表演、播映、经营游览场所和各种展览、培训活动、举办文学、艺术、科技讲座、讲演、报告会、图书馆的图书和资料的借阅业务等。体育业是指举办各种体育比赛和为体育比赛或体育活动提供场所的业务。

文化体育业统一执行3%的税率。

4.邮电通信业

邮电通信业是指专门办理信息传递的业务，包括邮政、电信。邮政是指传递实物信息的业务，包括传递函件或包件、邮汇、报刊发行、邮务物品销售、邮政储蓄及其他邮政业务。电信是指用各种电传设备传输电信号而传递信息的业务，包括电报、电传、电话、电话机安装、电信物品销售及其他电信业务。

邮电通信业统一执行3%的税率。

5.娱乐业

娱乐业是指为娱乐活动提供场所和服务的业务,包括经营歌厅、舞厅、卡拉OK歌舞厅、音乐茶座、台球、高尔夫球、保龄球场、游艺场等娱乐场所,以及娱乐场所为顾客进行娱乐活动提供服务的业务。娱乐场所为顾客提供的饮食服务及其他各种服务也按照娱乐业征税。

娱乐业执行5%~20%的幅度税率。

6.金融保险业

金融保险业是指经营金融、保险的业务。金融是指经营货币资金融通活动的业务,包括贷款、融资租赁、金融商品转让、金融经纪业和其他金融业务。保险是指将通过契约形式集中起来的资金,用以补偿被保险人的经济利益的活动。

金融保险业自2003年起统一执行5%的税率。

7.服务业

服务业是指利用设备、工具、场所、信息或技能为社会提供服务的业务,包括代理业、旅店业、饮食业、旅游业、仓储业、租赁业、广告业和其他服务业。

服务业统一执行5%的税率。

8.销售不动产

销售不动产是指有偿转让不动产所有权的行为,包括销售建筑物或构筑物和销售其他地上附着物。对销售不动产时连同不动产所占土地的使用权一并转让的行为,比照销售不动产征收营业税。以不动产投资入股,参与接受投资方利润分配、共同承担投资风险的行为,不征营业税。

销售不动产执行5%的税率。

9.转让无形资产

转让无形资产是指转让无形资产的所有权或使用权的行为,包括转让土地使用权、转让商标权、转让专利权、转让非专利技术、转让著作权和转让商誉。以无形资产投资入股,参与接受投资方的利润分配、共同承担投资风险的行为,不征收营业税。

转让无形资产执行5%的税率。

为了解决纳税人兼营不同税目应税行为不分别核算、税率高低不同不好计算的问题,《营业税暂行条例》第三条规定:纳税人兼有不同税目应税行为的,应分别核算不同税目的营业额。未分别核算营业额的,从高适用税率。

常识110 企业营业税应如何核算?

纳税人提供应税劳务、转让无形资产或者销售不动产,按照营业额和规定的适用税率计算应纳税额。其计算公式为:应纳税额=营业额×税率。

营业税的计税依据是营业额。营业额指纳税人提供应税劳务、转让无形资产或销售不动产向对方收取的全部价款和价外费用。这里的价外费用,包括向对方收取的手续费、基金、集资费、代收款项、代垫款项及其他各种性质的价外收费。具体的规定如下:

1.交通运输企业营业额的确定

(1)交通运输企业一般以收取的全部价款和价外费用为计税营业额,包括客运收入、货运收入、装卸搬运收入及其他各种收入。

(2)纳税人将承揽的运输业务分给其他单位或者个人的,以其取得的全部价款和价外费用扣除其支付给其他单位或者个人的运输费用后的余额为营业额。

(3)运输企业自境内运输旅客或者货物出境,在境外改由其他运输企业承运乘客或者货物的,以全程运费减去付给该承运企业运费后的余额为计税营业额。

(4)运输企业从事联运业务的,以其实际取得的营业额为计税营业额。联运业务是指两个以上运输企业完成旅客或货物从发送地点至到达地点所进行的运输业务。联运的特点是一次购买、一次收费、一票到底。

2.建筑安装业营业额的确定

(1)建筑业一般以收取的全部价款和价外费用为计税营业额。

(2)纳税人提供建筑业劳务(不含装饰劳务)的,其营业额应当包括工程所用原材料、设备及其他物资和动力价款在内,但不包括建设方提供的设备的价款。

(3)纳税人将建筑工程转包、分包给其他单位的,以其取得的全部价款和价外费用扣除其支付给其他单位的转包、分包款后的余额为营业额。

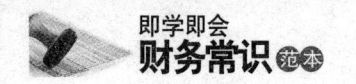

3.金融、保险业营业额的确定

(1)一般贷款业务,一律以利息收入金额为计税营业额。对金融机构当期实际收到的结算罚款、罚息、加息等收入,应并入营业额中征收营业税。对超过催收贷款核算年限的逾期贷款可按实际收到的利息收入征收营业税。金融机构往来利息收入(是指金融机构之间相互占用、拆借资金取得的利息收入)不征营业税。

(2)纳税人从事金融转贷业务,以贷款利息减去借款利息后的余额,为计税营业额。

(3)纳税人从事外汇、有价证券、期货买卖业务,以卖出价减去买入价的余额,为计税营业额;每类金融商品的不同品种买卖出现的正负差,可在同一纳税年度相抵。对非金融机构和个人买卖外汇、有价证券、期货业务不征收营业税;货物期货不缴纳营业税。

(4)融资租赁。纳税人经营融资租赁业务,以其向承租人收取的全部价款和价外费用(包括残值)减去出租方承担的出租货物的实际成本后的余额,再以直线法折算出本期的营业额作为计税营业额。出租货物的实际成本包括由出租方承担的货物购入价、关税、增值税、消费税、运杂费、安装费、保险费等费用。用公式表示为:

$$本期营业额=(应收的全部价款和价外费用-实际成本)\times \frac{本期天数}{总天数}$$

实际成本=货物购入原价+关税+增值税+消费税+运杂费+安装费+保险费+支付境外的外汇借款利息支出

(5)保险业以各月应收保险费收入为计税营业额。保险公司对保户实行无赔款奖励的奖励支出,在征收营业税时不得从计税依据中剔除。

4.邮政通信业营业额的确定

邮政通信业务计税营业额包括邮政业务及电信物品销售及其他电信业务等所取得的营业收入额。

5.文化体育业营业额的确定

(1)文化体育业务的计税营业额以全部票价收入或包场收入减除付给提供演出场所单位、演出公司或经纪人的费用的余额为计税营业额。全部票价收入是指从事表演、播映、其他文化业、经营游览场所、体育比赛及为体育比赛提供场地的业务时所取得的营业收入额。但广告的播映、文化体育场所的出租比照服务行业计征营业税,不按文化体育业征税。

(2)单位或个人进行演出的以全部票价收入或者包场收入减去付给提供演出场所的单位、演出公司或者经纪人的费用后的余额为营业额。

6.娱乐业营业额的确定

娱乐业的营业额为经营娱乐业收取的全部价款和价外费用,包括门票收费、台位费、点歌费、烟酒、饮料、茶水、鲜花、小吃等收费及经营娱乐业的其他各项收费。

7.服务业营业额的确定

(1)服务业一般以收入全额为计税营业额。

(2)代理业,以向委托方实际收取的报酬为计税营业额。

(3)饮食业,以饮食收入,作为计税营业额。

(4)旅游业,纳税人从事旅游业务的,以其取得的全部价款和价外费用扣除替旅游者支付给其他单位或者个人的住宿费、餐费、交通费、旅游景点门票和支付给其他接团旅游企业的旅游费后的余额为营业额。

(5)广告代理业以代理者向委托方收取的全部价款和价外费用减去付给广告发布者的广告发布费后的余额为计税营业额。

(6)仓储业、租赁业(不包括融资租赁)、其他服务业,以收取仓储费、租金收入、其他收入为计税营业额。

8.销售不动产营业额的确定

(1)销售建筑物或构筑物及其土地附着物的,一般以全部价款和价外费用为计税营业额。

(2)如果以不动产投资入股,参与受资方利润分配且共同承担风险,其投资入股确认的价值,不作为营业额。当转让该项股权时,其股权转让额,应作为计税营业额。

(3)如果将不动产无偿赠与他人,其营业额要按当月销售的同类不动产的平均价格或最近时期的同类不动产的平均价格或组成计税价格核定。

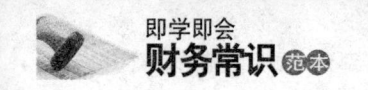

(4)以"还本"方式销售不动产,应按向购买方收取的全部价款和价外费用征收营业税,不得减除"还本"支出。

9.转让无形资产营业额的确定

(1)转让无形资产业务的计税营业额,应包括从事转让土地使用权、商标权、专利权、非专利技术、著作权和商誉等项目所取得的转让收入额。

(2)以无形资产入股,参与受资方的利润分配且共同承担投资风险,其投资入股确认的价值,不应作为计税营业额。但转让该股权时,其股权转让额应作为计税营业额。

(3)以地换房和以房换地(一方提供土地使用权,另一方提供资金,合作建房并按协议分配住房),因其发生了交易行为,按税法规定,以地换房的行为应按"转让无形资产"税目中的"转让土地使用权"项目征收营业税,而以房换地的行为,应按"销售不动产"税目征收营业税。

(4)转让无形资产的同时发生的货物销售行为,按规定应一并征收营业税。

常识111 营业税的节税措施有哪些?

1.委托代销方式的纳税筹划

企业在销售方式上经常采用委托代销方式,这种销售方式主要存在两种具体形式。第一种形式为收取代销费方式,即委托方将商品交付给受托方,受托方按照委托方的定价销售商品,商品销售以后,委托方确认收入,缴纳增值税,并支付受托方代销费,受托方收取代销费以后需要缴纳营业税,但是不需要缴纳增值税;另一种形式为视同买断方式,即委托方和受托方签订合同,委托方将商品按照一定的价格交付给受托方,由受托方按照一个较高的价格销售商品,两个价格之间的差价作为受托方的收入,委托方不再支付手续费。

在这种方式下,委托方将商品交付受托方时不需要确认收入,当受托方销售商品以后,委托方和受托方同时确认收入,委托方缴纳增值税,受托方也需要缴纳增值税。后面一种方式不用缴纳营业税,在税收上较为有利。

【例18-1】甲企业委托乙企业(假设两个企业都是增值税一般纳税人)销售一批商品,如果采用收取代销费的方式进行销售,则每件商品售价100元,代理费为20元,假设乙企业总共代理销售1000件商品。

甲企业总共支付给乙企业代理费:1000×20=20000元。乙企业应当缴纳营业税:20000×5%=1000元。假设两个企业都是增值税一般纳税人,则甲企业增值税销项税额为:100×1000×17%=17000元。假设甲企业进项税额为X,则甲企业需要缴纳增值税:(17000-X)元。假设甲企业生产成本为Y。在不考虑其他税负的情况下,甲企业的利润为:100×1000-20000-17000+X-Y=(63000+X-Y)元。乙企业的利润为:20000-1000=19000元。

如果采用视同买断方式代理销售,则每件商品以76.8元的价格交付,乙企业以100元的价格销售。由于中间不涉及到代理费的问题,因此,乙企业不用缴纳营业税。假设乙企业销售了1000件商品,则甲企业增值税销项税额为:

76.8×1000×17%=13056元。假设甲企业进项税额为X,则甲企业需要缴纳增值税:(13056-X)元。同时,乙企业由于发生了增值,需要缴纳增值税:(100-76.8)×1000×17%=3944元。假设甲企业生产成本为Y。

在不考虑其他税负的情况下,甲企业的利润为:76.8×1000-13056+X-Y=(63744十X-Y)元。乙企业利润为:(100-76.8)×1000-3944=19256元。

经过纳税筹划,甲企业增加利润744元,乙企业增加利润256元。两个企业少缴营业税1000元。

2.改变运费收取方式以减轻税收负担

企业在销售货物时所收取的运费,根据具体形式的不同,需要缴纳增值税或者营业税。根据《中华人民共和国增值税暂行条例》第6条规定,销售额为纳税人销售货物或者应税劳务向购买方收取的全部价款和价外费用,但是不包括收取的销项税额。根据《中华人民共和国增值税暂行条例实施细则》第12条规定,同时符合以下条件的代垫运费不属于价外费用,不征收增值税:

(1)承运部门的运费发票开具给购货方的。

(2)纳税人将该项发票转交给购货方的。

这种选择性就为企业进行纳税筹划提供了空间。在一定条件下,企业可以将自营车辆设立为运输子公司,通过让子公司开具普通发票收取运费,使运费收入转变为符合免征增值税条件的代垫运费,从而降低税负。

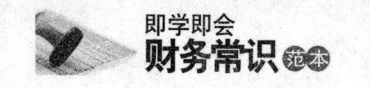

甲企业为增值税一般纳税人,某月销售给乙企业某产品8000件,不含税销售价100元/件,价外运费15元/件,同期进项税额为100000元,其中自营汽车所耗用的油料等抵扣进项税额5000元。

根据案例所述情况,甲企业该月的销项税额为:8000×100×17%+8000×15÷(1+17%)×17%=153435.89元,应纳增值税额为:153435.89-100000=53435.89元。如果设立运输子公司,改变运费收取方式,使运费收入转变为符合免征增值税条件的代垫运费,则甲企业的销项税额为:8000×100×17%=136000元,同时甲企业自营汽车原本可以抵扣的5000元进项税额此时不能予以抵扣,进项税额变为95000元,甲企业应纳增值税为:136000-95000=41000元,运输子公司应缴纳的营业税为:8000×15×3%=3600元,总体而言,甲企业该月税收负担为:41000-3600=44600元。由此可见,改变运费收取方式后甲企业减轻税收负担为:53435.89-44600=8835.89元。相应还会减少883.59元的城市维护建设税和教育费附加。

3.转让无形资产过程中所进行的税务筹划

对转让无形资产适用税目进行征税税务筹划时,应注意以下几种情况:

(1)土地所有者出让土地使用权和土地使用者将土地使用权归还给土地所有者的行为,不征收营业税。

(2)土地租赁不按"转让无形资产"税目征税,而按"服务业——租赁业"税目征税。

(3)土地批租不征营业税。土地批租是指国家通过征用或终止土地使用者的土地使用权的办法,将土地的所有权和使用权收回后,再以土地所有者的身份有偿出让土地使用权。

(4)以无形资产投资入股,参与接受投资方的利润分配、共同承担投资风险的行为,不征收营业税。但转让该项股权应按"转让无形资产"税目征税。

(5)因转让著作所有权而发生的销售电影母片、录像带母带、录音磁带母带的业务,以及因转让专利技术和非专利技术的所有权而发生的销售计算机软件的业务不征收增值税。即从营业税角度来说,对上述列举的转让无形资产的行为,在转让过程中必然会发生的销售货物业务,均一并征收营业税。

4.利用兼营销售和混合销售进行税务筹划？

兼营是指纳税人从事两个或两个以上税目的应税项目。对兼有不同税目的应税行为，应分别核算不同税目营业额。因为不同税目营业额确定的标准不同，有些税目适用的税率也不同。对未按不同税目分别核算营业额的，从高适用税率。就是说，哪个税目的税率高，混合在一起的营业额就按哪个高税率计税。例如，某餐厅既经营饮食业又经营娱乐业，而娱乐业的税率最高可达20%，对未分别核算的营业额，就应按娱乐业适用的税率征税。

在实际经济活动当中，纳税人从事营业税应税项目，并不仅仅局限在某单一应税项目上，往往会同时出现多项应税项目。例如，有些宾馆、饭店，既搞展厅、客房，从事服务业，又搞卡拉OK舞厅，从事娱乐业。又如，建筑公司既搞建筑安装，从事应纳营业税的建筑业，又搞建筑材料销售，从事应纳增值税的货物销售等。对不同的经营行为应有不同的税务处理。这是贯彻执行营业税条例，正确处理营业税与增值税关系的一个重点。

作为纳税人，必须正确掌握税收政策，准确界定什么是兼营销售和混合销售，才能避免从高适用税率，以维护自身的税收利益。

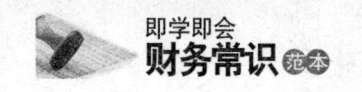

第19章　个人所得税的核算与筹划

> 个人所得税可以说是一项与每个人都息息相关的税种，了解个人所得税的核算与筹划不仅是财务人员的责任，也是我们每个人应该清楚的财务知识。

常识112　谁是个税的纳税人？

个人所得税是国际上普遍开征的一种税，是国家财政收入的主要来源，它对促进资源的有效配置，发挥税收的自动稳定机能，促进社会公平目标的实现起着重要作用。因此，在许多国家，特别是在发达国家，个人所得税已成为主要的税种之一，个人所得税收入在国家税收总收入中占有极大的比例。而在我国，个人所得税收入在国家税收总收入中所占的比重不是很高，但未来有很大的增长潜力。

个人所得税是以个人（自然人）取得的各项应税所得为征税对象所征收的一种税。在国际上，个人所得税的纳税人并不一定是作为自然人的个人，也可以是家庭。

按照计税方法和征收管理的不同，个人所得税有三种税制模式，即：分类所得税制、综合所得税制和混合所得税制。

分类所得税制是指对同一个纳税人不同类别的所得，按不同的征税方式和税率分别征税。分类所得税制广泛采用源泉扣缴法，从而达到控制税源的目的；但是，它不能全面、真实地按照纳税人的税收支付能力征税，在一定程度上有失公正性。

综合所得税制是将纳税人在一定期间的各种所得综合起来，减去各项法定减免和扣除项目的金额，就其余额按累进税率征收税款。英国、美国等发达市场经济国家的个人所得税采用的就是综合所得税制。综合所得税制能够反映纳税人的综合负担能力，并考虑到个人经济情况和家庭负担能力等给予减免税照顾；对总的净所得采取累进税率，可以达到调节纳税人之间所得税负担的目的，并实现一定程度的收入再分配。但它的课征手续繁杂，征收费用较高，不仅要求纳税人具有较强的纳税意识，还要求税务机关具有较先进的税收征管水平及较高的信息化水平。

混合所得税制又称为分类综合所得税制或二元所得税制，即把分类所得税制与综合所得税制综合起来，采用并行征收制。即先按纳税人各项来源的所得分类课征，源泉扣缴，然后再综合纳税人全年所得额，课以累进税率的综合所得税或附加税。瑞典、法国、日本等国家现行的个人所得税就属于这种类型。混合所得税制既体现了公平原则，又坚持支付能力征税原则，是一种适用性较强的所得税制度。

我国现行个人所得税主要具有以下特点：

1.实行分类征收

我国现行个人所得税采用的是分类所得税制，将个人取得的各种所得划分为 11 类，对不同的应税项目分别适用不同的费用减除规定、不同的税率和不同的计税方法。实行分类课征制度，不仅方便了征纳双方，加强了税源控管，而且便于对不同所得体现国家的政策。在分项计征的同时，还要求同项合并纳税。

2.采用定额和定率并用的费用扣除方式，计算简便

我国《个人所得税法》对纳税人的各项应税所得，视情况不同在费用扣除上分别实行定额扣除和定率扣除两种方法。在计税方法上，我国个人所得税费用扣除采用总额扣除法，从而避免了个人实际生活费用支出逐项计算的烦琐。

3.累进税率和比例税率并用

现行个人所得税根据不同的应税所得分别适用累进税率和比例税率两种形式。分类所得税制一般采用比例税率，综合所得税制通常采用累进税率。比例税率计算简便，便于实行源泉扣缴；累进税率可以合理调节收入分配，体现公平原则。对工资、薪金所得，个体工商户生产、经营所得，企事业单位的承包、承租经营所得，采用超额累进税率，实行量能负担；而对其他 8 项如劳务报酬所得，

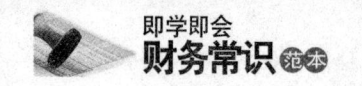

稿酬所得，特许权使用费所得，利息、股息、红利所得，财产租赁所得，财产转让所得，偶然所得以及其他所得，采用比例税率，实行等比负担。

4.代扣代缴和自行申报两种征纳方法

我国《个人所得税法》规定，对纳税人的应纳税额分别采取由支付单位源泉扣缴和纳税人自行申报两种方法。对凡是可以在应税所得的支付环节扣缴的，均由法定的扣缴义务人履行代扣代缴义务。对于没有扣缴义务人的，在两处以上取得工资、薪金所得的，以及高收入者，实行由纳税人自行申报纳税的方法。这样，既便于税收征管，又有利于增强个人的纳税意识。

常识113 个税的具体征税范围

下列各项个人所得，应纳个人所得税：

1.工资、薪金所得

工资、薪金所得，是指个人因任职或受雇而取得的工资、薪金、奖金、年终加薪、劳动分红、津贴、补贴以及与任职或受雇有关的其他所得。但是，以下项目排除在外：

(1)独生子女补贴；

(2)执行公务员工资制度未纳入基本工资总额的补贴、津贴差额和家属的副食补贴；

(3)托儿补助款；

(4)差旅费津贴、误餐补助；

(5)企业和个人按照国家或地方政府规定的比例提取并实际缴付的失业保险金、基本养老保险金、医疗保险金、住房公积金。

2.个体工商户的生产、经营所得

个体工商户的生产、经营所得，是指个体工商户从事工业、手工业、建筑业、交通运输业、商业、饮食业、服务业、修理业以及其他行业生产、经营取得的所得；个人经政府有关部门批准取得执照，从事办学、医疗、咨询以及其他有偿服务活动取得的所得；其他个人从事个体工商业生产、经营取得的所得；上述个体工商户和个人取得的与生产、经营有关的各项应纳税所得。

个人独资企业和合伙企业投资者的生产经营所得,比照个体工商户的生产经营所得。

3.对企事业单位的承包经营、承租经营所得

对企事业单位的承包经营、承租经营所得,是指个人承包经营、承租经营以及转包、转租取得的所得,包括个人按月或按次取得的工资、薪金性质的所得。

4.劳务报酬所得

劳务报酬所得,是指个人从事设计、装潢、安装、制图、化验、测试、医疗、法律、会计、咨询、讲学、新闻、广播、翻译、审稿、书画、雕刻、影视、录音、录像、演出、表演、广告、展览、技术服务、介绍服务、经纪服务、代办服务以及其他劳务取得的所得。

5.稿酬所得

稿酬所得,是指个人因作品以图书、报刊形式出版、发表而取得的所得。

6.特许权使用费所得

特许权使用费所得,是指个人提供专利权、商标权、著作权、非专利技术以及其他特许权的使用权取得的所得;提供著作权的使用权取得的所得,不包括稿酬所得。

7.利息、股息、红利所得

利息、股息、红利所得,是指个人拥有债权、股权而取得的利息、股息、红利所得。

8.财产租赁所得

财产租赁所得,是指个人出租建筑物、土地使用权、机器设备、车船以及其他财产取得的所得。

9.财产转让所得

财产转让所得,是指个人转让有价证券、股权、建筑物、土地使用权、机器设备、车船以及其他财产取得的所得。

10.偶然所得

偶然所得,是指个人得奖、中奖、中彩以及其他偶然性质的所得。

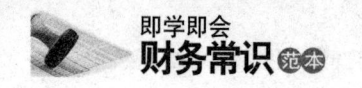

11.经国务院财政部门确定征税的其他所得

除上述十项所得项目以外,其他所得应确定征税的,由国务院财务部门确定。国务院财政部门,是指财政部和国家税务总局。

个人取得的所得,难以界定应纳税所得项目的,由主管税务机关确定。个人取得的应纳税所得,包括现金、实物和有价证券。所得为实物的,应当按照取得的凭证上所注明的价格计算应纳税所得额;无凭证的实物或者凭证上所注明的价格明显偏低的,由主管税务机关参照当地的市场价格核定应纳税所得额。所得为有价证券的,由主管税务机关根据票面价格和市场价格核定应纳税所得额。

常识 114 个人所得税的税目和税率是什么?

我国个人所得税针对不同的应税项目采用不同的税率,主要有超额累进税率和比例税率两种形式。

(1)3%~45%的7级超额累进税率,主要适用于工资、薪金所得。如表19-1所示。

表19-1 工资、薪金所得个人所得税税率表

级数	全月应纳税所得额	税率(%)	速算扣除数
1	不超过1500元的	3	0
2	超过1500元至4500元的部分	10	105
3	超过4500元至9000元的部分	20	655
4	超过9000元至35000元的部分	25	1005
5	超过35000元至55000元的部分	30	2755
6	超过55000元至80000元的部分	35	5505
7	超过80000元	45	13505

注:本表所称全月应纳税所得额是指以每月收入额减除费用3500元以及附加费用后的余额。

(2)5%~35%的5级超额累进税率,主要适用于个体工商户的生产、经营所得;对企事业单位的承包经营、承租经营所得;个人独资企业、合伙企业(自然人)投资者的生产经营所得。如表19-2所示。

表19-2 个体工商户的生产、经营所得和对企事业单位的承包经营、承租经营所得税率表

级数	全年应纳税所得额	税率(%)	速算扣除数
1	不超过15000元的部分	5	0
2	超过15000元至30000元的部分	10	750
3	超过30000元至60000元的部分	20	3750
4	超过60000元至100000元的部分	30	8250
5	超过100000元的部分	35	26750

注:本表所称全年应纳税所得额是指以每一纳税年度的收入总额减除成本、费用以及损失后的余额。

(3)稿酬所得适用20%的比例税率,并按应纳税额减征30%,所以,稿酬所得的实际税率为14%。

(4)劳务报酬所得适用20%的比例税率。对劳务报酬所得一次收入畸高的,可以实行加成征收。对于个人一次取得劳务报酬,其应纳税所得额超过2万元的,实施加成征收;应纳税所得额超过2万元不足5万元的部分加征5成,超过5万元的部分加征10成。因此,劳务报酬所得实际上适用20%、30%、40%的3级超额累进税率,如表19-3所示。

表19-3 劳务报酬所得个人所得税税率表

级数	每次应纳税所得额	税率(%)	速算扣除数
1	不超过20000元的部分	20	0
2	超过20000元至50000元的部分	30	2000
3	超过50000元的部分	40	7000

注:①本表所称每次应纳税所得额为按个人所得税法规定减除有关费用的所得额;不含税劳务报酬收入额为没有减除税法规定有关费用前的收入总额。

②每次应纳税所得额适用于由纳税人自行负担税款的劳务报酬所得;不含税劳务报酬收入额适用于由他人(单位)代付税款的劳务报酬所得。

(5)财产租赁所得,财产转让所得,特许权使用费所得,利息、股息、红利所

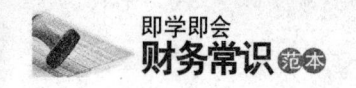

得,偶然所得,经国务院财政部门确定征税的其他所得,适用20%的比例税率。

常识 115　个人所得税的节税措施有哪些?

1.将各种收入形式进行转化来降低税率

我国个人所得税实行分类所得税制,即把个人的各种所得分成11类,分别规定不同的征收方式、税基和税率。因此,相同数量的所得,如果所属的税目不同,则要承担不同的税收负担。这样,纳税人就可以利用不同所得项目税收负担的不同,将某种类型的所得转换成其他类型的所得,以此来降低自己的税收负担。

可以将劳务报酬所得转化成个体工商户生产经营所得,也可以在工资薪金所得、劳务报酬所得以及个体工商户生产经营所得之间进行互相转换来进行纳税筹划。

【例19-1】王先生在业余时间为一家公司提供装潢设计服务,每月获得劳务报酬5000元,为了获得该5000元的劳务报酬,王先生每月需要支付往返车费200元,材料费1000元,在2009年度,王先生需要缴纳个人所得税税本案例如何进行纳税筹划?

王先生成立一家个人独资企业,专门为该公司提供装潢服务。由于其他条件不变,因此,王先生每月仍需要支付往返车费200元,材料费1000元,为此,王先生可以获得5000元收入。根据个人独资企业投资者个人所得税计算的原则,王先生2009年度的总收入为:5000×12=60000元。总成本为:(200+1000)×12=14400元。王先生作为投资者,其个人费用可以扣除24000元。这样,2009年度,该个人独资企业的应纳税所得额为:60000-14400-24000=21600元。应纳所得税额为:21600×20%-1250=3070元。通过纳税筹划,王先生减少应纳所得税额为:9600-3070=6530元。减轻税负达68%。

2.利用个人所得税的减免税政策进行纳税筹划

个人所得税法规定了一些减免税的优惠待遇,纳税人了解这些税收优惠待遇以后就可以充分利用其进行纳税筹划,以降低自己的税收负担。

根据《中华人民共和国个人所得税法》第4条规定,下列各项个人所得,免纳个人所得税:

(1)省级人民政府、国务院部委和中国人民解放军军以上单位,以及外国组织、国际组织颁发的科学、教育、技术、文化、卫生、体育、环境保护等方面的奖金。

(2)国债和国家发行的金融债券利息,国债利息,是指个人持有中华人民共和国财政部发行的债券而取得的利息所得;国家发行的金融债券利息,是指个人持有经国务院批准发行的金融债券而取得的利息所得。

(3)按照国家统一规定发给的补贴、津贴,是指按照国务院规定发给的政府特殊津贴、院士津贴、资深院士津贴,以及国务院规定免纳个人所得税的其他补贴、津贴。

(4)福利费、抚恤金、救济金,福利费,是指根据国家有关规定,从企业、事业单位、国家机关、社会团体提留的福利费或者工会经费中支付给个人的生活补助费;救济金,是指国家民政部门支付给个人的生活困难补助费。

(5)保险赔款。

(6)军人的转业费、复员费。

(7)按照国家统一规定发给干部、职工的安家费、退职费、退休工资、离休工资、离休生活补助费。

(8)依照我国有关法律规定应予免税的各国驻华使馆、领事馆的外交代表、领事官员和其他人员的所得,是指依照《中华人民共和国外交特权与豁免条例》和《中华人民共和国领事特权与豁免条例》规定免税的所得。

(9)中国政府参加的国际公约、签订的协议中规定免税的所得。

(10)经国务院财政部门批准免税的所得。

根据《中华人民共和国个人所得税法》第5条的规定,有下列情形之一的,经批准可以减征个人所得税:

a.残疾、孤老人员和烈属的所得;

b.因严重自然灾害造成重大损失的;

c.其他经国务院财政部门批准减税的。

减征的幅度和期限由省、自治区、直辖市人民政府规定。

为了鼓励广大人民群众见义勇为,维护社会治安,对乡、镇(含乡、镇)以上人民政府或经县(含县)以上人民政府主管部门批准成立的有机构、有章程的见

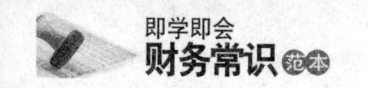

义勇为基金会或者类似组织,奖励见义勇为者的奖金或奖品,经主管税务机关核准,免予征收个人所得税。

对于个人自己缴纳有关商业保险费(保费全部返还个人的保险除外)而取得的无赔款优待收入,不作为个人所应纳税收入,不征收个人所得税。

对国有企业职工,因企业依照《中华人民共和国企业破产法》宣告破产,从破产企业取得的一次性安置费收入,免予征收个人所得税。除上述规定外,国有企业职工与企业解除劳动合同取得的一次性补偿收入,在当地上年企业职工年平均工资的3倍数额内,可免征个人所得税。具体免征标准由各省、自治区、直辖市和计划单列市地方税务局规定。超过该标准的一次性补偿收入,应按照《国家税务总局关于个人因解除劳动合同取得经济补偿金征收个人所得税问题的通知》的有关规定,全额计算征收个人所得税。

个人因与用人单位解除劳动关系而取得的一次性补偿收入(包括用人单位发放的经济补偿金、生活补助费和其他补助费用),其收入在当地上年职工平均工资3倍数额以内的部分,免征个人所得税;超过的部分按照《国家税务总局关于个人因解除劳动合同取得经济补偿金征收个人所得税问题的通知》的有关规定,计算征收个人所得税。企业依照国家有关法律规定宣告破产,企业职工从该破产企业取得的一次性安置费收入,免征个人所得税。

3.年终奖金发放的纳税筹划

根据《国家税务总局关于调整个人取得全年一次性奖金等计算征收个人所得税方法问题的通知》的规定,全年一次性奖金是指行政机关、企事业单位等扣缴义务人根据其全年经济效益和对雇员全年工作业绩的综合考核情况,向雇员发放的一次性奖金。上述一次性奖金也包括年终加薪、实行年薪制和绩效工资办法的单位根据考核情况兑现的年薪和绩效工资。

纳税人取得全年一次性奖金,单独作为一个月工资、薪金所得计算纳税,并按以下计税办法,由扣缴义务人发放时代扣代缴:

(1)先将雇员当月内取得的全年一次性奖金,除以12个月,按其商数确定适用税率和速算扣除数。如果在发放年终一次性奖金的当月,雇员当月工资薪金所得低于税法规定的费用扣除额,应将全年一次性奖金减除"雇员当月工资薪金所得与费用扣除额的差额"后的余额,按上述办法确定全年一次性奖金的适用税率和速算扣除数。

(2)将雇员个人当月内取得的全年一次性奖金,按本条第(1)项确定的适用税率和速算扣除数计算征税,计算公式如下:

①如果雇员当月工资薪金所得高于(或等于)税法规定的费用扣除额的,适用公式为:

应纳税额=雇员当月取得全年一次性奖金×适用税率-速算扣除数

②如果雇员当月工资薪金所得低于税法规定的费用扣除额的,适用公式为:

应纳税额=(雇员当月取得全年一次性奖金-雇员当月薪金所得与费用扣除额的差异)×适用税率-速算扣除数

在一个纳税年度内,对每一个纳税人,该计税办法只允许采用一次。实行年薪制和绩效工资的单位,个人取得年终兑现的年薪和绩效工资按前述规定执行。雇员取得除全年一次性奖金以外的其他各种名目奖金,如半年奖、季度奖、加班奖、先进奖、考勤奖,一律与当月工资、薪金收入合并,按税法规定缴纳个人所得税。对无住所个人取得上述各种名目奖金的,如果该个人当月在我国境内没有纳税义务,或者该个人由于出入境原因导致当月在我国工作时间不满一个月的,仍按照《国家税务总局关于在我国境内无住所的个人取得奖金征税问题的通知》计算纳税。

具体计算方法如下:对上述个人取得的奖金,可单独作为一个月的工资薪金所得计算纳税。由于对每月的工资、薪金所得计税时已按月扣除了费用,因此,对上述奖金不再减除费用,全额作为应纳税所得额直接按适用税率计算应纳税款。上述个人应在取得奖金月份的次月7日内申报纳税。纳税人可以利用这里的规定,恰当选择奖金的发放方法,以减轻税收负担。

【例19-2】2009年度某企业员工刘某每月基本工资为5000元,年末确定刘某的奖金为36000元。刘某选择按月平均发放奖金的方式,即每月发放奖金3000元。请计算刘某全年应当缴纳的个人所得税,并提出纳税筹划方案。

根据刘某选择的纳税方案,月应纳税所得额为:5000+3000-2000=6000元(适用税率为20%)。

月应纳所得税额为:6000×20%-375=825元

年应纳所得税额为:825×12=9900元。

刘某可以考虑如下纳税方案:年中7月份发放一次半年奖金10000元,年末再发放全年一次性奖金26000元。除7月份以外,各月应纳税所得额为:5000-2000=3000元(适用税率为15%)。除7月份以外,各月应纳所得税额为:3000×15%-125=325元。7月份应纳所得税额为:5000+10000-2000=13000元(适用税率为20%)。7月份应纳所得税额为:13000×20%-375=2225元。年终奖金为:26000÷12=2167元(适用税率为15%)。年终奖金应纳所得税额为:26000×15%-125=3775元。刘某全年应纳所得税额为:325×11+2225+3775=9575元。该纳税方案的税收负担低于刘某自己选择的纳税方案为:9900-9575=325元。本方案可取。

4.居民纳税人与非居民纳税人的转化

我国个人所得税法将个人所得税的纳税人分为两类:一类为居民纳税人,即在中国境内有住所,或者无住所而在境内居住满1年的个人,居民纳税人从中国境内和境外取得的所得,都应当依照税法规定缴纳个人所得税;

另一类为非居民纳税人,即在中国境内无住所又不居住或者无住所而在境内居住不满1年的个人,非居民纳税人从中国境内取得的所得,应当依照税法规定缴纳个人所得税,从中国境外取得的所得,不需要在中国纳税。

关于居民纳税人和非居民纳税人,我国税法还规定了一定的优惠政策。根据《中华人民共和国个人所得税法实施条例》第6条、第7条规定,在中国境内无住所,但是居住1年以上5年以下的个人,其来源于中国境外的所得,经主管税务机关批准,可以只就由中国境内公司、企业以及其他经济组织或者个人支付的部分缴纳个人所得税;居住超过5年的个人,从第6年起,应当就其来源于中国境外的全部所得缴纳个人所得税。在中国境内无住所,但是在一个纳税年度中在中国境内连续或者累计居住不超过90日的个人,其来源于中国境内的所得,由境外雇主支付并且不由该雇主在中国境内的机构、场所负担的部分,免予缴纳个人所得税。

居民纳税人和非居民纳税人承担不同的纳税义务,根据法律规定的居民纳税人的判断标准合理安排在某国的居住时间,就可以避免成为该国的居民纳税人,从而避免无限纳税义务。

5.利用捐赠扣除进行税务筹划

捐赠,就是将你的资产无偿地出让所有权或名义所有权,从而降低企业所得税率或个人所得税率。捐赠并不是无限制的,但是有些捐赠不受金额限制,可以扣除,节省综合所得税。按照符合国际惯例的原则,为了鼓励高收入者对公益、教育事业作贡献,我国个人所得税法规定,有关国防、慰问解放军官兵的捐赠及对政府的捐赠,不受金额的限制,可以从综合所得中扣除。有关希望工程、残疾人基金的捐赠,可以从综合所得金额中扣除。有关自然灾害造成的损失,对灾区人民的捐赠,可以从综合所得金额中扣除。有些捐赠,只能从其综合所得中部分扣除,一般是按所得总额设定一个扣除比例。超过扣除比例部分不给予扣除。

捐赠金额较多时,也可以自己先成立慈善财团,一方面能使外人知晓捐赠者;另一方面也能有效地控制基金,好使捐款确实用在自己希望的公益慈善行为中,可达到既税务筹划又有名的目的。

如果你拥有自己的公司,你可以将个人捐赠改为公司捐赠,只要金额在当期净利内能够扣除,可以节省企业所得税及其分配股利时,股东应缴纳的综合所得税或资本利得税,税务筹划利益比个人捐赠要大。

另外,若遗产较多时,也可以运用捐赠的方式来进行税务筹划。例如,死亡的时候,将遗产捐赠给各级政府及公立教育、文化、公益、慈善机构、公有事业机构或全部公股的公营事业。

纳税人打算对外捐多少,应当取决于本期取得的收入,如果本期取得的应纳税收入较多,则可以多捐;反之,若本期取得的应税收入少,则可先捐赠一部分,剩余捐赠额可安排在下期捐赠。

纳税人对外捐赠是出于自愿,捐多少,何时捐都由纳税人自己决定。允许按应纳税所得额的一定比例进行扣除,其前提必须是取得一定的收入。也就是说,如果纳税人本期未取得收入,而是用自己过去的积蓄进行捐赠,则不能得到税收退还。由此可见,选择适当的捐赠时期对纳税人来说,是非常重要的。

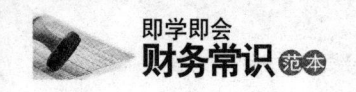

第20章 企业所得税的核算与筹划

> 企业所得税是我国第二大主体税种,对组织国家税收收入有着非常重要的作用,同时,它也是国家实施税种优惠政策的最主要的税种,有多种税收优惠政策,是国家实施宏观调控的主要工具。因此,了解企业所得税的相关知识也是至关重要的。

常识116 什么是企业所得税?

我国现行企业所得税法的基本规范是2007年3月16日第十届全国人民代表大会第五次会议通过的《中华人民共和国企业所得税法》和2007年11月28日国务院第197次常务会议通过的《中华人民共和国企业所得税法实施条例》。

企业所得税,是指对在中华人民共和国境内的企业和其他组织(以下统称企业)就其来源于中国境内外的生产经营所得和其他所得征收的一种税。

企业所得税较其他税种相比具有以下特点:

第一,企业所得税的征税对象是应纳税所得额。应纳税所得额是指企业每一纳税年度的收入总额,减除不征税收入、免税收入、各项扣除以及允许弥补的以前年度亏损后的余额。

第二,企业所得税的纳税人分为居民企业与非居民企业。居民企业与非居民企业的纳税义务是不同的,即:居民企业负有无限纳税义务,就其来源于中国境内外的全部所得纳税;而非居民企业仅负有有限纳税义务,仅就其来源于我国境内的所得以及发生在境外的与其所设机构、场所有实际联系的所得纳税。

第三,企业所得税是直接税,其税负由纳税人直接承担,税负不易转嫁。正因为所得税是直接税,因而需以纳税人的实际负担能力为计税依据,无所得则不征税,这与流转税不论有无利润,只要有商品流转收入就要征税是不同的。

第四,企业所得税的征收有赖于企业财务会计制度的完善。财务会计是反映企业经营管理状况的语言,是企业所得税的计征依据,加强企业所得税的征收管理必须首先完善企业财务会计制度。

第五,征税以量能负担为原则。即实行"所得多的多征,所得少的少征,无所得的不征"的征税原则。

第六,实行按年计征、分期预交的办法。企业所得税以企业一个纳税年度的应纳税所得额为计税依据,但由于国家的财政收入必须均衡、及时。因而在现实中所得税一般实行总分结合,即先分期预交,到年终再清算,以满足国家财政收入的需要。平时分月或分季预交,年度终了后进行汇算清缴,多退少补。

常识117 企业所得税的具体征收对象是什么？

企业所得税的征税对象是企业取得的生产经营所得和其他所得。但并不是说企业取得的任何一项所得,都是企业所得税的征税对象。确定企业的一项所得是否是征税对象,要遵循以下原则：

1.必须是有合法来源的所得。

2.应纳税所得是扣除成本费用以后的纯收益。

3.企业所得税的应纳税所得必须是实物或货币所得。

4.企业所得税的应纳税所得包括来源于中国境内、境外的所得。

《中华人民共和国企业所得税暂行条例》规定,中国境内的企业,除外商投资企业和外国企业外,应就其生产经营所得和其他所得缴纳企业所得税,明确规定了企业所得税的征税对象是企业的生产经营所得和其他所得。

所谓生产经营所得,是指企业从事物质生产、商品流通、交通运输、劳务服务以及其他营利事业取得的所得。其他所得包括：企业有偿转让各类财产取得的财产转让所得；纳税人购买各种有价证券取得的利息及外单位欠款取得的利息所得；纳税人出租固定资产、包装物等取得的租赁所得；纳税人因提供转让专利权、非专利技术、商标权、著作权等取得的特许权使用费所得；纳税人对外投资入股取得的股息、红利所得以及固定资产盘盈、因债权人原因确实无法支付的应付款项、物资及现金溢余等取得的其他所得。

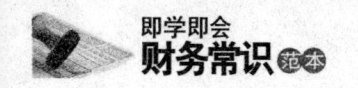

常识 118 企业所得税的税率是多少？

新所得税法规定法定税率为25%，内资企业和外资企业一致，国家需要重点扶持的高新技术企业为15%，小型微利企业为20%，非居民企业为20%。

企业应纳所得税额=当期应纳税所得额×适用税率

应纳税所得额=收入总额-准予扣除项目金额

常识 119 如何确定企业所得税的应纳税所得额？

企业所得税的计税依据是企业的应纳税所得额。根据企业所得税法的规定："企业每一纳税年度的收入总额，减除不征税收入、免税收入、各项扣除以及允许弥补的以前年度亏损后的余额，为应纳税所得额。"

应纳税所得额的计算分为直接计算法和间接计算法，一般采用间接计算法。

按照直接计算法计算：

应纳税所得额=收入总额-不征税收入-免税收入-准予扣除项目的金额-允许弥补的以前年度亏损

按照间接计算法计算：

应纳税所得额=年度会计利润+纳税调增项目-纳税调减项目。

应纳税所得额与按照财务会计准则规定计算的会计利润关系密切，财务会计准则规定的收入、费用、利润等会计要素的确认原则与方法是确定应纳税所得额的基础。会计准则的规定与税法的许多规定是一致的，如权责发生制原则、收入的确认原则等。但是，会计准则的规定与税法也有很大的差异。

应当注意的是：当两者不一致时，不能依照企业财务、会计处理办法的规定。税法规定：当企业财务、会计处理办法与有关税收法规不一致时，应当依照国家有关税收法规的规定计算纳税。因此，企业按照有关财务会计制度规定计算的利润，必须按照税法的规定进行必要的调整后才能作为应纳税所得额。这是计算应纳税所得额时应当坚持的原则。

1.收入总额

收入总额是指企业在日常活动中形成的、会导致所有者权益增加的、与所有者投入资本无关的经济利益的总流入。《企业所得税法》规定,企业以货币形式和非货币形式从各种来源取得的收入,为收入总额。收入按照来源的不同,具体包括:

(1)销售货物收入,即:企业销售商品、产品、原材料、包装物、低值易耗品以及其他存货取得的收入。

(2)提供劳务收入,即:企业从事建筑安装、修理修配、交通运输、仓储租赁、金融保险、邮电通信、咨询经纪、文化体育、科学研究、技术服务、教育培训、餐饮住宿、中介代理、卫生保健、社区服务、旅游、娱乐、加工以及其他劳务服务活动取得的收入。

(3)转让财产收入,即:企业转让固定资产、生物资产、无形资产、股权、债权等财产取得的收入。

(4)股息、红利等权益性投资收益,即:企业因权益性投资从被投资方取得的收入。股息、红利等权益性投资收益,除国务院财政、税务主管部门另有规定外,按照被投资方做出利润分配决定的日期确认收入的实现。

(5)利息收入,即:企业将资金提供他人使用但不构成权益性投资,或者因他人占用本企业资金取得的收入,包括存款利息、贷款利息、债券利息、欠款利息等收入。利息收入,按照合同约定的债务人应付利息的日期确认收入的实现。

(6)租金收入,即:企业提供固定资产、包装物或者其他有形资产的使用权取得的收入。租金收入,按照合同约定的承租人应付租金的日期确认收入的实现。

(7)特许权使用费收入,即:企业提供专利权、非专利技术、商标权、著作权以及其他特许权的使用权取得的收入。特许权使用费收入,按照合同约定的特许权使用人应付特许权使用费的日期确认收入的实现。

(8)接受捐赠收入,即:企业接受的来自其他企业、组织或者个人无偿给予的货币性资产、非货币性资产。接受捐赠收入,按照实际收到捐赠资产的日期确认收入的实现。

(9)其他收入,即:企业取得的除上述第1项至第8项规定的收入外的其他收入,包括企业资产溢余收入、逾期未退包装物押金收入、确实无法偿付的应付款项、已作坏账损失处理后又收回的应收款项、债务重组收入、补贴收入、违约金收入、汇兑收益等。

2.不征税收入

不征税收入,是指从性质上不属于企业营利性活动带来的经济利益、不负有纳税义务,并不作为应纳税所得额组成部分的收入。《企业所得税法》规定的不征税收入有财政拨款、依法收取并纳入财政管理的行政事业性收费、依法收取并纳入财政管理的政府性基金、国务院规定的其他不征税收入。

3.免税收入

免税收入,是指属于企业的应税所得,但按照税法规定免予征收企业所得税的收入。免税收入与不征税收入的内涵与外延是不一致的。具备可税性但国家没有征税的收入属于免税收入,而不具备可税性的收入为不征税收入。

《企业所得税法》规定的免税收入有:国债利息收入,符合条件的居民企业之间的股息、红利等权益性投资收益,在中国境内设立机构、场所的非居民企业从居民企业取得与该机构、场所有实际联系的股息、红利等权益性投资收益,但不包括连续持有居民企业公开发行并上市流通的股票不足12个月取得的投资收益、符合条件的非营利组织的收入。

4.各项扣除

《企业所得税法》规定,"企业实际发生的与取得收入有关的、合理的支出,包括成本、费用、税金、损失和其他支出,准予在计算应纳税所得额时扣除。"由此可见,凡是与企业生产经营有关的费用、支出均可据实予以扣除。

扣除项目主要包括成本、费用、税金、损失以及企业在生产经营活动中发生的与生产经营活动有关的、合理的支出。

(1)成本,是指企业在生产经营活动中发生的销售成本、销货成本、业务支出以及其他耗费。成本分为直接成本和间接成本。直接成本是指根据有关会计凭证、记录直接计入相关成本计算对象或劳务的经营成本中的直接材料、直接人工等。间接成本是指多个部门为同一成本对象提供服务的共同成本,或者同一种投入可以制造、提供两种或两种以上的产品或劳务的联合成本。

(2)费用,是指企业在生产经营活动中发生的销售费用、管理费用和财务费用。已经计入成本的有关费用除外。①销售费用,是指应由纳税人负担的为销售商品而发生的费用。②管理费用,是指纳税人的行政管理部门为管理组织经营活动提供各项支援性服务而发生的费用。③财务费用,是指纳税人筹集经营性资金而发生的费用。

(3)税金,是指企业发生的除企业所得税和允许抵扣的增值税以外的各项税金及其附加。①已缴纳的消费税、营业税、城市维护建设税、资源税、土地增值税、关税、教育费附加,可以扣除;②企业缴纳的房产税、车船税、土地使用税、印花税等,已经计入管理费用中扣除的,不再作销售税金单独扣除;③增值税为价外税,不包含在计税中,应纳税所得额计算时不得扣除;④企业所得税不得扣除。

(4)损失,是指企业在生产经营活动中发生的固定资产和存货的盘亏、毁损、报废损失,转让财产损失,呆账损失,坏账损失,自然灾害等不可抗力因素造成的损失,以及其他损失。企业发生的损失,减除责任人赔偿和保险赔款后的余额,按照国务院财政、税务主管部门的规定扣除。企业已经作为损失处理的资产,在以后纳税年度全部收回或者部分收回时,应当计入当期收入。

(5)扣除项目的其他支出,是指除成本、费用、税金、损失外,企业在生产经营活动中发生的与生产经营活动有关的、合理的支出。

5.部分扣除项目的具体范围和标准

(1)工资薪金支出。《企业所得税法》规定,企业发生的合理的工资薪金支出准予扣除。工资薪金,是指企业每一纳税年度支付给在本企业任职或者受雇的员工的所有现金或者非现金形式的劳动报酬,包括基本工资、奖金、津贴、补贴、年终加薪、加班工资,以及与员工任职或者受雇有关的其他支出。

(2)职工福利费、工会经费、职工教育经费。企业发生的职工福利费支出,不超过工资薪金总额14%的部分准予扣除;企业拨交的工会经费,不超过工资薪金总额2%的部分准予扣除;除国务院财政、税务主管部门另有规定外,企业发生的职工教育经费支出,不超过工资薪金总额2.5%的部分准予扣除,超过部分准予结转以后纳税年度扣除。

(3)保险费支出。保险有社会保险与商业保险之分,企业所得税法规定,按照政府规定的范围和标准缴纳的"五险一金",即基本养老保险费、基本医疗保

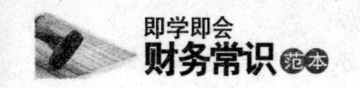

险费、失业保险费、工伤保险费、生育保险费等基本社会保险费和住房公积金，准予扣除；企业为投资者或者职工支付的商业保险费，不得扣除。

(4)借款费用。企业在生产经营活动中发生的合理的不需要资本化的借款费用，准予扣除；企业为购置、建造固定资产、无形资产和经过12个月以上的建造才能达到预定可销售状态的存货发生借款的，在有关资产购置、建造期间发生的合理的借款费用，应予以资本化，作为资本性支出计入有关资产的成本；有关资产交付使用后发生的借款利息，可在发生当期扣除。

(5)利息费用。非金融企业向金融企业借款的利息支出、金融企业的各项存款利息支出和同业拆借利息支出、企业经批准发行债券的利息支出，可据实扣除；非金融企业向非金融企业借款的利息支出，不超过按照金融企业同期同类贷款利率计算的数额的部分可据实扣除，超过部分不得税前扣除。

(6)业务招待费。企业所得税法实施条例规定，企业发生的与生产经营活动有关的业务招待费，按照发生额的60%扣除，但最高不得超过当年销售(营业)收入的5%。当年销售(营业)收入包括销售货物收入、劳务收入、出租财产收入、转让无形资产使用权收入、视同销售收入等，即会计核算中的"主营业务收入"、"其他业务收入"。

(7)广告费和业务宣传费。企业所得税法实施条例规定，企业每一纳税年度发生的符合条件的广告费和业务宣传费，除国务院财政、税务主管部门另有规定外，不超过当年销售(营业)收入15%的部分，准予扣除；超过部分，准予在以后纳税年度结转扣除。

(8)环境保护专项资金。企业依照法律、行政法规有关规定提取的用于环境保护、生态恢复等方面的专项资金准予扣除。上述专项资金提取后改变用途的，不得扣除。

(9)公益性捐赠支出。企业所得税法实施条例规定，企业发生的公益性捐赠支出，在年度利润总额12%以内的部分，准予扣除。公益性捐赠是指企业通过公益性社会团体或者县级以上人民政府及其部门用于《中华人民共和国公益事业捐赠法》规定的公益事业的捐赠。年度利润总额，是指企业依照国家统一会计制度的规定计算的年度会计利润。

6.不得扣除的项目

(1)向投资者支付的股息、红利等权益性投资收益款项。

(2)企业所得税税款。

(3)税收滞纳金,是指纳税人违反税法规定被税务机关处以的滞纳金。

(4)罚金、罚款和被没收财物的损失,是指纳税人违反国家有关法律、法规规定,被有关部门处以的罚款,以及被司法机关处以的罚金和被没收财物。

(5)非公益性捐赠支出,以及超过规定标准的公益性捐赠支出。

(6)赞助支出,是指企业发生的与生产经营活动无关的各种非广告性质支出。

(7)未经核定的准备金支出,是指不符合国务院财政、税务主管部门规定的各项资产减值准备、风险准备等准备金支出。

(8)企业之间支付的管理费、企业内营业机构之间支付的租金和特许权使用费,以及非银行企业内营业机构之间支付的利息,不得扣除。

(9)与取得收入无关的其他支出。

7.亏损弥补

亏损是指每一纳税年度的收入总额减除不征税收入、免税收入和各项扣除后小于零的数额。税法规定,纳税人发生年度亏损的,可以用下一纳税年度的所得弥补,下一纳税年度的所得不足弥补的,可以逐年延续弥补,但是,延续弥补的期限最长不能超过5年。

亏损额不是企业财务报表中反映的亏损额,而是企业财务报表中的亏损额经税务主管机关按税法规定核实调整后的金额,即纳税亏损。企业的亏损,须经税务机关审核认定后方能弥补,未经税务机关审核认定,企业不得自行弥补。

5年弥补期是以亏损年度后的第一年算起,连续5年内不论是赢利或亏损,都应连续作为实际弥补年限计算。计算弥补期时要注意:第一,连续5年内未弥补完的亏损,从第6年起应从企业税后利润或盈余公积金中弥补,不得从税前弥补;第二,准予弥补年限的计算必须是自亏损的下一年度起连续5年不间断地计算,而不能以实际已弥补的年限相加计算;第三,对5年内连续发生年度亏损的,分亏损年度,连续计算,不能将每年亏损年度的连续弥补期相加,更不能断开计算;第四,对于在5年亏损弥补期间的某一年度或某几个年度当年实际

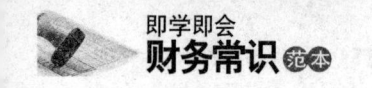

经营又发生亏损的,应分别以各亏损年度后的第一年算起,连续5年弥补各自的亏损;第五,在弥补年限内不同年度的亏损,应按先亏先补的次序抵补;第六,在弥补年限内弥补完亏损后的剩余所得,应按规定计算纳税。

企业境外业务之间(指同一国家)的盈亏可以相互弥补,但企业境内外之间的盈亏不得相互弥补,不同国家的盈亏也不得相互弥补。

常识120 企业所得税的节税措施有哪些?

1.利用不同折扣方式进行税务筹划

企业在进行销售时为了占领市场,通常会采取折扣的方式。折扣的基本方式有两种:一种是商业折扣,在税法上叫折扣销售,是指企业在销售货物时,由于购买方的购货数量较大等原因,而给予购买方的价格优惠。

按照税法的规定,企业发生折扣销售时,如果折扣额和销售额是在同一张发票上分别注明的,可以按折扣后的余额作为销售额,如果将折扣额另开发票,则不得从销售额中减除。另一种折扣方式是现金折扣,在税法上叫销售折扣,是指企业在销售货物或提供应税劳务后,为了鼓励购买方及早偿还贷款,而协议许诺给予购买方的一种折扣优待,即购买方支付货款越早,获得的折扣越大。

【例20-1】购买方如果10天支付货款,可以获折扣2%;如果20天支付货款,可以获折扣1%;如果按正常的30天支付货款,则不给予折扣。在会计上通常用2/10、1/20,N/30来表示。对于这种销售折扣,按照增值税法的规定,销售折扣不得从销售额中减除,应该全额计算缴纳增值税。但是按照企业所得税法的规定,销售折扣一般是在"财务费用"中核算,属于减少收入总额的项目。

从上面的分析可以看出,符合规定的折扣销售和销售折扣均可以减少应纳税所得额,而不符合折扣销售规定的,即折扣额不在同一张发票上分别注明,而是另开发票的,不能从销售额中减除。这样对应纳税所得额就产生了不同的影响,从而影响所得税款的多少。

2.利用集资进行税务筹划

企业在筹资时,眼光往往从外部转向内部,发动企业员工进行集资。通过集资,企业既可以解决一部分生产经营所需要的资金,还可以调动员工的积极性和努力工作意识。这是因为,只有企业的状况好了,按时足额发放利息才有保障,员工除了日常工资以外,和企业有了更多的利益联系,与企业同呼吸、共命运,必然愿意为企业作出更多的贡献。

企业为了发动员工集资的热情,往往付出比市场更高的利息,更高的利息可以起到更多的抵税作用。由于国家对利息的所得税前扣除有限制,要求按照不高于市场上金融机构的贷款利率进行扣除,集资时也要考虑税务筹划问题,以合理减轻企业税负。

集资利息是付给企业员工个人,而员工的工资也是付给员工个人,既然工资与利息都是付给员工个人,企业可以通过两种支付方式的转化来进行集资活动中的税务筹划。将税法规定可以扣除的利息以利息形式支付给企业员工,超过税法规定可以扣除的利息部分转化为奖金形式支付给企业参加集资的员工。当然企业还应考虑职工工薪所得缴纳个人所得税因素,以求得最大的税务筹划效果。

3.选择投资行业进行税务筹划

众所周知,一般国家为促进本国生产的发展都会给予生产性企业相对较多的税收优惠。我国现行税法对生产性企业的税收优惠主要体现在以下方面:

第一,农业初级产品及其加工产品以及关系到国计民生的物品(如水、煤、气)等实行增值税优惠税率,体现对农业发展的支持。

第二,以废水、废气、废渣等"三废"物品为原料进行生产的内资企业减免征收企业所得税,体现国家的可持续发展战略。

第三,对外商投资举办的先进技术企业减免征收企业所得税;对于某些校办生产企业实行税收优惠。这体现了国家科教兴国的战略方针。

第四,对于举办出口业务的企业,实行"免、抵、退"等税收优惠,体现了国家鼓励出口,积极开拓国际市场的政策导向。

第五,对于农、林、牧、副、渔等行业及不发达地区的行业实行多方面的税收优惠(如对外商投资企业的"两免三减半"等)。这体现了国家鼓励开发"老、少、边、穷"地区的决心,体现了共同富裕的经济目标。

对非生产行业的税收支持主要表现在以下几方面:

第一,对农村中为农业生产产前、产中、产后服务的行业(如气象站、畜牧医站等)暂时免征所得税。

第二,对科研单位及大专院校的技术性服务收入(如技术成果转让、技术培训等)暂时免征所得税。

第三,对新办的独立核算的交通运输业、邮电通信业的企业实行减免征收所得税的优惠。

第四,对于从事信息业、技术服务业、咨询业、公用事业、商业、教育文化业、居民服务业等行业新办的独立核算企业实行减免征税。

在进行投资行业选择时,首先应以企业利润最大化为目标,不必费尽千辛万苦投资税负最低的行业,即不要为进行税务筹划而税务筹划。其次,要充分估计税务筹划获利的机会成本有多大。最后,必须充分考虑所选行业享受优惠的条件,如地域、时间等方面的限制。否则,可能会得不偿失。

在选择投资行业时,不妨将眼光放得更长远一些,将税法支持的项目与税法抑制的项目对照起来选择,毕竟在高税率行业中也存在税收差别待遇问题。对投资行业进行税务筹划时,可采用出口退税或"三废"利用等渠道。